世界一やさしい スイングトレードの 教科書1年生

株トレーダー&ブロガー ロット

ソーテック社

ご利用前に必ずお読みください

本書は株式等による投資商品の売買、投資の参考となる情報提供、技術解説を目的としています。投資商品の売買、投資の意思決定、最終判断はご自身の責任において行ってください。

本書に掲載した情報に基づいた投資結果に関しましては、著者および株式会社ソーテック社はいかなる場合においても責任は負わないものとします。

また、本書は2024年8月現在の情報をもとに作成しています。掲載されている情報につきましては、ご利用時には変更されている場合もありますので、あらかじめご了承ください。

以上の注意事項をご承諾いただいたうえで、本書をご利用願います。

※ 本文中で紹介している会社名、製品名は各メーカーが権利を有する商標登録または商標です。なお、本書では、©、®、TMマークは割愛しています。
※ 本書で使用しているチャート図は特に断りのない限りパンローリング社のチャートギャラリーを使用しています。

Cover Design & Illustration…Yutaka Uetake

はじめに

やるべきことに気付いた人が制する株トレードの世界

無数にあるトレード本の中から、本書を選んでいただきありがとうございます。

手に取っていただけたのも、何かのご縁です。さっそく本書の概要をお伝えしましょう。

この本は、普通の個人投資家が株で勝つのに合理的な『スイングトレード』の実践に必要な知識をまとめた本です。

私も約10年、一般の会社員として本業の傍ら、株のトレードを実践し利益を積み重ねてきました。

また、これまで200名以上の方のトレードについてのお悩み相談を受けたり、実際にトレード力向上に向けたアドバイスもしてきました。

私がアドバイスをしてきた人の中にも、月に100万円ほどの利益を上げている人や、なかには日経平均株価が過去最大の下落幅となった2024年8月の暴落相場で会社員の平均年収以上の利益を得た人がいます。

もちろん初心者でも5万円、10万円と毎月副業的に利益を得ている人もいます。

本書では私が長年実践し検証してきたノウハウや成果を出している個人投資家の特徴を元に、初心者にも実践しやすく優位性の高いトレード理論をまとめて紹介しています。

初心者によくある悩みとして、「いろんな投資情報やニュースが目に入ってしまい、結局自分は何をするのが正解なのかわからない」というものがあります。

前述した成果を上げている人たちは、何が正解かわからないほど情報過多の世界で、トレーダーとしてやるべきことに気付き成果を上げています。

そんなトレードで勝つために必要な理論や考え方のエッセンスを本書には散りばめました。

データは嘘をつかない

ここで、あえて強烈にお伝えしたいことは「だからあなたも私のいうことを全部信じて下さい」ということではありません。

私が伝えたいことは、株式相場に刻まれてきた〝データは嘘をつかない〟ということ、そしてそのデータは〝チャートを通して誰もが確認できる〟ということです。

本書では、過去から現在にわたり何度も繰り返されてきたチャート上の事象を共有し、その事象に合ったチャート分析（テクニカル分析）を中心とした〝トレード理論と勝ち方の型〟を解説します。

本書の役割はあなたに読んでもらうだけでなく、使ってもらうことです。

本書を手元に置き、実データ（チャート）と照らし合わせ、トレードで勝つための本質に気付くためのトレーニングができれば、あなたの人生がより豊かになる収入の柱を一つ持つことができます。

自分のために学ぶ

収入の柱を増やすことができれば、あなたの生き方にも新たな選択肢が増えるのではないでしょうか。

趣味や少しの贅沢にお金を使いたい、家族と旅行にいきたい、会社を早期リタイアしたい、自分の価値観を体現する生き方をしてみたい。トレードは各個人の想いや未来の活動を支える可能性のある最高のツールです。

誰もがすぐに儲かる世界ではありませんが、しっかり学び、やるべきことをやれば、勝てる世界です。

それでは一緒に、自由とチャンスに溢れるトレードの世界を学んでいきましょう！

目次

1時限目 チャートの読み方と法則を覚えよう

2時限目 テクニカル分析の基本をマスターしよう

3時限目 証券口座を開設して注文方法を覚えよう！

4時限目 スイングトレードの買いタイミング

5時限目 利確と損切をマスターしよう

6時限目 スイングトレードの銘柄選び

7時限目 信用取引と空売りに挑戦しよう

8時限目 リスク管理・メンタル管理・資金管理

0時限目
スイングトレードってどんなトレードですか?

スイングトレード
とはどのような投資
方法でしょうか?
一緒に見ていきま
しょう!

01 最適なトレードスタイルを選ぼう！

1 トレードには4つのスタイルがある

株式投資をはじめとする投資における取引には、売買するタイミングや保有する期間によりさまざまな**トレードスタイル**があります。

- **スキャルピング**：1度の取引が**数秒から数分**という短い時間のなかで売買を繰り返し、小さな利益を積み重ねるスタイルです。
- **デイトレード**：スキャルピングよりも長くポジションを持ち、**1日の間で売買を完結**させ、保有する株を翌日に持ち越さないスタイルです。

投資（トレード）には、4つのトレードスタイルがあります。時間軸によって投資方法が変わってきます！

●スイングトレード：数日から数週間の期間で売買を行い、利益を積み上げていくスタイルです。「スイング」とは、数日単位でポジション（資金）を引っ張る（スイングする・振る）ことを指しています。

●長期トレード：スイングトレードより長く半年から一年、さらには数十年にわたり購入した株式を保有するスタイルです。新NISAの積立で勧められるインデックス型の投資信託など長期トレード（長期投資）に向いた商品が数多くあります。

本書はそうしたトレードスタイルのなかで、**スイングトレードという投資手法を中心に**株式投資の基本から利益の出し方、投資テクニックを指南していきます。

2 スイングトレードとデイトレードとの違い

スイングトレードとデイトレードは前述の通り、投資商品の保有期間に違いがあります。

● 主なトレードスタイルの時間比較

トレードスタイル	トレード時間の目安
スキャルピング	数秒～数分
デイトレード	数時間～1日
スイングトレード	数日～数週間
長期トレード	数カ月～数十年

デイトレードは1日内で取引するため、1日の取引回数も多くなります。そのため、1日のうち何度もチャートをチェックして取引に臨む必要があります。

トレード技術を身に付けて上手くなり、利益を得る確率が増えていけば、取引回数に応じて資産を増やすこともできます。

デイトレードに取り組む場合、一日に何度かは売買をするため、**会社員や本業がある方は日中にトレード時間を確保し続けることが困難**です。

また、スイングトレードよりも素早く短時間での売買判断が求められます。

3 スイングトレードは副業目的や初心者にもおすすめ

デイトレードやスイングトレードなどの短期トレードは、長期トレード（長期投資）より保有期間が短いため、経済情勢や企業価値によって結果が左右されにくい特徴があります。

スイングトレードは、難しい経済分析や企業業績などを分析するファンダメンタルズ分析の知識が少なくても、株価の値動きやチャート分析の原理原則（テクニカル分析）を理解しておけば、トータルで利益を積み重ねることができる手法です。

適切な売買タイミングを捉えれば、株価の流れに乗ってゆったりと自分の生活リズムのなかで利益を伸ばすことができるので、**初心者や多忙な会社員、主婦や副業目的の方にもおすすめ**のトレードスタイルです。

02 スイングトレードにはこんなメリットがあります！

数日～数週間で売買を完結させるスイングトレードには次のようなメリットがあります。

1 1日中相場に張り付く必要なし

毎日、勤務する仕事がある方の場合、1日中、常に株価を確認しながら売買判断をすることは至難の業です。

スイングトレードでは1日の値動きの中で繰り返し売買をせず、最終的なその日の株価（終値）を確認してから売買判断するのが基本です。

スイングトレードは、スキャルピングやデイトレードと同じ短期トレードとされますが、**スイングトレードは常に相場を見張る必要がない**ため、仕事や趣味など他のことに時間を割くことができます。

日本の株式市場は、平日の9時～15時30分まで取引が行われています。

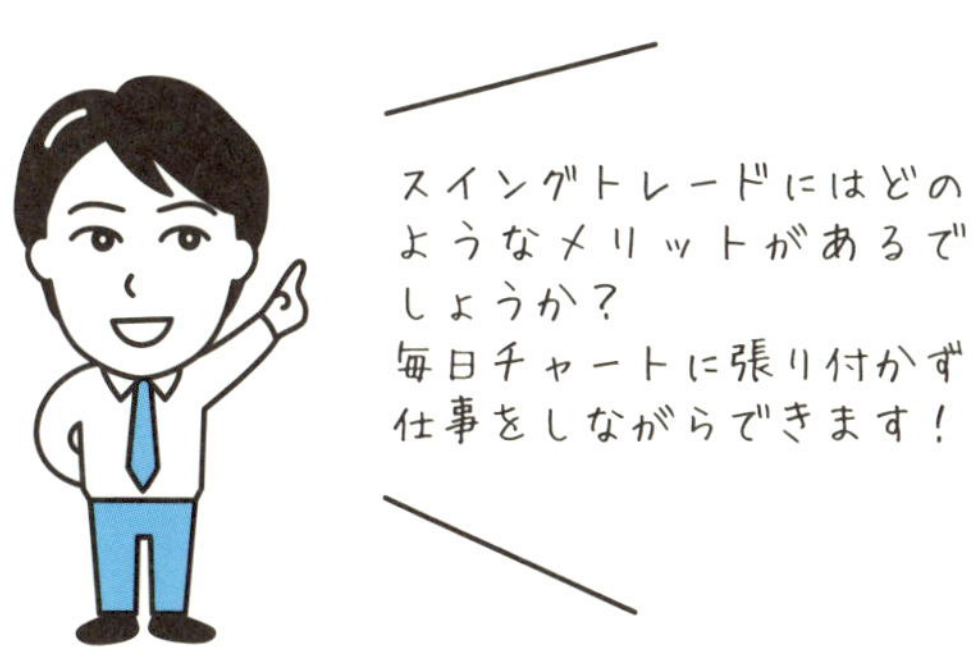
スイングトレードにはどのようなメリットがあるでしょうか？
毎日チャートに張り付かず仕事をしながらできます！

スイングトレードでは、後場《ごば》が終了する間近の14時半頃~15時30分の間や、翌日の朝9時までに発注を済ませておけば十分な対応ができ、他の時間はトレードする必要はありません。

昼間にトレードの時間の取れない仕事のある方や、株のトレードによってご自身の生活スタイルを崩したくない方にとっても大きなメリットだと言えます。

2 小資金の取引で利益を積み上げる

スイングトレードは、1回の取引で大きな資産を築くタイプのトレードではありません。

株価チャートの形状から今後の動向を分析し売買のチャンスを判断し、トレードすることができます。

そのため少ない資金でも、株価の流れを見極めることができれば継続して利益を積み重ねていくことができます。

例えば、100万円の資金から始めて、毎月3万円（3%）の利益を出していけば、年間で36万円（36%）の運用益を獲得することができます。

年間の運用益36%というのは、例えばインデックスへの積立投資や長期トレード（長期投資）などと比較しても、相当なハイパフォーマンスだと言えます。

スイングトレードの売買技術を身に付ければ、経済情勢による影響を受けずに利益を積み上げていくことは十分可能です。

3 スイングトレードは確立された法則や勝ち方があります！

投資の世界には、再現性の高い株価の法則や株価の値動きから一定の法則に従ったテクニカル指標が数多くあります。

スイングトレードでは、これらの株価の法則やテクニカル指標を理解し、それらに忠実に売買を行うことで勝率を上げることができます。

❶ 株価の法則や株式相場の原理原則を理解する
❷ 売買タイミングを押さえる

❶を理解して、❷をマスターしておけば、難しい経済知識を覚えなくても勝っていくことが可能になります。本書ではそのために本質的に使える知識を深掘りしてお伝えしていきます。

具体的には1時限目（30ページ）、2時限目（64ページ）で解説するトレード法則や、4限目（124ページ）で売買のタイミングについては後々、詳細に解説していきます。

03 スイングトレードにはデメリットもあります！

スイングトレードには多くのメリットがありますが、**注意すべきリスク**もあるので、デメリットとして把握しておきましょう。

1 日をまたいで株を保有するリスクがあります

スイングトレードでは数日間から数週間保有して売買を行い、利益を獲得していきます。

日をまたいで株式を保有することで、スキャルピングやデイトレードより**株価の大きな流れに乗りながら利益を伸ばしていく**ことができるのが大きなメリットです。

一方、スイングトレードでは日をまたぐことで、**夜間の突発的な株価の急変動に対応することができません。**

スキャルピングやデイトレードでは、夜間に海外市場での突発

スイングトレード特有のデメリットがあるので、理解しておきましょう！
夜間の株価の急変動などに要注意です！

的な株価の変動が起きたり、経済情勢に強い影響を与える指標の発表や企業の決算発表があっても、日中に売買を完結しているので、急な相場変動のリスクは避けることができます。

例えば、その日の株式市場が閉まった後に、あなたが保有していたA社株に対する大きなニュースが出たとしましょう。

そのニュースが仮にA社の「存続の危機」のような悪いニュースであった場合、翌日の株価は大きく下落して始まることが予想されます。

株式市場が開くのは翌朝の9時になるので、すぐに保有している株を夜間に売ることはできません。9時に市場が開いたときには、すでに大きな下落となっています。

このようなリスクを**イベントリスク**と言い、スイングトレードや同様に日をまたいで保有する長期トレードのデメリットと言えます。

2 日をまたいで保有するリスクを避けるには

前述の例では、A社の「存続の危機」といった悪いニュースが出たことによる夜間の株価の急落が起きました。こういう不測の事態は株式投資やトレードの世界ではよくあることです。

株価急落のリスクを回避する方法

「存続の危機」といったネガティブな報道が出るような企業は**スイングトレードの対象銘柄にし**

ないという方法があります。

私の場合、基本的に※日経２２５や※ＪＰＸ４００に採用されている企業の株をスイングトレードのトレード対象にしています。

スイングトレードでは安定的に利益を積み重ねることを目的としているので、**急激な値動きに巻き込まれるリスクのある中小株は保有しない**ことが重要です。

※日経２２５　日本経済新聞社が発表する日本の株式市場の代表的な指標。東証上場銘柄の内、日本の代表的な２２５銘柄を元に構成される。

※ＪＰＸ４００　ＪＰＸグループ（日本取引所グループおよび東京証券取引所）と日本経済新聞社が、２０１４年から公表を始めた株価指数「ＪＰＸ日経インデックス４００」のこと。東証に上場する全銘柄から、過去３期以内に債務超過や営業赤字がないこと、３年平均ＲＯＥ（株主資本利益率）などの基準を元に選定された銘柄で構成される。

優良銘柄をトレード対象にしてリスクをカバーする

その点、日経２２５やＪＰＸ４００の構成に採用されている銘柄は、現在の経営状態や財務体質が優良な企業であると認められているので比較的リスクは小さくなります。

つまり、「存続の危機」といった報道が出ないような財務体質の会社をトレード対象にすれば、突然の致命的な影響を受けるリスクを避けることができます。

日々落ち着いて株価を見ていられる銘柄でトレードすることは、安定的に勝ちを積み重ねていくためには大切です。

このようなスイングトレードに有利な銘柄選定の方法の詳細は６時限目（１９０ページ）や、リスクを避けるための具体的なリスク管理の方法論は８時限目（２３６ページ）で解説していきます。

04 スイングトレードのトレード手法

1 ファンダメンタルズ分析が得意なプロに挑まない

株式相場の分析には、チャート上のテクニカル指標を分析して今後の値動きを予測する**テクニカル分析**と、経済状況や企業の業績や将来性、経営状況から株価の未来を分析する**ファンダメンタルズ分析**の2つの手法があります。

スイングトレードで利益を得ていくには、どちらの分析手法が有効でしょうか。

個人トレーダーがスイングトレードを実践する時は、**テクニカル分析を中心に相場を分析してトレードする**ことをおすすめします。

デイトレードやスイングトレードでは、チャート分析を中心にテ

スイングトレードは、
チャートによるテクニカル
分析中心のトレードです。
経済状況、企業分析などに
左右されずにトレードする
ことができます。

クニカル分析で売買を行います。

ここでは大量の資金力を持ったファンドや大口の機関投資家をわかりやすく「プロ」と定義します。

ファンダメンタルズ分析は、**複雑な経済動向や企業分析力に長けた専門家がチームに何人もいるプロが圧倒的に有利**な手法です。

プロと個人トレーダーの差は大量の資金力や鋭い分析力だけでなく、**手に入る情報の質にも相当な差**があります。

このフィールドで個人トレーダーが真っ向勝負するのは、まさに資金力や情報分析力ともに「大勢に無勢」状態となり無謀と言えます。

プロが高度なファンダメンタルズ分析を元に大量の資金を投じることで発生する相場の流れに我々個人トレーダーも乗っかっていくことが個人トレーダーの勝ち筋です。

その「相場の流れが出るタイミング」を読む手掛かりになるのが、**チャートを分析するテクニカル分析**になります。

● テクニカル分析とファンダメンタルズ分析

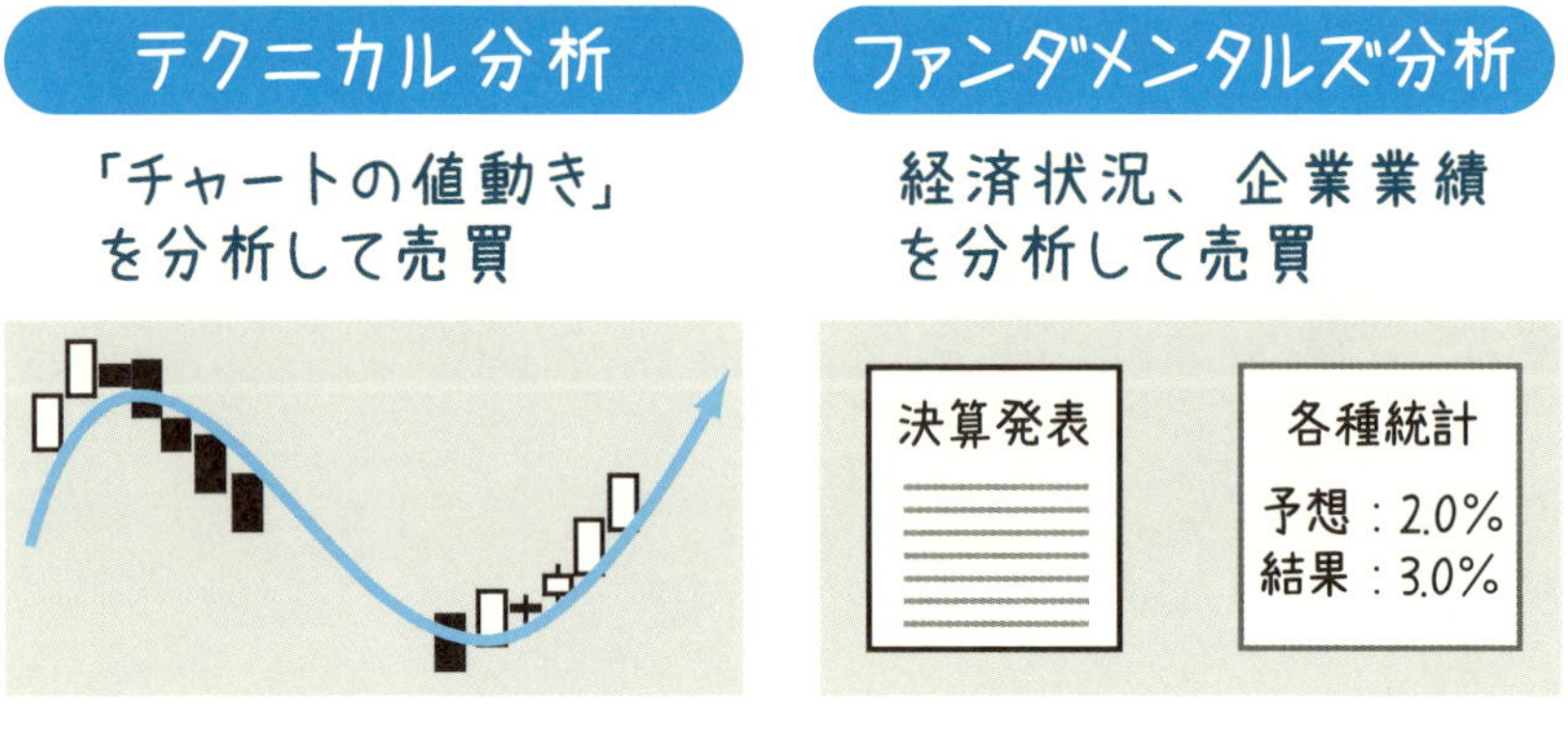
テクニカル分析
「チャートの値動き」
を分析して売買
ファンダメンタルズ分析
経済状況、企業業績
を分析して売買
決算発表
各種統計
予想：2.0%
結果：3.0%

2 個人トレーダーの土俵で勝負できるテクニカル分析

どんなプロであろうと、必ず株式市場を通して売買注文を出します。プロや海外トレーダー、個人トレーダーなど**すべてのトレード結果や心理などはチャートに反映されます。テクニカル分析では、過去の値動きを表したチャートを分析することで相場の流れを読み取り、未来を予測する**ことを試みます。

テクニカル分析の指標ではすでに移動平均線などの定番ツールが決まっており、それらの分析手法をマスターし腕を磨いていけばおのずと勝率が上がっていきます。

個人トレーダーは、様々な投資家が売買した結果であるチャートを手掛かりに、テクニカル分析からの判断に集中する方が、成功確率を上げることができます。

「休むも相場」は個人トレーダーの特権です！

株式投資の世界には「**休むも相場**」という名言があります。

株の売買を毎日繰り返していると、客観的に相場が見えなくなり落とし穴にはまるという可能性を注意した格言です。

相場を休んで良いのはまさに個人トレーダーの特権です。

プロの場合は一定期間で巨額の資金を投じて利益を得なければならないノルマがあり、テクニカル分析の視点からは売買しない方が良い局面でも、利益を得るために投資をしなくてはならない状況も起こります。

資金的にも億単位や数十億単位の大金を動かすので、個人トレーダーのように簡単には売買判断ができません。

だからこそ投資する際には、ファンダメンタルズ分析やあらゆる観点から入念に調査を行い、慎重に投資先を選択し、長い期間をかけて投資していく必要もあります。

一方で、個人トレーダーの場合は、当たり前ですが、決められた期間に決められた資金を使って利益を出すノルマはありません。

個人トレーダーは、テクニカル分析の観点から**自分が得意とするトレードパターンが到来した相場だけを待って売買**することが可能なのです。

すなわち、**自分が得意でない場面では何もしないという選択**ができますから、自分に有利な時間帯だけお金を張って勝負できる「小回りの良さ」が個人トレーダーの圧倒的な強みです。

テクニカル分析による売買のタイミングやコツは4時限目、5時限目にてテクニックを解説していきます。得意なチャンスの作り方に関しては、8時限目で詳細を解説していきます。

次の1時限目では、テクニカル分析の理解を深めていくために重要なチャートの読み方について解説していきます。

1時限目

チャートの読み方と法則を覚えよう

スイングトレードは、
テクニカル分析を使う
トレードです。
その第一歩、チャート
の見方やパターンを
覚えましょう！

01 チャート分析で何がわかる?

1 株価チャートはどういうものですか?

株価の値動きを分析するテクニカル分析の基本が株価チャートです。

チャートとは、**横軸は時間の経過**、**縦軸は株価**を表し、**時間とともに株価がどう動いたかをグラフで表現**したものです。

株の値動きは一見ランダムに動いているように思えますが、そこには、個人トレーダーから投資会社のプロまで、さまざまな投資家たちの思惑や投資行動による売買の結果がすべて表されています。

ここからはチャートの読み方について基礎から解説していきます。

株価の動きを時系列で表した図がチャートです。
チャートを手がかりに今後の動きを予測していきます。

ローソク足、移動平均線、出来高がチャートの基本

下の株価チャート（トヨタ自動車）を見てください。**ローソク足**という白いバーと色のついたバーが横に並んでいます。

これは一定の時間内（例えば一日）の株価の動きを示しています。

上下に細い縦棒が付いていますが、これを**ヒゲ**と呼びます。上下それぞれのヒゲの長さや本体部分の白や色のついている部分の長さやその組合せにも、株価を予測する上で重要な意味があります。

ローソク足が時間軸に沿ってどのような動きをし、これから先どういう方向に動いていくかを分析するのが**テクニカル分析**です。

ローソク足に付随して青い線が2本、グレーの線が1本ありますが、これは**移動平均線**というものです。移動平均線もテクニカル分析では誰もが使っている必須の

● 株価チャートはこうなっている

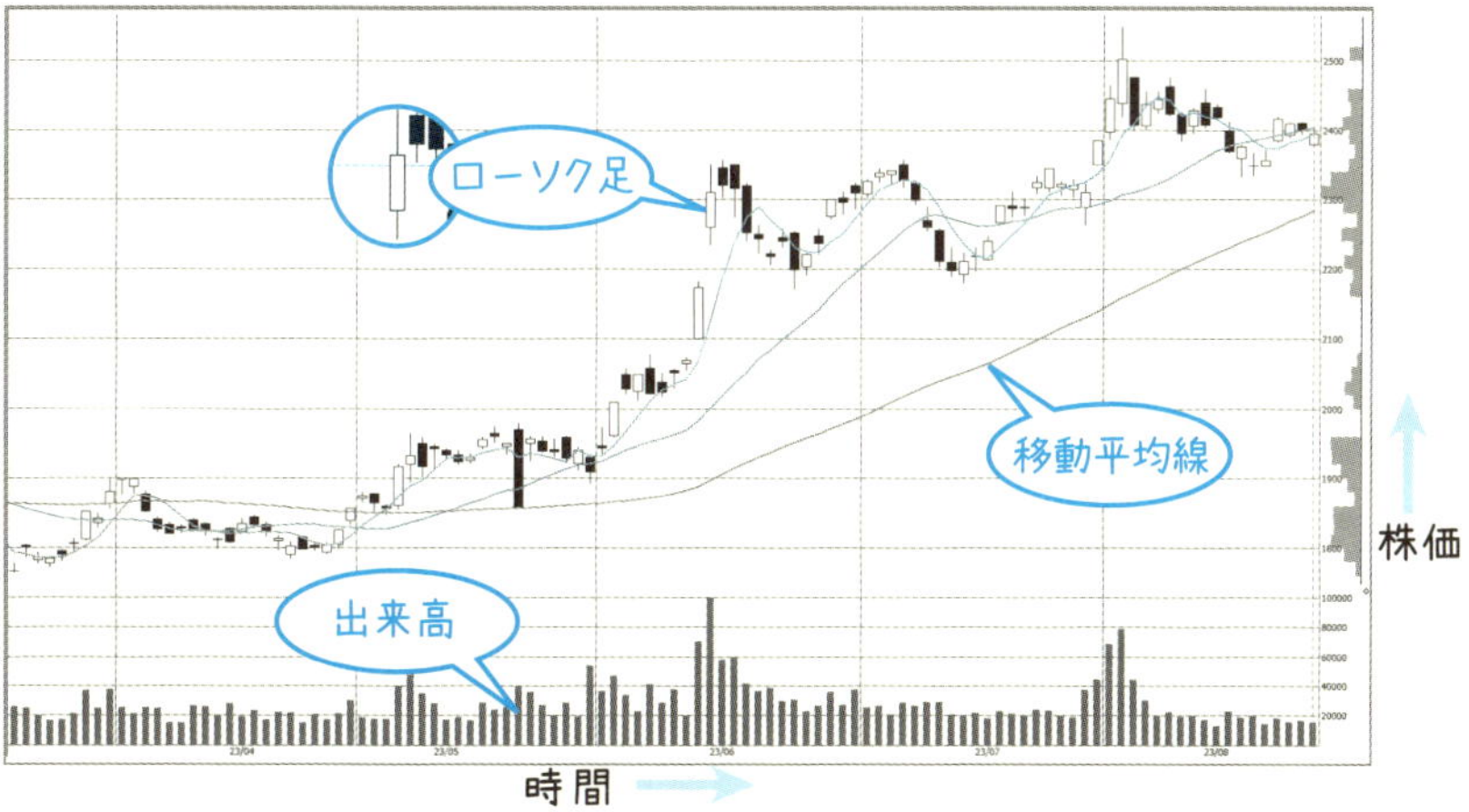

ツールです（64ページ参照）。

下に並んでいるグレーのバーは**出来高**《できだか》と呼ばれるものです。

出来高は**一日の取引の量**を表しています。取引の量とローソク足の動きだけでも、さまざまな判断ができます。

テクニカル分析で使う分析ツールはほかにも数多くあります（77ページ以降参照）。順を追ってそれらの意味なども説明していきましょう。

2 株価はどうやって決まる？

株価はなぜ変動するのでしょうか。

一般的には「**株価には企業の業績が反映される**」と言われますが、企業業績は株価の**需給バランス**を変化させる一つの要素でしかありません。

需給バランスとは、買いたい人（需要）と売りたい人（供給）の釣り合いです。需要と供給の量が一

● 株価はこうして決まる

高く売りたい
供給
売る側
安く買いたい
買う側
需要
150円で売りたい
120円で売りたい
100円で売りたい
需給バランスが釣り合った価格で約定
約定《やくじょう》
100円で買いたい
90円で買いたい
80円で買いたい
売りたい人が増えると
下落
買いたい人が増えると
上昇

致した点で物（株）の価格が決まるというのは経済学の基礎です。

この**需要と供給（需給バランス）が釣り合った地点で現在の株価が決定**されます。

その時に、株を買いたい人が売りたい人よりも多くなれば株価は上昇し、売りたい人が買いたい人よりも多くなれば株価は下落します。

チャートとは買いたい人と売りたい人の需給バランスの攻防の結果を、時間軸ごとにグラフで示してくれるものです。

チャート分析ができるようになると、需給バランスが売り買いのどちらか一方に傾いている状況や、バランスの変化が起こりえるポイントを察知して、株価の未来の動きを想定することができます。

3 「秘密の必勝法」や「秘密の銘柄」はいらない！

投資家の心理や行動の結果が刻まれたチャート分析の勉強を進めていくと、多くの初心者の方は必ず勝てるノウハウがあると勘違いをしてしまいます。

私もそうした文言の広告が気になった経験がありますが、**相場経験が長く大きな資産を築き成功を収めたトレーダーほど複雑な分析はしていません**。むしろ極めてシンプルなトレードを粛々と実践しているのです。

多くの人が見ているチャートの情報にこそ大衆心理が反映される

自分以外の大勢の市場参加者（投資家やトレーダー）も同じようにチャートを見て分析している前提があるから、過去の動きから未来の予測が立てられチャート分析は機能するのです。

そういった意味では誰もが同一の表示ができる「ローソク足」や「移動平均線」などのチャートツールには市場参加者の「投資行動の事実」と「大衆心理」が詰まっています。

その上でさらに、**大勢の市場参加者が注目しやすい状況や、その状況下で起こる株価の動きは、その後の需給バランスの大きな変化を決定づける重要な要素**となります。

例えば、株価が一定期間中に最高値を付けた後は、市場参加者には**「この上昇（株価の強さ）は本物なのかどうか見極めたい」という心理が働きます。**

仮にこの状況の直後に「ローソク足も、移動平均線も、出来高も、上昇を示唆している」といったことを市場参加者が確認できたとすると、**認識が一致することにより、一気に買い注文が入り株価は暴騰する場面に繋がります。**

トレーダーは大多数の市場参加者が同じ認識を持っている状況を把握したり、注目が集まりやすい水準を読み取り、その後の株価の動きを利益に変えることだけに集中してトレードをします。

つまり、**市場参加者の「投資行動の事実」や「大衆心理」やチャートを正しく読みとる努力を無視して、必ず勝てるノウハウなどを鵜呑みにしてしまう**と、トレーダーとして勝ち続けることは不可能です。

02 テクニカル分析はローソク足の理解が第一歩

それではチャート分析に入っていく前にチャートを構成する大切な要素を整理しましょう。最初にローソク足の意味を解説していきます。

1 ローソク足は誰もが使う最も重要な分析ツール

株価の動きをグラフ化したチャートには、

- **ローソク足チャート（4つの価格で1つのローソク足を構成）**
- **ラインチャート（終値をつなげた線）**
- **バーチャート（ローソク足同様4つの価格からなる）**

の3種類があります。

チャートに表示されているローソク足を最初に学びましょう！
チャート分析の最も重要な要素です！

この中で日本でも世界でも最も多く使われているチャートが**ローソク足チャート**になります。

ローソク足は江戸時代の享保年間に、大阪・堂島の米相場で用いられたのが始まりとされる純日本製のチャートです。

ローソク足の形状には様々な形状や並び方のパターンがあり、それぞれ名前が付けられています（38ページ）。それらの意味を深く理解すればするほど強力なトレードツールになります。

ローソク足は、投資のプロも有名なトレーダーも例外なく参考にしていますから、ローソク足を理解せずにトレードを極めることはできません。

● ローソク足チャート

2 1本のローソク足が表す期間を変更して分析できる

1本のローソク足が示すのは、**一定期間の株価の動き**です。

ローソク足チャートは、主にパソコンのＷｅｂサイトやスマホのアプリで見ると思いますが、1本ごとのローソク足の示す**期間は設定を変更して表示**することができます。

1本のローソク足が1日の株価（9〜15時半）の動きを示すチャートは、**日足《ひあし》チャート**と呼ばれます。

1週間（月〜金）の株価の動きを1本のローソク足で表示するのが、**週足《しゅうあし》チャート**です。**月足《つきあし》チャート**は1本のローソクが1か月間の動きを示します。

さらにより短い時間だと、**1分足チャート、5分足チャート、15分足チャート、1時間足チャート**といった具合にローソク足チャートの1本のローソクの期間を変更して表示させることができます。

それぞれ、16ページで説明した投資スタイルに応じて、よく使う時間足はある程度決まってきます。デイトレーダーなら分足や日足、スイングトレーダーの場合は、分足から月足までと広範囲に使用すると思います。

ちなみに、日本の株式市場は、月〜金の取引開始時間（寄付き）の9時から、取引終了時間（引け）の15時半まで稼働しています。

実際に株の取引がされている時間帯を**ザラ場**と言います。

ザラ場は、午前の**前場《ぜんば》**が9時から11時半、11時半から12時半の1時間の休憩をはさんで、午後の**後場《ごば》**が12時半から15時半の時間となります。

3

4つの価格がローソク足の形をつくる

1本のローソク足の形状には4つの名前と意味があり、それぞれ特定の時間帯の値動きを表しています。

❶始値《はじめね》（取引開始時に成立した価格）
❷高値《たかね》（期間中で最も高かった価格）
❸安値《やすね》（期間中で最も安かった価格）
❹終値《おわりね》（取引終了時の価格）

この4つの価格（四本値）の位置により、対象の期間（日・週・月など）に株価がどのように動いたか読み取って今後の予測に役立てることができます。

陽線と陰線

始値よりも終値が高くなったローソク足を**陽線《ようせん》**、始値よりも終値が低くなったローソク足を**陰線《いんせん》**と呼びます。

● ローソク足の4つの値段と陽線、陰線

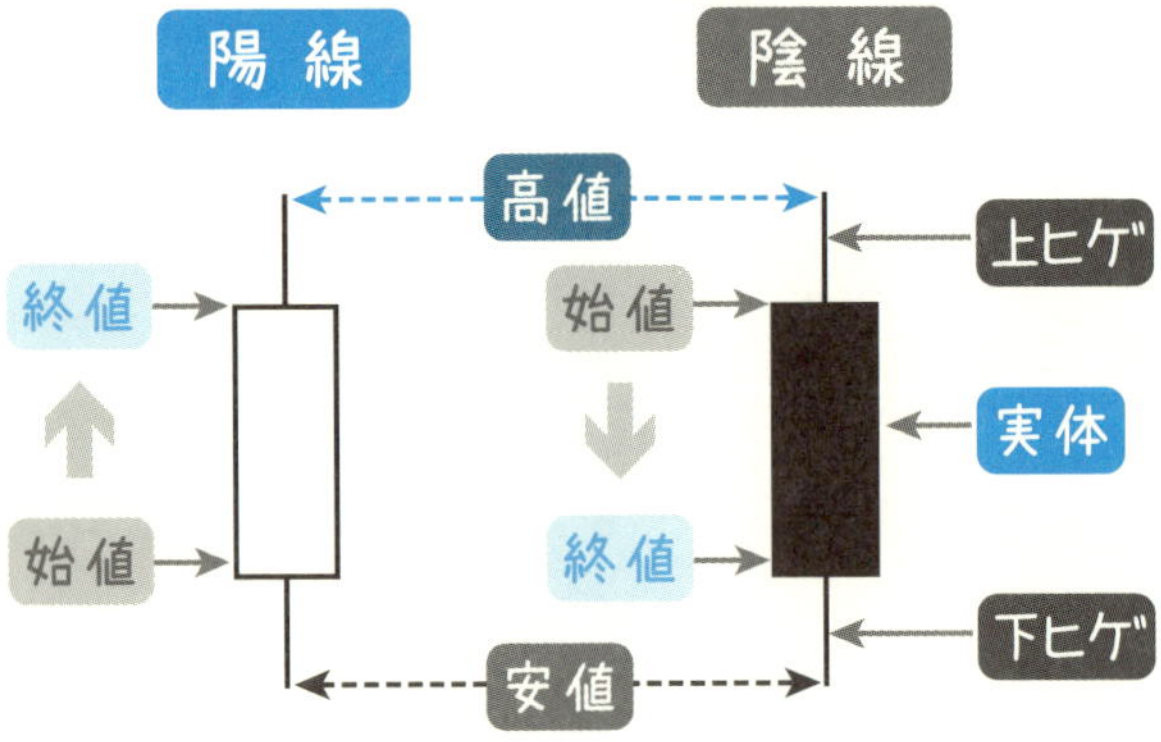

本書では陽線を白、陰線を黒で示しますが、チャートの種類によっては他の色が使われることもあります。

実体と上ヒゲ・下ヒゲ

ローソク足の胴体部分を**実体**と呼びます。

実体から高値に向かって引いている線を**上ヒゲ**、実体から安値に向かっている線を**下ヒゲ**と呼びます。

ローソク足の実体や上ヒゲ・下ヒゲの意味は、投資家心理を読み解くための重要な要素です。

4 陽線が完成する値動きの過程とは

日足チャートをベースに、陽線のローソク足が形成される価格の動きを理解しましょう（下図）。

例えば、株式市場の始まる午前9時に1000円で取引が開始されました（**始値**）。

その後、980円に下がり、その日の最も安い価格となる**安値**をつけました。

日足の陽線と価格の動き

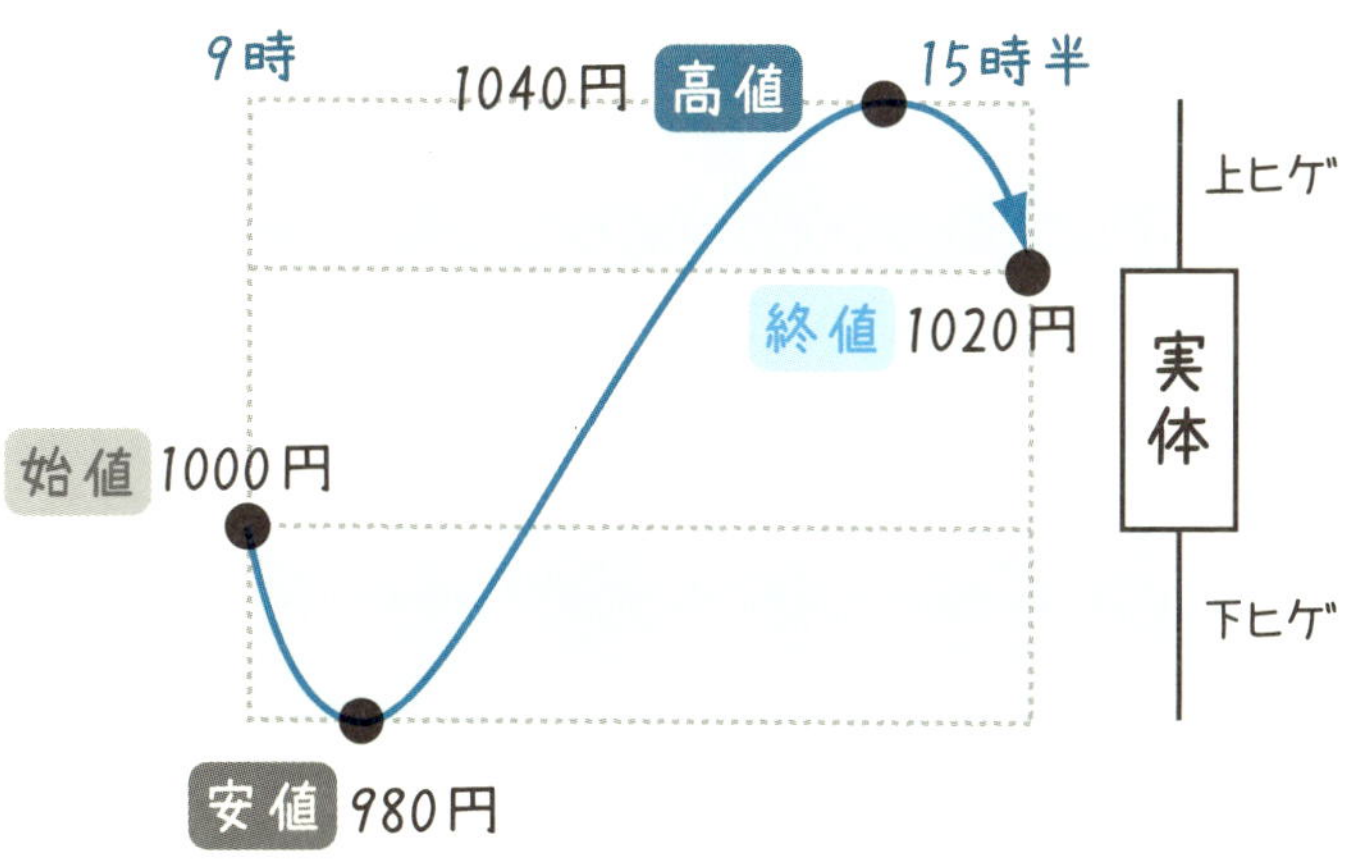

それからは、買いたい人が増えてその日の高値となる1040円まで株価を押し上げました。

1020円で市場の終了時間15時半の大引け（引け）を迎え、その日の取引が終了しました（終値）。

この場合、**始値の株価より終値の株価が高くなっているため白い実体の陽線**となります。

陽線か陰線の判別は、常にその期間の始値と終値の差で表し、前日の株価（終値）とは無関係です。

前日より株価が下がった陽線、前日より株価が上がった陰線なども発生することに留意してください。

5 陰線が完成する値動きの過程とは

陰線は陽線の逆パターンになります。

例えば、寄付きの午前9時に1000円で取引が開始されました（始値）。

その後、株価は上がりその日の高値となる1020円をつけました。その後は売りたい人が増え、その日の安

● 日足の陰線と価格の動き

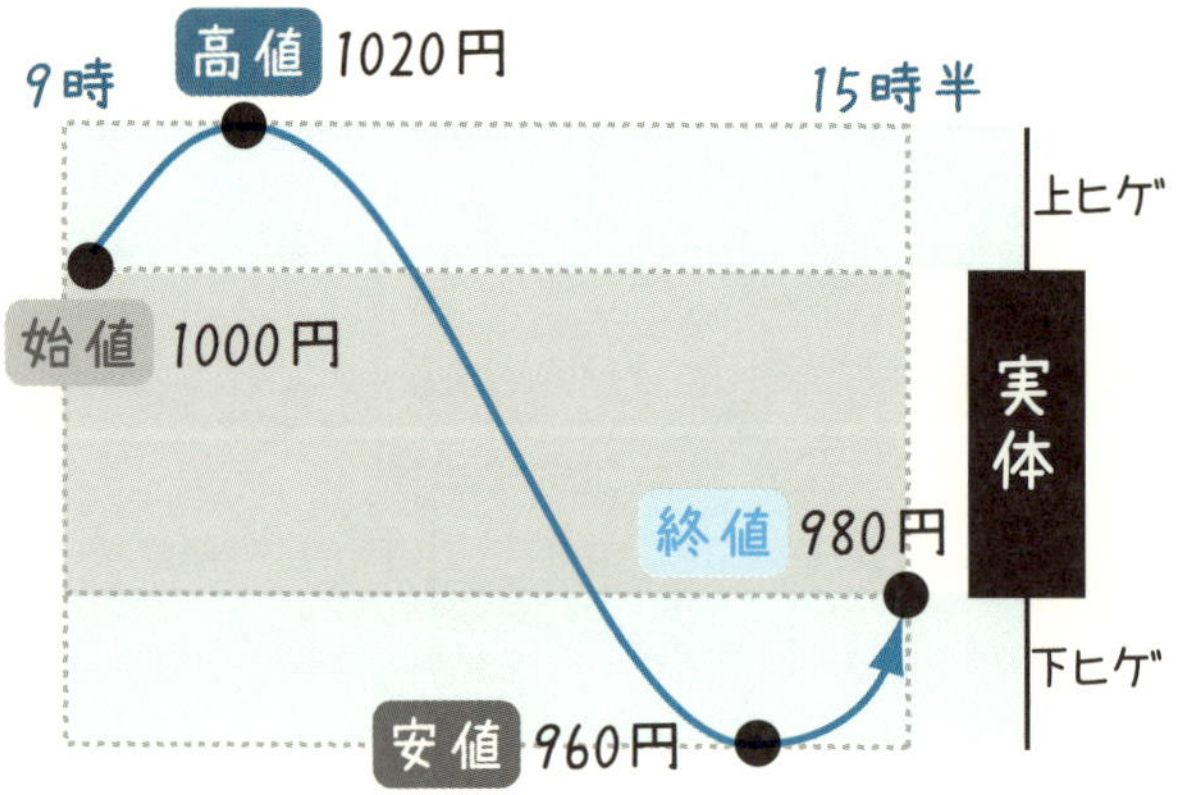

値となる**960円**まで株価を下げました。

15時半の大引けでは、株価が少し戻り980円でその日の取引が終了しました（**終値**）。

この場合、**始値より終値の株価が低くなっているため陰線**になります。

6 ローソク足の実体とヒゲが示唆する相場の勢い

ローソク足単体を分析しても、それが出現した相場環境を正しく認識（51ページ）できなければ、ローソク足がセオリー通り機能する時や売買タイミングまでの判断はできません。

しかし、ローソク足は直近の株価を即座に反映し、相場の勢いを教えてくれるトレーダーにとって必須のツールですから、ローソク足の意味は基本として押さえておきましょう。

大陽線と大陰線は相場に勢いがあり注目が集まる

投資家やトレーダーから注目の集まりやすいローソク足は視覚的にも大きな形状になります。

● ローソクの長さと実体の長さは何を表す？

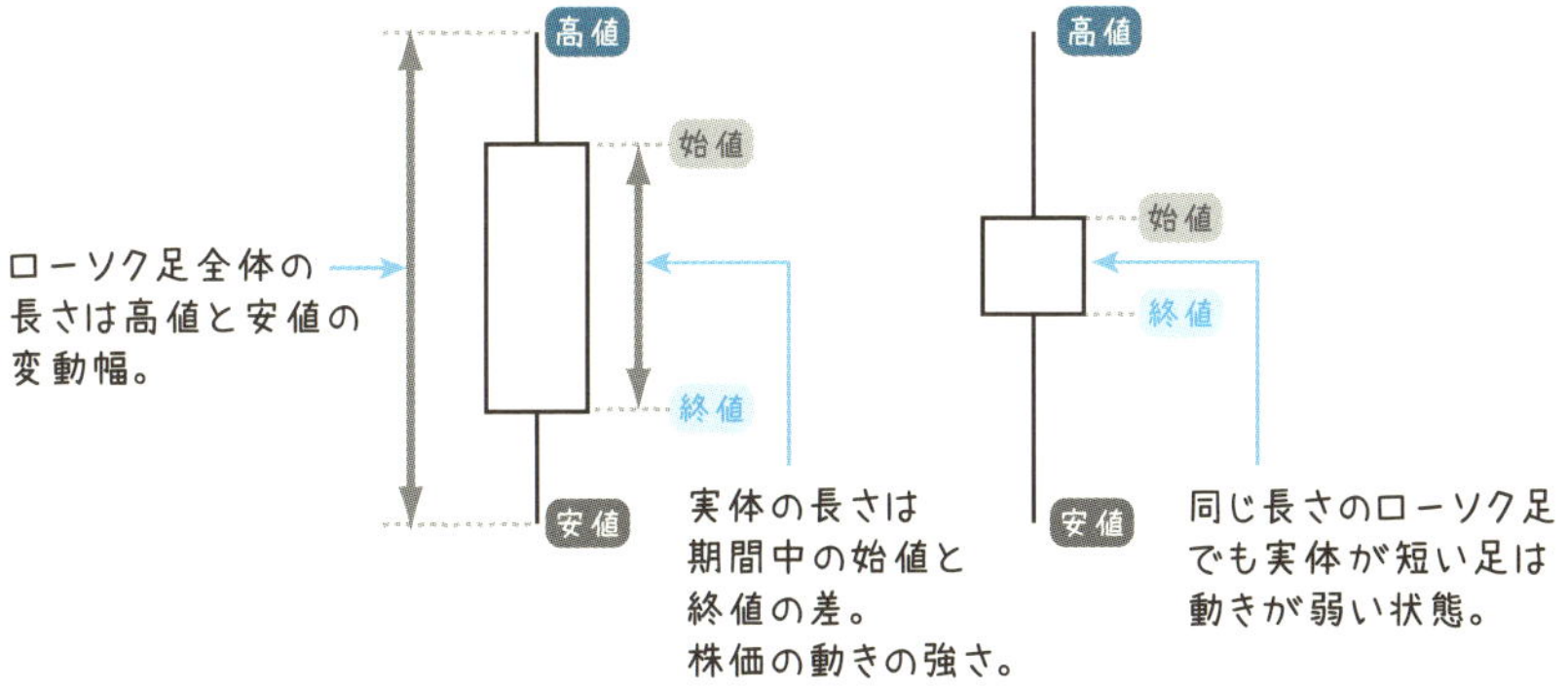

高値
始値
終値
安値
ローソク足全体の長さは高値と安値の変動幅。
実体の長さは期間中の始値と終値の差。株価の動きの強さ。
高値
始値
終値
安値
同じ長さのローソク足でも実体が短い足は動きが弱い状態。

陽線の実体が大きい大陽線では**買いの勢いが強い**とみられ、期間中の株価の勢いが強かったことを示し、反対に**陰線の実体が大きい大陰線**では**売りの勢いが強い**と見られ、期間中の株価の勢いは弱かったことを示します。

どちらもローソク足にヒゲが残らないほど一方向への勢いがあったことを示し、今後はその方向への値動きが強くなるだろうと認識されます。

● 大陽線

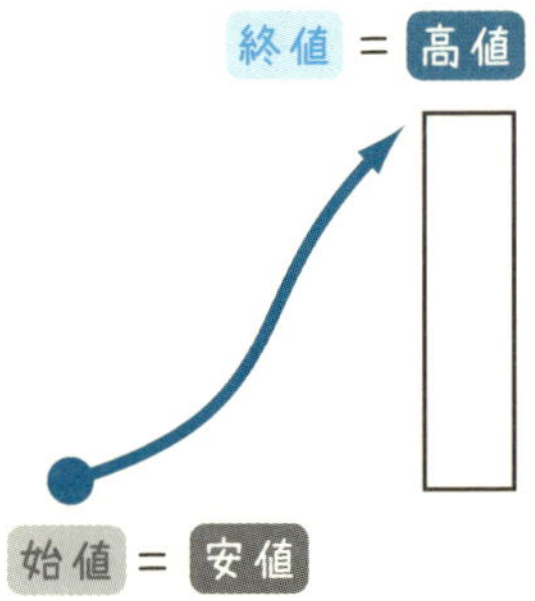
終値 = 高値
始値 = 安値

● 大陰線

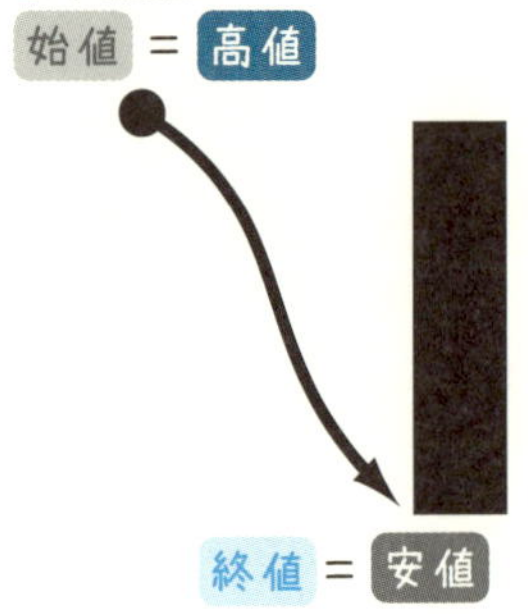
始値 = 高値
終値 = 安値

コマが示す投資家心理

ローソク足の実体が小さくなり、上下のヒゲが伸びるパターンを**コマ**と言います。

また、コマの中でも始値と終値がほぼ同じの場合は**十字線**《じゅうじせん》や**寄引同時線**《よりひきどうじせん》とも呼ばれます。

コマは一般的に買いと売りが綱引き状態のように拮抗し、相場の勢いをはかりにくい**迷いの相場**を示しています。**コマが相場の分岐点に現れると転換点を示すサイン**として解釈され、高値圏や安値圏で出現した後に株価が動き出したら一方向へ流れが出る可能性があります。

● 実体が小さい始値と終値が近いコマ

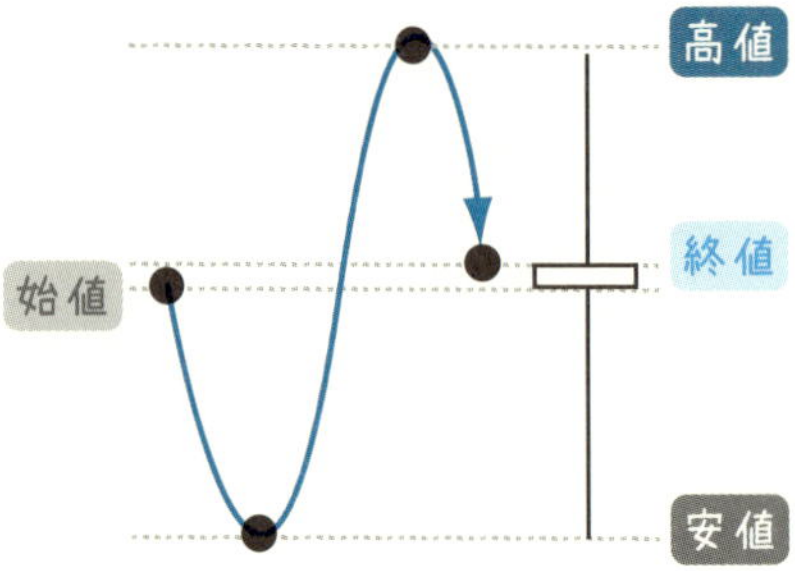
高値
終値
始値
安値

上ヒゲの長い陽線・陰線は売り圧力を示す

上ヒゲの長いローソク足はその期間中に一時的な買いが入ったことや結果的に売り圧力が増えたことを示します。

下図は上ヒゲの長い陽線の例です。この形は取引開始後に一時大きく上昇したが、取引終了間際にかけて大きく売り返されたことを意味します。つまり、一時的に買いの勢いが強まったものの、結果的にはその期間中の**上昇継続に対する投資家・トレーダー達の不安感などから、買いの勢いは弱まり売りが増えた**ことを示しています。

上ヒゲのローソク足が注目されやすいのは特に高値圏（天井圏）で発生した時です。売り時を検討し始める水準の高値圏で売りが増えたことを示唆する上ヒゲのローソク足が出現すると、利益確定を検討する投資家やトレーダーの心理にも変化が起こるため、株価の勢いは弱まる可能性が高まります。

● 上ヒゲの長い陽線

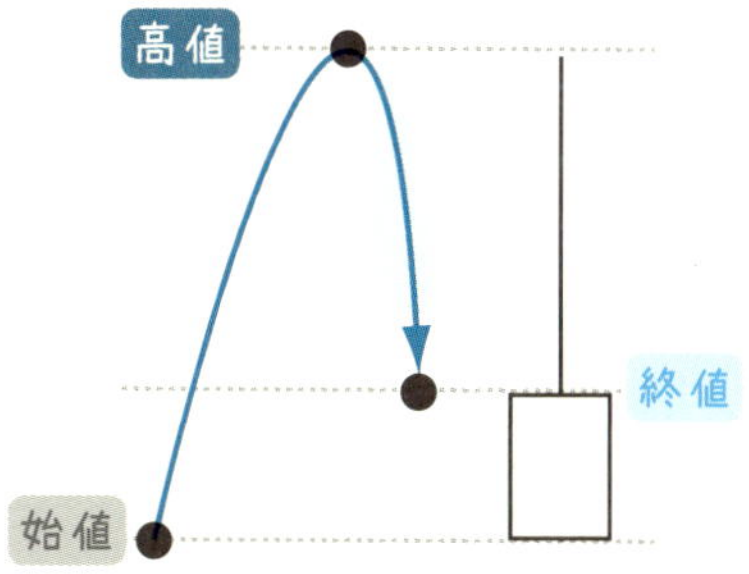

下ヒゲが底値圏で出ると下値の目途を示す

下ヒゲの長いローソク足は、取引開始後に一時的に大きく下がった株価が戻った状態であり、株価の下落の勢いが下げ止まった可能性があるという形です。

下ヒゲのパターンにも他のパターンと同様に陽線・陰線がありますが、**下ヒゲの長い陽線**は下げが安値で止まった上に陽線に転じるほど勢いがあるということです。

つまり、**下ヒゲ陰線より下ヒゲ陽線の方がより上昇方向へ転換する勢いを含む貴重なサイン**として認識されます。

特に底値圏で下ヒゲが発生したタイミングが目先の相場環境の底値を示す可能性があります。

このようにローソク足全体の大小や、陰線陽線の違い、ヒゲの位置によって期間中の株価の動きの意味が変わります。

ローソク足には様々な組み合わせやパターン化された足の型があります。ただし、ローソク足単体の分析だけに視点が偏ると、意図せず相場全体の大きな流れを軽視してしまうこともよく起こってしまうので、注意が必要です。

例えば、大陽線が出ればその後どこでも上がるわけではなく、大陰線が出ればその後はどこでも下がるわけではないということです。

コマや上ヒゲや下ヒゲのローソク足についても同様です。

あくまで**ローソク足が基本通りに機能しやすい相場環境を見抜くことが重要**ですから、ローソク足単体の意味についてはこのくらいの理解があれば問題ありません。

● 下ヒゲの長い陰線

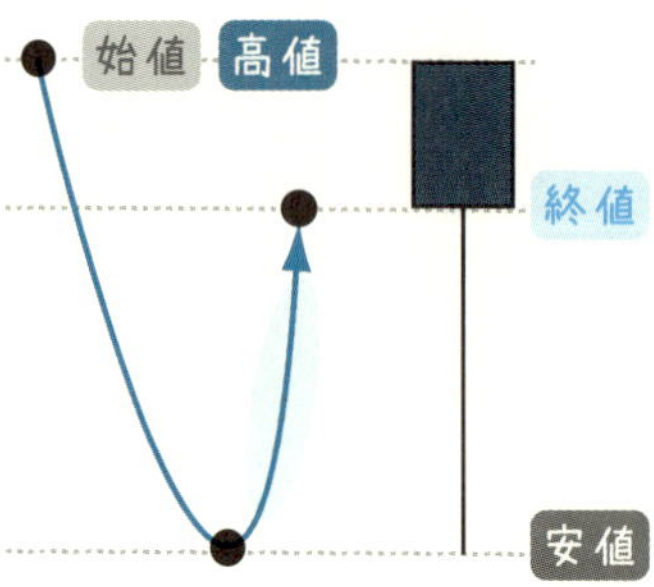

● 下ヒゲの長い陽線

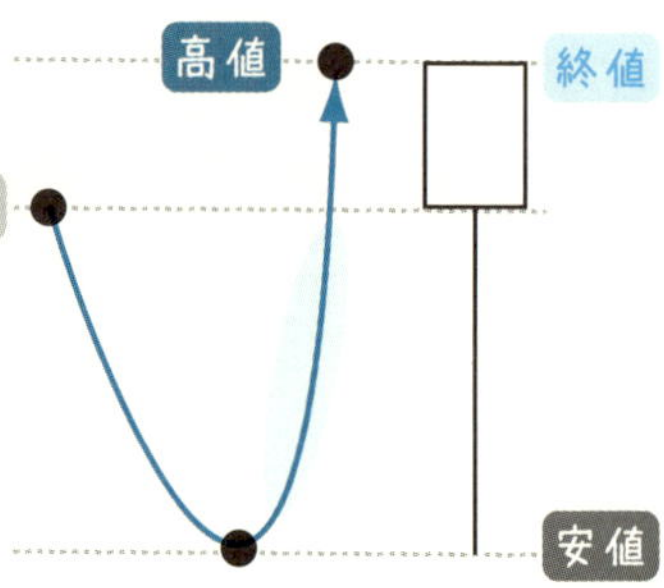

03 チャートの時間軸の違いについて

1 複数の時間軸チャートを使いこなそう

日足チャートのローソク足で1本のローソク足の見方や形の意味について説明してきました。

一般的には、短い時間軸のチャートほど短期のトレードに、長い時間軸のチャートほど長期のトレードで使用する機会が多くなります。

ここでは、1本のローソク足の時間の長さごとに、チャートがどのようなトレードに適しているか、その特徴を見てみましょう。

日足《ひあし》チャート

1本で1日（9～15時半）の値動きを表しているのが**日足チャート**

1本のローソク足は、1日、1週間、1か月のように時間軸を切り替えて見ることができます。
トレードスタイルに適した時間軸のチャートを使いましょう。

です。短期トレーダーやスイングトレーダーは必ず注目しているチャートです。**本書では日足チャートをトレード足（売買を判断する足）として、トレード技術を解説**していきます。

分足《ふんあし》・時間足《じかんあし》チャート

1本のローソク足が、1分、5分、15分といった短い時間の長さを表したのが**分足チャート**です。デイトレードを主に行うトレーダーは、1分、5分、15分足チャートを頻繁に使います。日足チャートと分足チャートの間には、1時間といった**時間足チャート**もあり、デイトレーダーからスイングトレーダーまでよく使う時間軸のローソク足チャートです。

週足《しゅうあし》チャート

週足チャートは、1週間の株価の変化を示すチャートです。週足は数カ月〜2年程度のチャートを見るときによく利用されます。

一般的には現状の株価のトレンドを把握したり、日足をトレード足とするスイングトレーダーにも使われるチャートです。

月足《つきあし》チャート

月足チャートは、**1本のローソクが1か月（月初〜月末）の動き**を表すチャートです。

各時間軸のローソク足チャートの特徴

時間軸	チャート	特徴
月足チャート	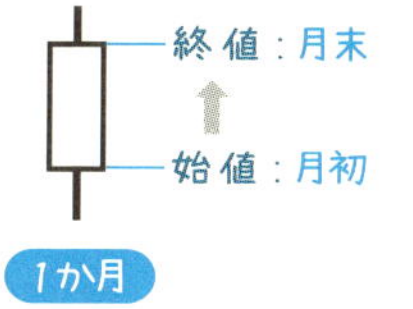終値：月末 始値：月初 1か月	1か月で1本のローソク足のチャートです。12本で1年の長さになります。株価の中長期の方向感をつかむためにスイングトレーダーが必ず見ておくべきチャートです。
週足チャート	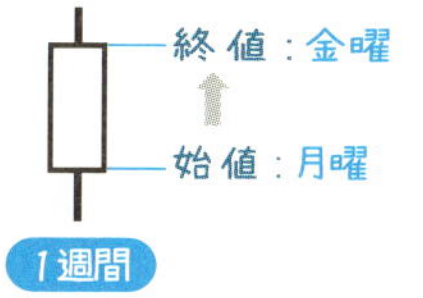終値：金曜 始値：月曜 1週間	1週間で1本のローソク足、4本で1か月のチャートです。スイングトレードによく使われるチャートです。
日足チャート	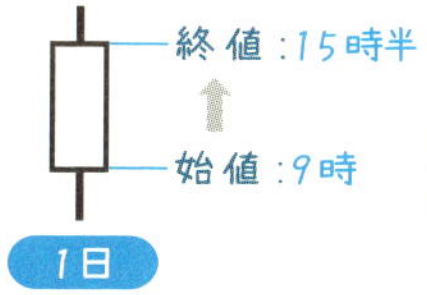終値：15時半 始値：9時 1日	1日で1本のローソク足、5本で1週間、20本で1か月のチャートです。スイングトレードやデイトレードでは必須のチャートです。
1時間足チャート	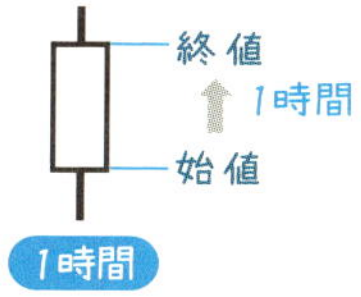終値 1時間 始値 1時間	1時間で1本のローソク足、7本で1日のチャートです。デイトレードによく使われるチャートです。
15分足チャート	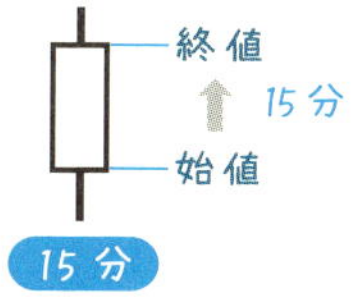終値 15分 始値 15分	15分で1本のローソク足、4本で1時間のチャートです。デイトレードのエントリーポイントを探す際によく使われるチャートです。
5分足チャート	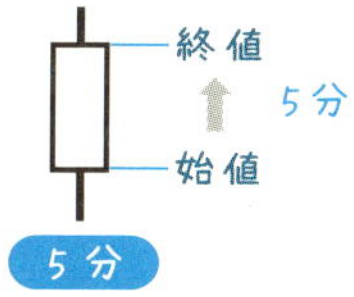終値 5分 始値 5分	5分で1本のローソク足、12本で1時間のチャートです。デイトレードやスキャルピングのエントリーポイントを探す際によく使われるチャートです。

月足チャートは短期・中期のトレーダーのみならず、長期投資家まで投資判断の参考にします。その銘柄が過去5～10年といった長期で見てどの水準に株価があるのか、どのようなトレンドを経て現在に至っているかを読み取るために使います。

月足で形成されたローソク足は他の時間軸のチャートと比較して重みが異なり、今後の大きなトレンドを示唆しやすいチャートです。

月足は株価の詳細を見るというより、今現在の方向感や大きな流れをつかむことに使うことができます。

2 チャートはフラクタル構造になっている

ここで、少し実戦的になりますが、**チャート分析において非常に重要な前提を共有**しておきます。先ほど紹介した各時間軸のチャートの動きは**フラクタル構造**になっています。

フラクタル構造とは、フランスの数学者（ブノワ）が考案した幾何学（図形や空間の性質について研究する数学分野）の概念ですが、**ある形の小さな部分と全体部分は相似した構造**になっているという考え方です。

一見が乱立しているようにみえても、よく観察すると同じ構造

● フラクタル構造

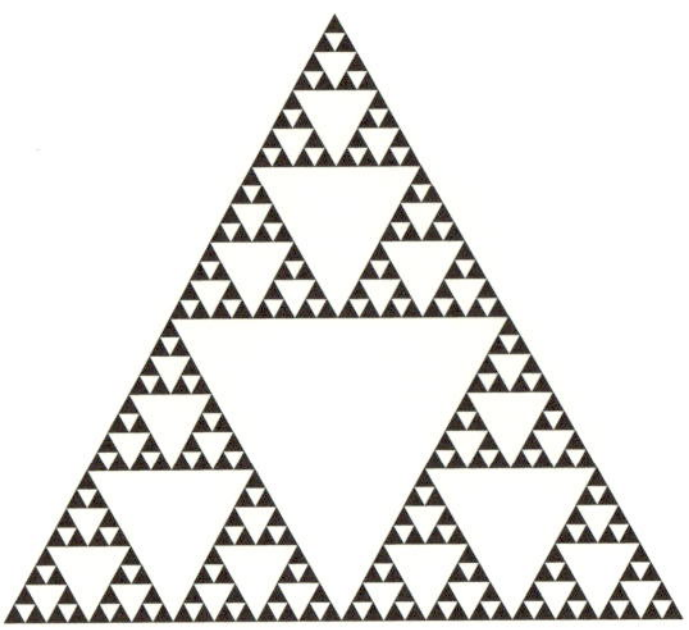

の繰り返しの結果で全体が構成されているという考え方です。

このフラクタル構造の概念がチャートにも適用されています。**時間軸の長いチャート（上位足）の中の値動きを分解すると、より時間軸の短いチャート（下位足）の値動きの連なりによって構成されている**ことがよくわかります。

3 上位足で方向感を把握→下位足でトレード判断

このフラクタル構造を踏まえて合理的なトレード方針を検討すると、トレードの実戦時には**目の前のトレード足の動きだけにとらわれてはいけません。**

例えば、トレード足である日足チャートは上昇方向を示していても、上位足の週足や月足チャートが下落方向を示している場合、日足チャートでの上昇は短期間で止まったり、下落する可能性も高くなります。

多くの市場参加者が注目している上位足で、現在は上昇と下落のどちらが優位な状況なのか方向感を把握し、その方向に合

● 上位足を見てから買い足（トレード足）で売買する

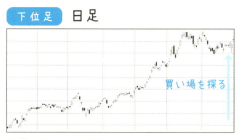

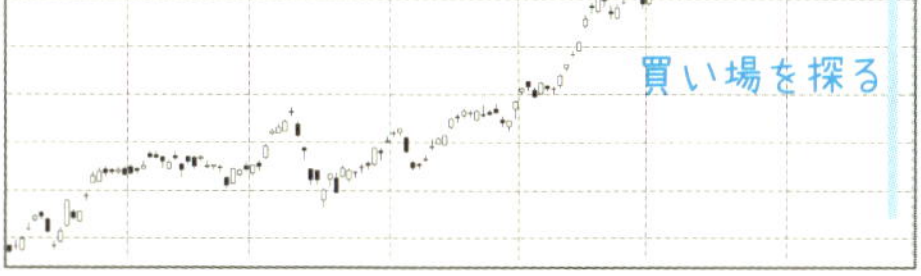

売買のポイントを見定める

全体を俯瞰し状況を確認（方向感を把握）

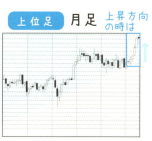

わせた売買判断を下位足（トレード足）で行うのが、全てのトレードスタイルの基本になります。

上位足の方向感と下位足の方向感が一致したタイミングを狙う時におすすめの確認方法は、相場の方向感を把握するための上位足を、**トレード足の2段階上位足と設定**する形です。

例えば、本書でご提案する**スイングトレードを実践する時には環境認識は月足で行い、日足でトレードする**ことがおすすめとなります。

スイングトレードは、月足で相場の方向を見定め、日足でトレードするのがおすすめです！

04 3つの相場環境（トレンド）を理解しよう

相場の流れや方向感を正しく把握するために必要なことは、**相場環境の特徴（トレンド）を理解する**ことです。

いきなりローソク足や直近の株価などに注目する癖がつくと、チャート分析で大切な相場環境を押さえることが難しくなります。

今現在の株価が上がりやすいのか下がりやすいのか、全体的に上昇傾向なのか下落傾向なのかなどの相場状態を認識することを**環境認識**といいます。

チャート分析をする際は、最初に株価全体の流れを読み解くために、環境認識をすることがとても大事な作業なのです。

ローソク足や売買サインは環境認識ができて初めて有効に活用できるものです。

トレードで最も重要なことは、「環境認識」です。
この環境認識こそがトレード成功の秘訣となります！

1 方向感（トレンド）を示す3つの相場

株式相場には方向感（トレンド）を示す次の3つの相場があります。

❶ 上昇相場（上昇トレンド）
❷ 下落相場（下落トレンド）
❸ ボックス相場（レンジ相場）

スイングトレードで利益を上げるには、この❶～❸の相場環境を正しく認識できるようになることが大切です。

ボックス相場なのか、上昇や下落のトレンド相場なのか環境認識をした上で売買判断を行います。

2 上昇と下落のトレンド相場

● 3つの相場を的確に判断することが大切

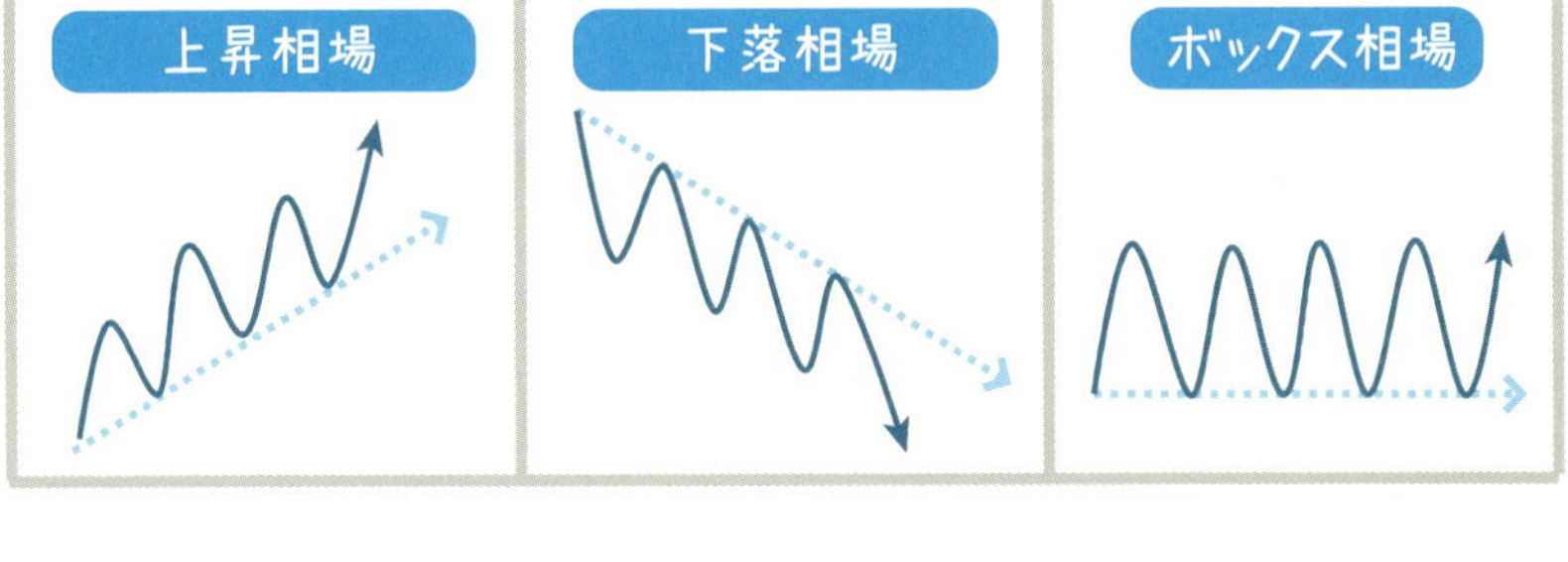

上昇相場（上昇トレンド）

株価が上昇し続けている相場状態を**上昇相場**と言います。上昇相場では株価は高値・安値を切り上げながら、右肩上がりに推移していきます。

上昇する理由は企業の将来性や業績が良かったりすることもありますが、直接的な原因は需給バランスの変化です。

上昇相場は買いたい人が多く、株価は下がると押し目買いされて、再上昇しやすいトレンドです。**上昇相場では買い中心のトレード戦略**を組み立てることが基本です。

下落相場（下落トレンド）

上昇相場と反対に株価が下落し続けている状態を**下落相場**と言います。

下落相場では株価は高値と安値を切り下げながら、右肩下がりに下落していきます。

● 相場環境を示す３つのトレンド

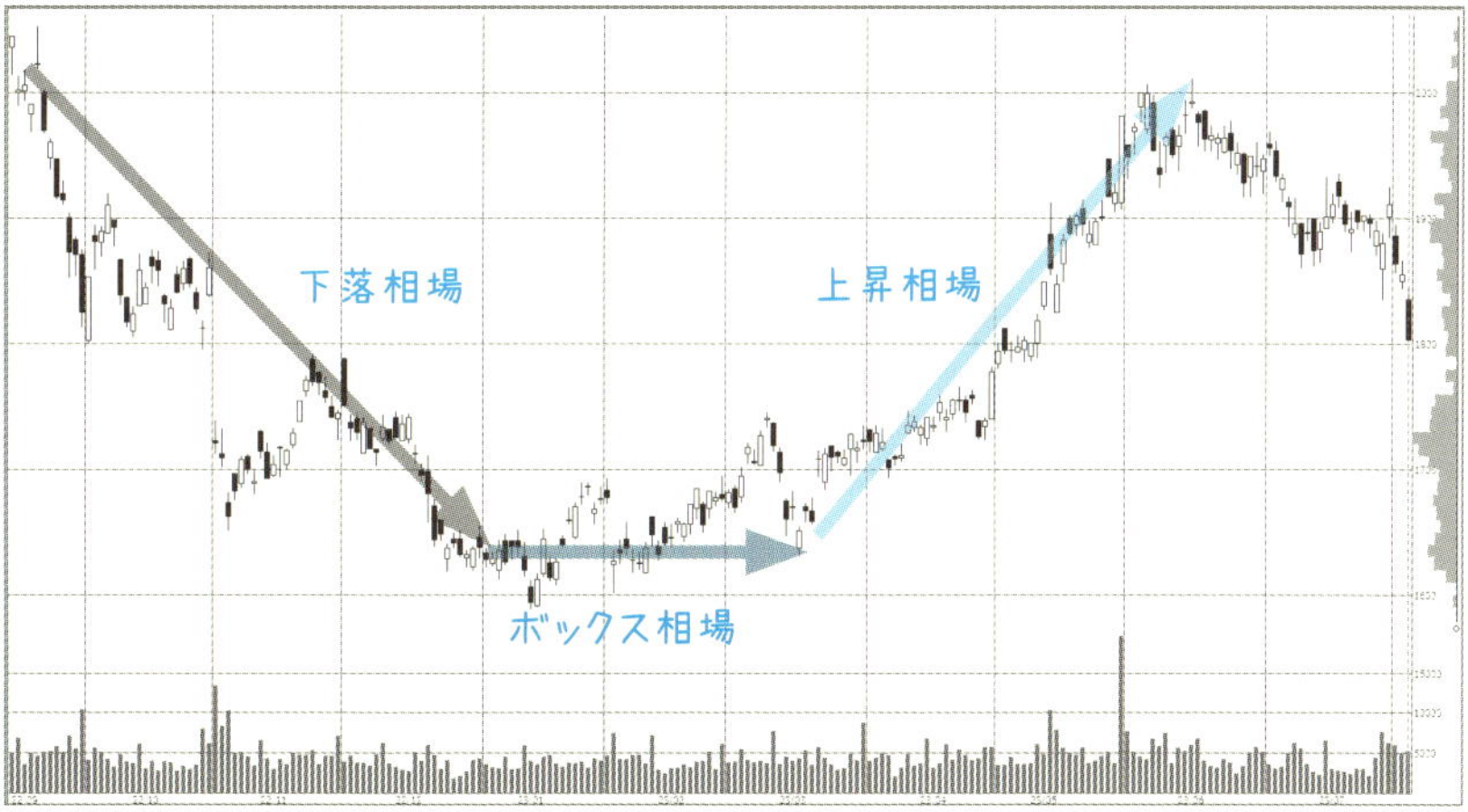

買いが少なく売りたい人が増えている相場環境になるため、株価は下がりやすくなります。この期間は買いではなく**空売り（218ページ）が基本戦略**になります。

トレンドには周期がある

上昇・下落相場のトレンド期間中は、株価はさらに小さな上下動を繰り返して一定方向に推移していきます。このトレンドには周期性があり、**概ね3カ月や6ヶ月周期で推移**していきます。

経済状況が上向きの相場や、トレンド相場に入った個別株の場合は、9カ月～1年の期間にかけてトレンドを継続する可能性があります。その場合には、かなりの確率で大きく反対方向に相場が動き、調整局面（一時的な下落）を迎えます。この動きは2限目でも解説をしますが、「**日柄**《ひがら》**調整**」という現象に関連しています。

トレンドが3カ月や6ヶ月続いた頃は、そろそろ調整期間や株価の転換点を迎える可能性があることに留意するようにしてください。

3 ボックス相場（レンジ相場）について

株価が一定の上下の範囲を行ったり来たりしている状態を**ボックス相場**と言います。

ボックス相場は**上昇相場または下落相場の前後に発生**します。**上昇相場や下落相場のトレンドに向けてエネルギーをため込んでいる期間**でもあります。

日本の株式市場は、ボックス相場に入ることが頻繁にあります。安定したボックス相場に入ると、4〜6ヶ月間はボックス範囲の上限〜下限付近まで推移し続けます。

このボックス範囲の下限で株価が反転するラインを**サポートライン**と言います。反対に上限で株価が反落するラインを**レジスタンスライン**と言います。

ボックス相場が上昇や下落のトレンド相場と異なり、サポートライン・レジスタンスライン間での動きになるのは理由があります。ボックス相場では買いたい人の上昇方向への期待感と売りたい人の下落方向への恐怖感が交錯しているからです。

どちらかの勢いが優勢になるまでボックス相場が続き、優劣に決着がつけばボックスを抜けて上昇あるいは下落いずれかのトレンド相場へと移行していきます。

ボックスを抜ける時は特徴があり、チャート上からその変化の特徴を読み取ることで、後のトレンド相場を狙っていくことができます。

狙い方のポイントは2時限目で解説します。

● サポートラインとレジスタンスライン

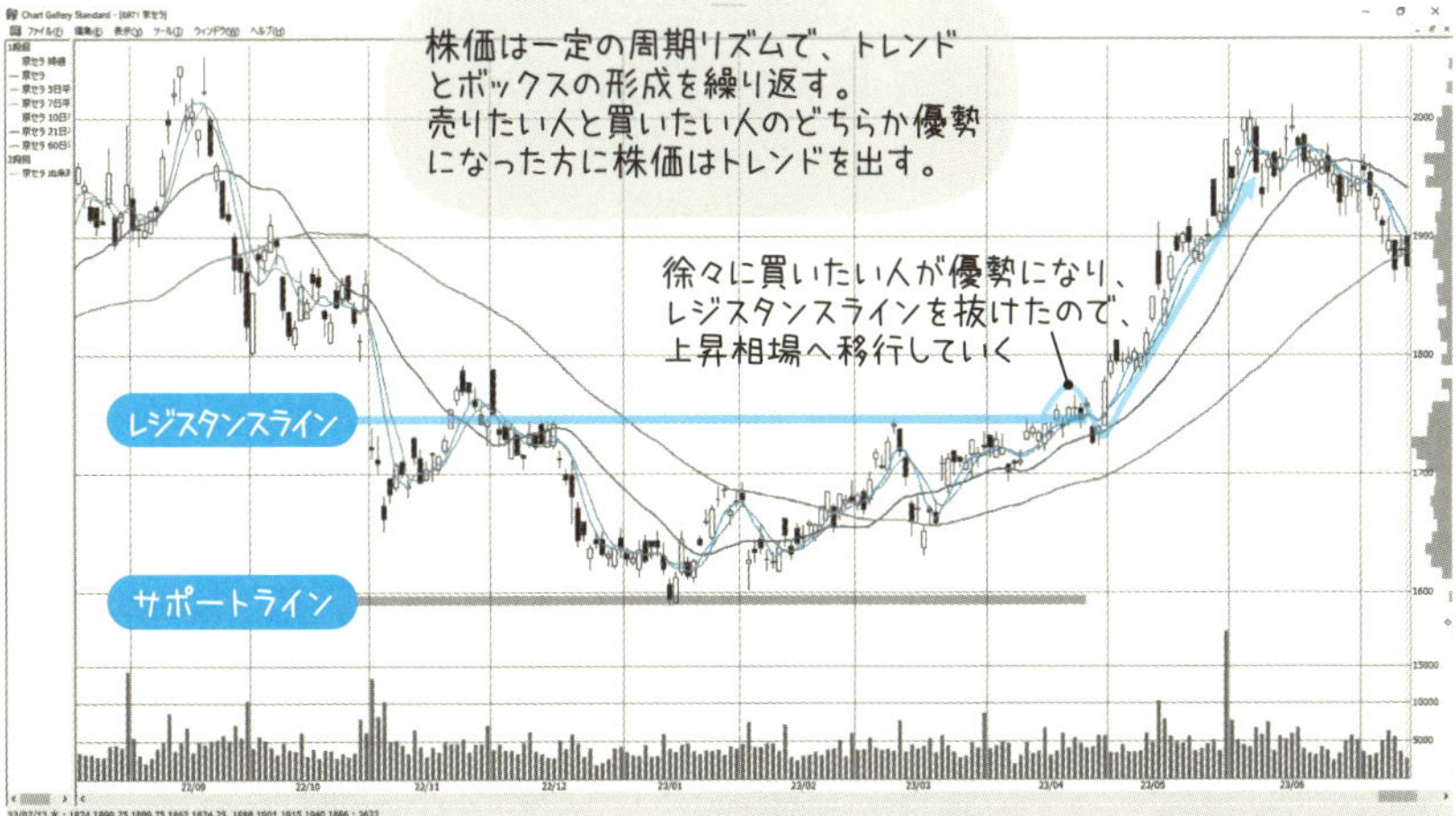

6971京セラ　日足チャート／2022年9月〜2023年7月

05

チャートパターンを覚えよう

ローソク足が時間軸にそって並ぶと、そこには一定のパターンが形づくられます。転換点を示す転換パターンや、トレンドの発生や継続を示すパターンなどがあります。

パターン形成時にトレードを仕掛けたり、事前にパターンの形成を予測してトレードを仕掛けたりと、チャートパターンは、多くのトレーダーがトレードタイミングを探るために活用されています。

1 三尊《さんぞん》・逆三尊《ぎゃくさんぞん》

3つの高値のうち中央の高値が高く両側の高値が低い形は**三尊（ヘッドアンドショルダー・トップ）**と名付けられています。

1つ目の高値を一度は超えて最高値を付けた後に反落し、再び高値

チャートが形作る形状には、特徴的なパターンがあります。
トレードの予測に大いに役立つ知識になるので、覚えておきましょう！

を目指すも、中央の高い山を超えられず下落するチャートパターンです。

三尊は3つの頭の間の安値を結んだ線を**ネックラインと呼び、ネックラインを下抜けするタイミングで完成**とされ、上昇トレンドから下落トレンドへの転換を示します。

三尊を反転させた形（**逆三尊**）も同様に転換を示すパターンとなり、下落トレンドから上昇トレンドへの転換を示す形になります。

三尊が高値付近で出現したり、逆三尊が安値付近で出現したら転換の可能性を疑い注目すべきです。

三尊で仕掛けるポイント

三尊・逆三尊のパターンを使ったトレードは、ネックラインを割る（超える）ことを予測して売買するパターンと、ネックラインを超えて（割って）パターンが完成してから売買するパターンがあります。

三尊・逆三尊のネックラインを割る前のトレードは、パターンが形成される前のトレードになるので、より有利なポジションを

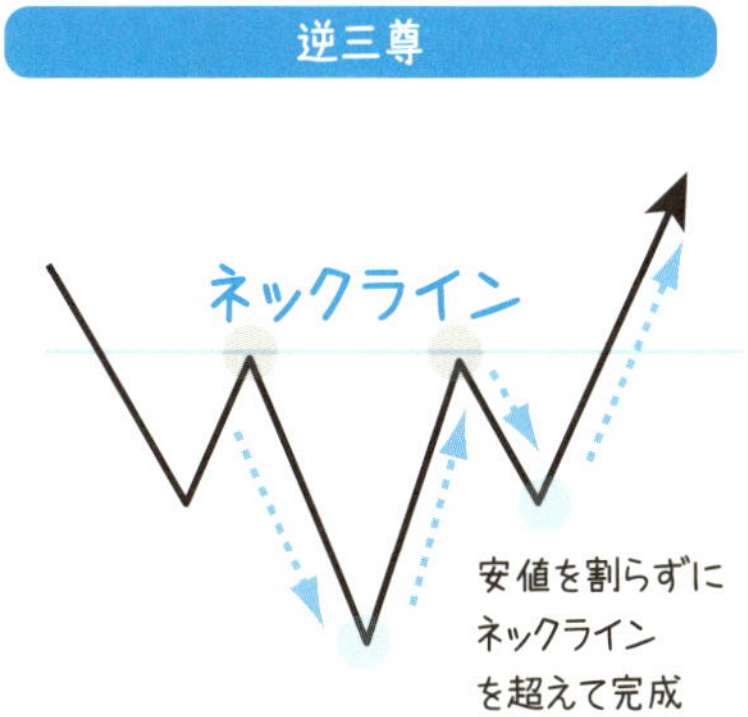

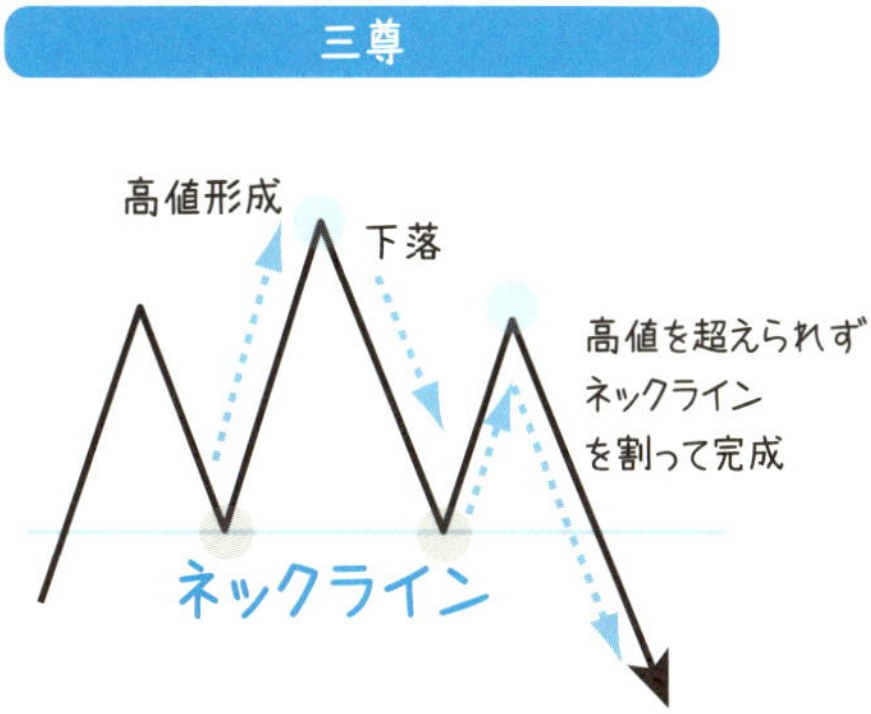

作れる可能性がありますが、三尊・逆三尊が形成されなかった場合は素早い対応が求められます。

2 ダブル天井・ダブル底（ダブルトップ・ダブルボトム）

三尊・逆三尊より頻繁に出現する相場転換のチャートパターンが**ダブル天井・ダブル底**です。

ダブル天井は株価が上昇してきてから少し反落し（高値1形成）、再び上昇するものの、前回つけた高値（高値1）と並んだ位置、もしくは少し切り下がった位置から再び下落（高値2形成）していくパターンです。

反落時につけた安値の位置が**ネックライン**となり、その安値を割ったタイミングがダブル天井の完成となります。

反対に**ダブル底**は株価が下落してきてから少し反発し（安値1形成）、再び下落するものの、前回つけた安値（安値1）と並んだ位置、もしくは少し切り上がった位置で再び上昇（安値2形成）していくパターンです。

反発時につけた高値の位置がネックラインとなり、その高値を超えたタイミングがダブル底の

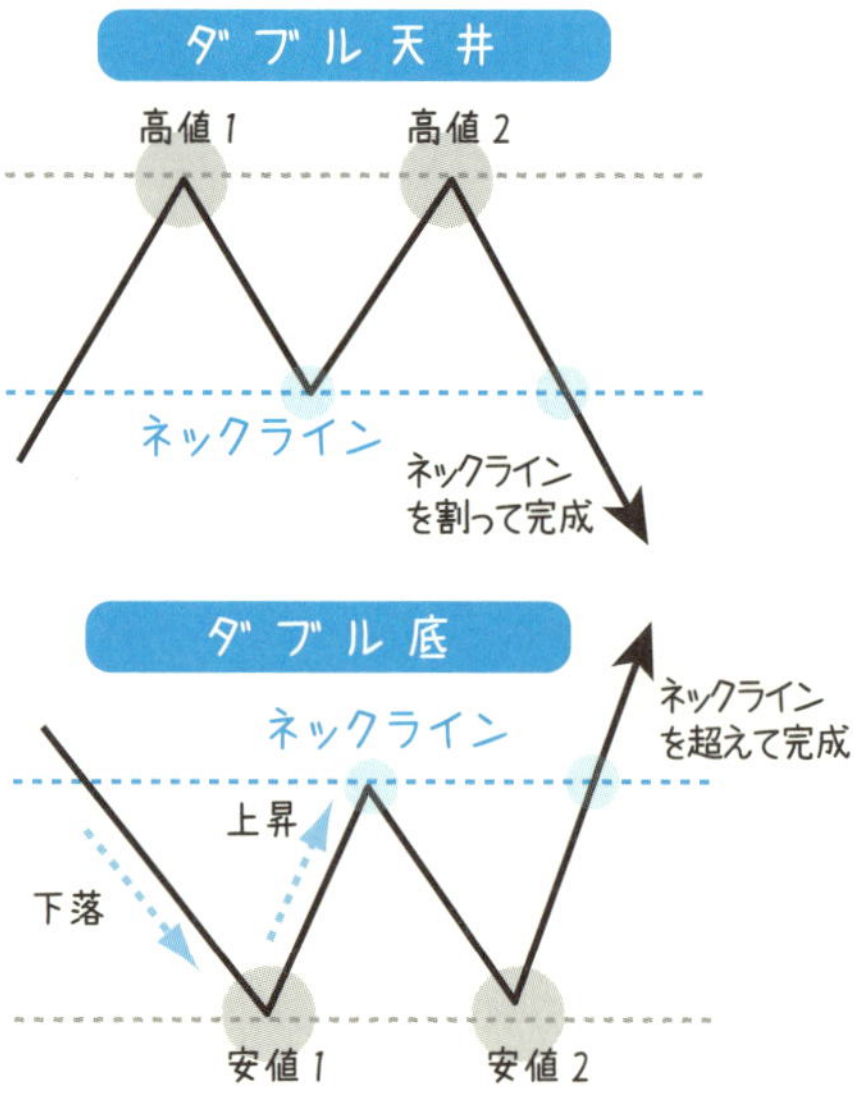

完成となります。

ダブル天井は上昇相場の転換や小休止、ダブル底は下落相場からの転換や小休止のタイミングを探る最初のきっかけになりやすいパターンです。

3 ソーサーボトム・ソーサートップ

高値圏や安値圏で出現するとトレンド転換の予兆となります。

ソーサーボトムの動きは下落相場が緩やかに止まり始めてからボックス相場に入ります。

そのボックス相場を上方向に飛び出したことをきっかけに、最初のボックス相場の上で再度ボックスを形成して上昇方向へのエネルギーを試されてから、さらにもう一段の上昇を目指していくパターンです。

ソーサーは特に**月足チャートの底値圏で見つけることができるとチャンス**です。特に前述のダブル底の右辺とソーサーの動きが重なったパターンを月足で発見できると大チャンスになります。

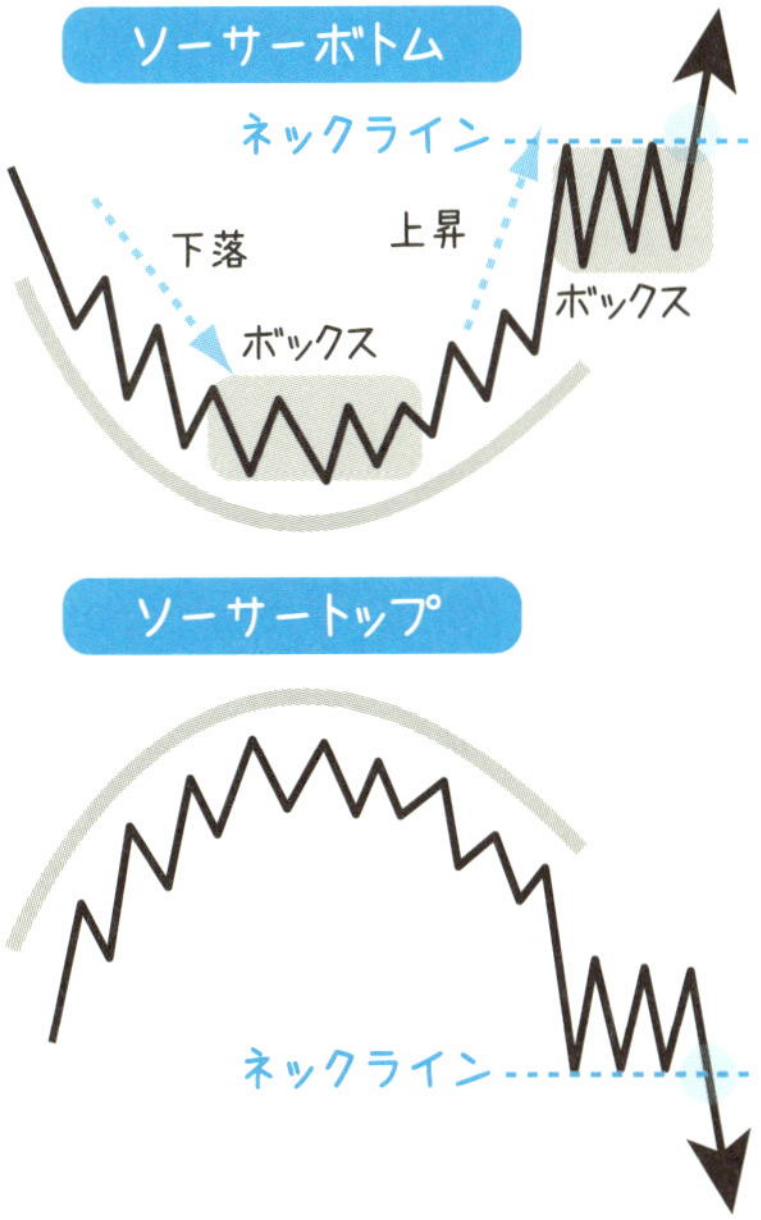

4 V字天井・V字底

V字天井・V字底はその名の通り、**V字の急激な動きでトレンドが転換するパターン**です。

株式市場に大きく影響するイベント直後や、個別株に対するサプライズニュースがきっかけとなり形成されやすいチャートパターンです。

事前にV字が発生するポイントを見抜くことは難しく、この動きの初動を捉えるためにはトレンドに逆らった売買が求められます。

さらに急激に動いた後の相場は上下にランダムに振れることも多いため、高度なトレード技術と相場感が必要になります。

特に初心者の方はV字パターン発生時には飛びつかずに**様子見するのが望ましい**と言えます。

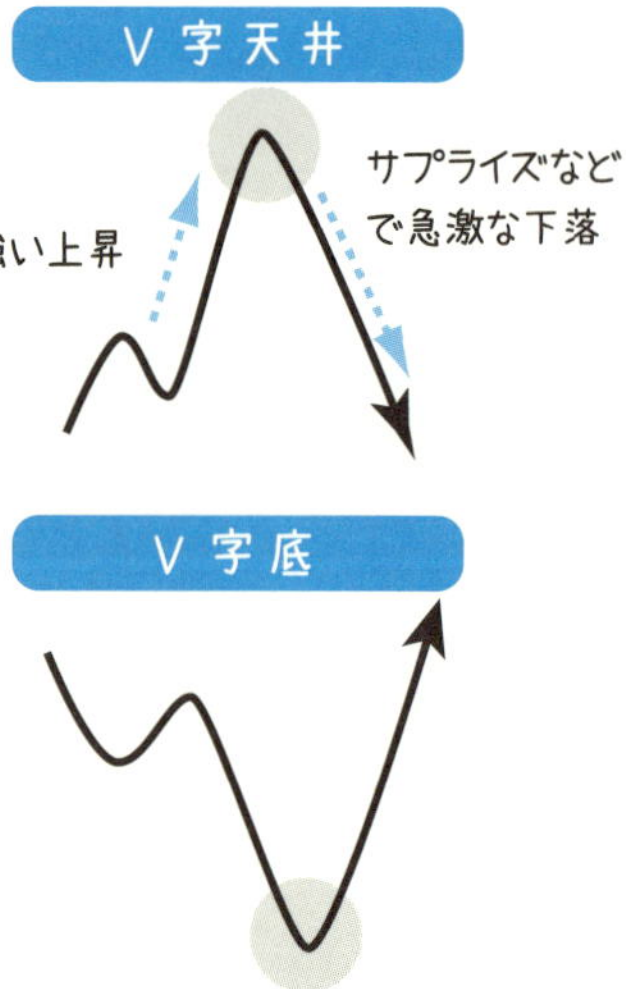

5 カップウィズハンドル

カップウィズハンドルは、コーヒーカップの形状に似ていることから命名されたチャートパターンです。

主に**底値圏で発生し上昇トレンドへ転換**を示すことが多く、上昇トレンド中の小休止から再上昇を目指す時にも発生します。カップの左の縁となる最初の高値からカップを形成し、２番目の高値で上抜けができず、その後の押しが浅くなってから再上昇で高値を超えた時点でパターンの完成となります。

ソーサーと同じく、強い上昇パターンであり多くの投資家が注目しているチャートパターンです。

6 三角保《も》ち合い

強いトレンドの発生中も、株価が一直線に上がり続けたり、下がり続けたりすることはありません。

トレンドレス（ボックス相場や小休止している状態）の時にどのパターンが形成されるかで再度トレンドが発生するかしないかを読み取ることができます。

上下均等型の三角保ち合い

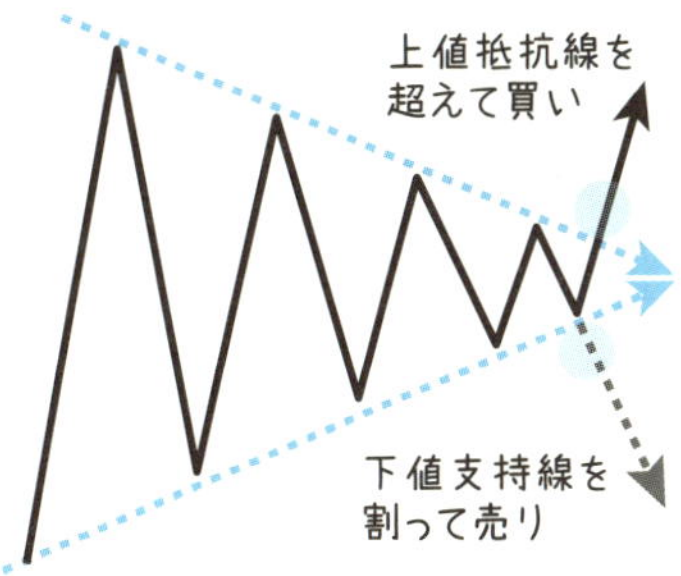

安値切上型の三角保ち合い

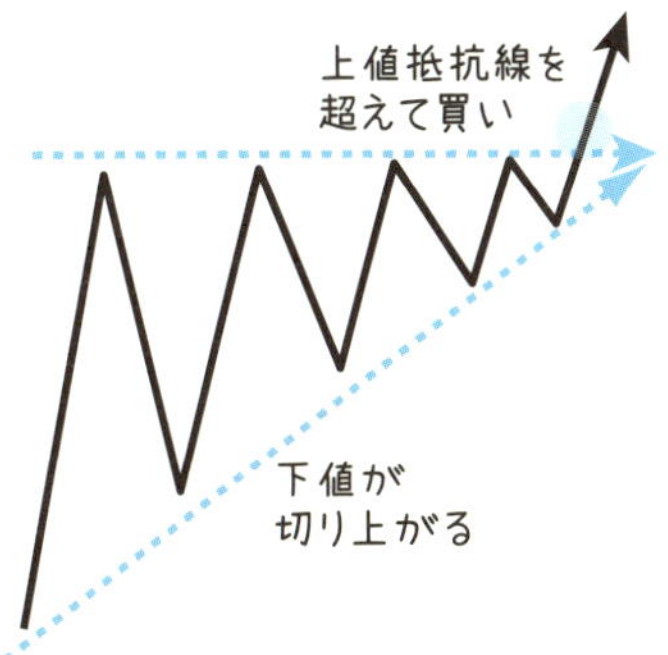

カップウィズハンドル

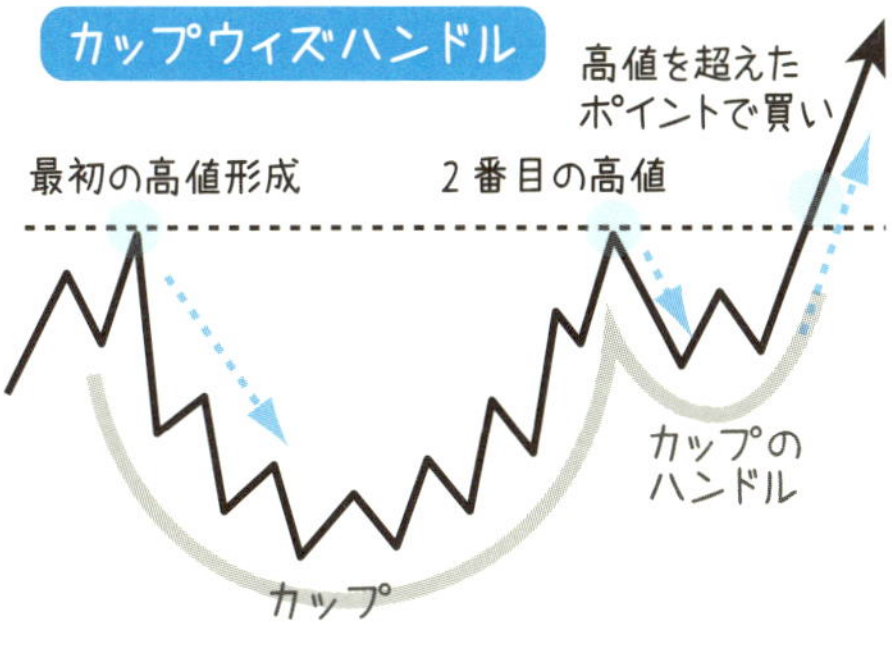

三角保ち合いはそれを見極める代表的なパターンになります。名前の通り、チャートの高値と高値、安値と安値を結ぶと三角形になっています。三角保ち合いは図のように傾き方により3種類があります。

上下均等型は、上下対称の形状で高値が切り下がり、安値は切り上がるパターンです。

基本的には前のトレンドの継続を示しますが、最終的に抜ける時の方向をしっかり見定めることが重要です。

安値切上型は高値が一定水準の中、安値が切り上がっていく**強気の形**です。上昇相場につながることが多くなります。

高値切下型は安値が一定水準の中、高値が切り下がっていく**弱気の形**です。下落相場につながることが多くなります。

それぞれの**売買ポイントは保ち合いを抜けた所**、もしくは**抜けた後の戻しから再度順行したポイント**になります。

チャートパターンは、完成すれば必ずその後の動きはパターンで定義付けられたものになる、というものではありません。

あくまで統計上そうなる可能性が高いというもので、パターン形成の把握と同時に、実際の相場環境に合わせて、トレード判断の一つの材料として使いこなしていくことが重要になります。

高値切下型の三角保ち合い

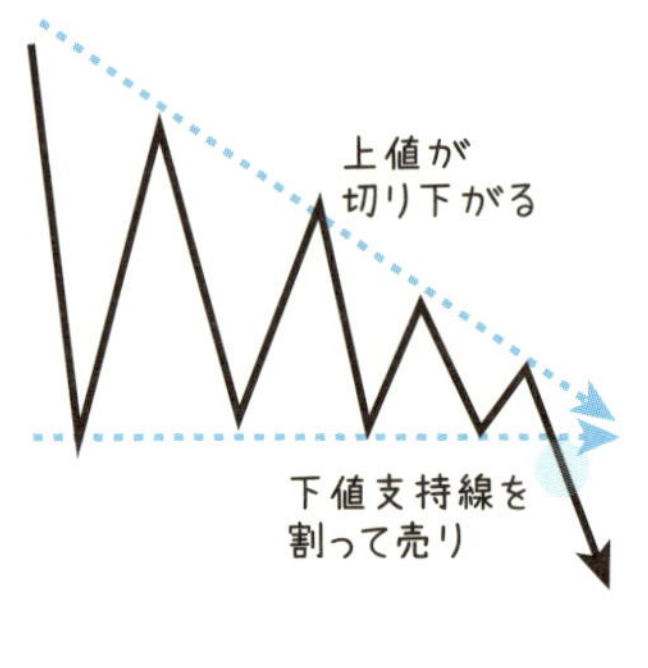

2時限目
テクニカル分析の基本をマスターしよう

スイングトレードの基本は、テクニカル分析です。
ここではテクニカル分析の基本知識を解説します。

01 移動平均線分析は基本中の基本！

1 テクニカル指標の2つの分析手法と相場環境の正しい認識

相場環境や売買タイミングを把握するための根幹は、前章で紹介したローソク足チャートです。ローソク足のほかにもチャート上でその判断をサポートしてくれる数多くのテクニカル分析の手法があります。テクニカル分析は、**トレンド系**と**オシレーター系**の2つに分類されます。

❶トレンド系　**いつ、どのような方針で売買するかを判断**
主な分析手法　ライン分析・移動平均線・ボリンジャーバンド・一目均衡表

❷オシレーター系　**買われすぎや売られすぎ（相場の過熱感）を認識**
主な分析手法　RSI・MACD・ストキャスティクス

日々の細かな値動きの確認や売買判断はチャート上のローソク足から読むことができます。しかし、ローソク足だけでチャートを見ると細かな動きにとらわれ、スイングトレードの本質である「**トレンドに乗せて利益を伸ばす**」という狙いを忘れがちです。

どのテクニカル分析を行う際でも、最初に**現在の相場環境を正しく認識する**ことから始めます。特に**トレンド系のテクニカル指標や分析法を使いこなして環境認識をする力は必須**となります。中でも多数のトレーダーが使っているシンプルな分析法である**移動平均線分析**や**ライン分析**は、トレンド分析と併せて売買判断にもつながる重要な基礎知識です。

2 移動平均線で今の相場環境を把握しよう

移動平均線（MA：Moving Average）は、**過去の一定期間の終値の平均値を算出しそれを結んだ線**です。テクニカル指標の中では初心者から熟練のトレーダーまで誰もが使っている指標です。

日足《ひあし》チャートで**5日移動平均線**（5MAと表記）という場合、過去5日間のローソク足の終値を合計して、5で割った平均価格をつなぎ合わせた線となります。

各時間軸のチャート上で5MAと表記されていれば、週足

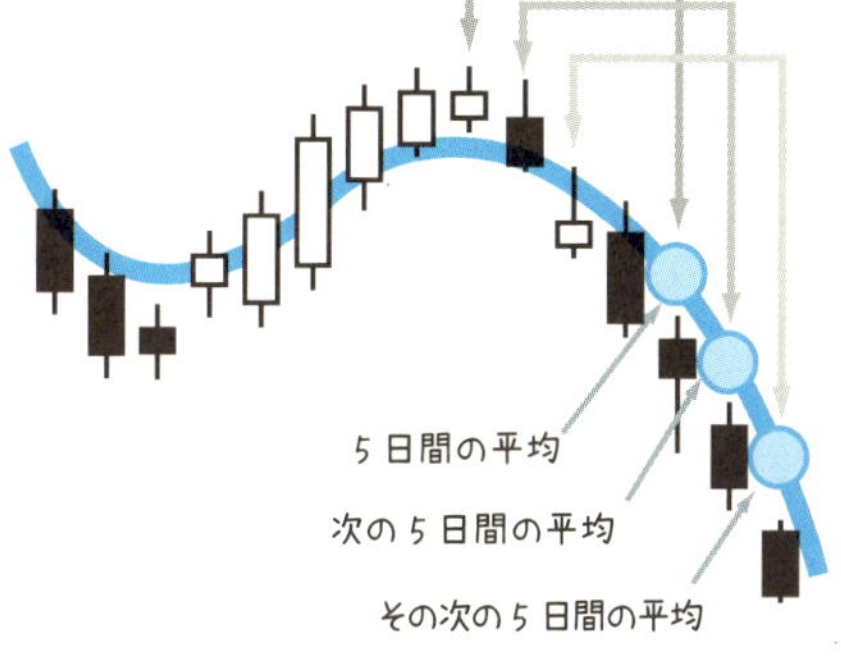
前の5日間の平均値を
結んだ線が移動平均線
5日間の平均
次の5日間の平均
その次の5日間の平均

なら5週、月足なら5か月の移動平均線という意味になります。

移動平均線の向きが表す相場環境とは？

移動平均線の向きに注目することで、**現在の相場環境**において売買それぞれどちらが強いかを判断できます。

移動平均線が**下向き**なら、平均値が切り下がっている期間のため売りが優勢であることがわかり、相場環境は**下落相場**と判断します。

一方、下落相場の終了間際で株価が移動平均線を上に超えてくると、売り買いの需給バランスが拮抗し移動平均線の向きは横ばいとなり、相場環境は**ボックス相場**になります。

ボックス相場から買いが優勢になった場合には、移動平均線は**上向き**になり、**上昇相場**に入ったことを認識できます。

移動平均線はメジャーな設定を使え！

移動平均線には、**短期、中期、長期**があり、Webサイトやアプリで、何日間をそれぞれに割り当てるかを設定できます。

これで完全という定番の設定はありません。相場の時期や銘

● 移動平均線の向きで相場環境を把握する

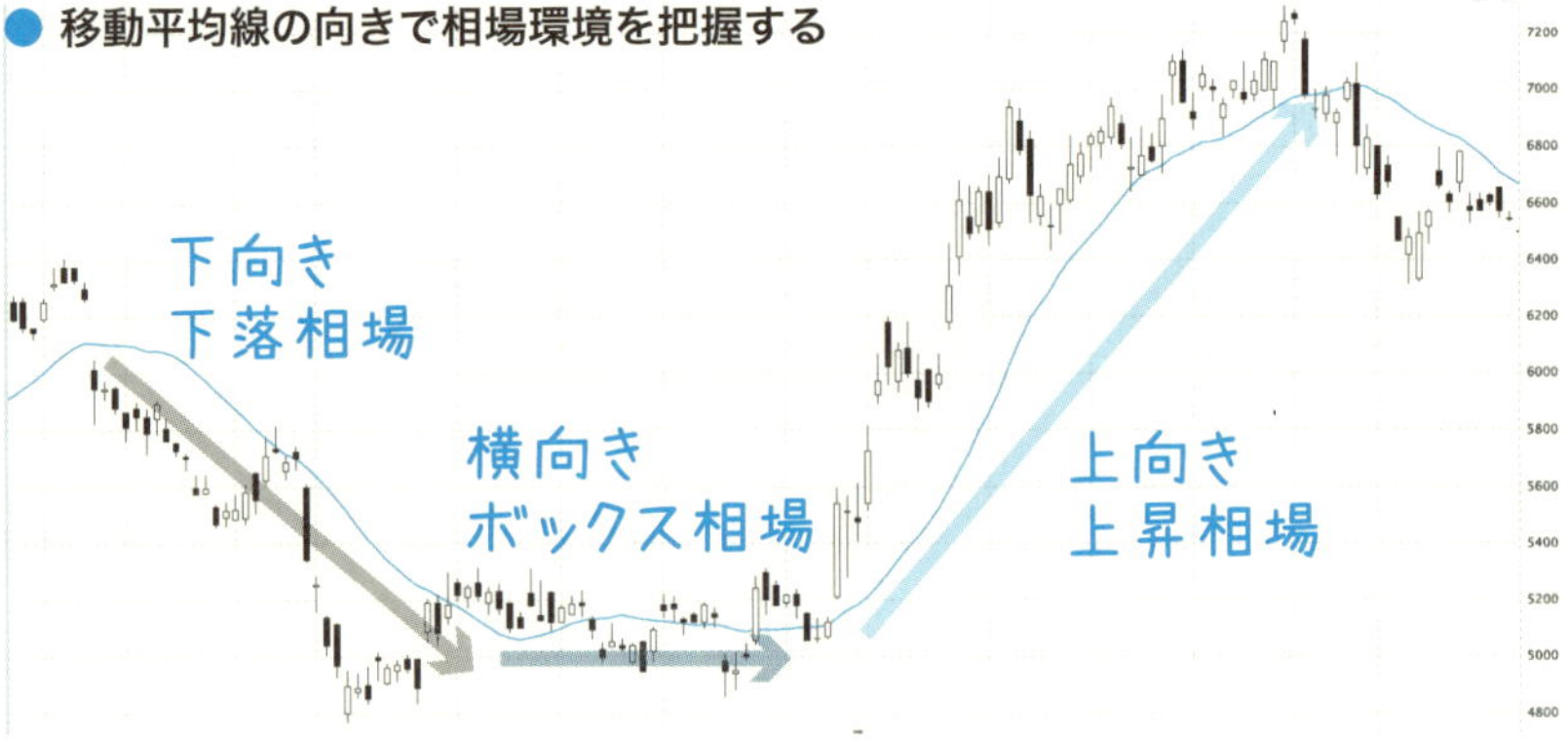

9984ソフトバンクグループ　日足チャート　2023年2月～2023年8月

柄によって、最適な移動平均線の設定は異なるからです。

1つのアドバイスとしては、一般的に**証券会社のトレードツールなどでも標準（初期）設定をそのまま利用**することです。

多くの投資家が標準設定のまま使っている設定期間と考えられるので、そこから1つずつ選んでおけば大きな失敗はしないでしょう。

ちなみに私の場合は、5日、20（21）日、60日を主に利用しています。

3 ローソク足は移動平均線の上・下どっちにある？

移動平均線とローソク足の位置関係から相場の先行きを占うことができます。次ページのチャートで確認しましょう。

下向きの移動平均線の下にローソク足がある時（下落相場）、移動平均線の平均値は切り下がり続けるので、**下落相場が継続**することが想定できます。

この環境下では、ローソク足が移動平均線より上に出た場合であっても、まだ下落が止まるかどうかの判断はできません。

ローソク足が下向きの移動平均線の下に位置し続けてきた状態（下落相場が長く継続した状態）から、**一度ローソク足が移動平均線を超えたあた**

● よく使われる移動平均線の設定期間

時間軸	設定値
短期移動平均線	5日、7日、10日
中期移動平均線	20日（21日）、25日
長期移動平均線	50日、60日、75日、100日、200日

りですぐに買い始めるのは注意が必要です。

理由は移動平均線の平均値がすぐに切り上がる状況が整っていないからです。

特に中期・長期線などの期間の長い移動平均線は、ローソク足が何度か移動平均線の上に出たり、株価が下げ止まってくることで平均値が底打ちし、やがて上方向を示すまでに時間がかかります。

一方で短期線は平均値の集計期間が短いため、突発的な値動きにも反応して向きを変化させます。

図では中期線のみを表示していますが、仮に短期線が表示されているとすれば、「中期線は下がっている中で短期線は上がっている」という場面も発生し惑わされる可能性もあります。

移動平均線分析においても、より時間軸の長い移動平均線からトレンドを把握し、短期線の動きも一致すれば仕掛けるという意識を基本とし、それぞれの移動平均線と株価の位置関係が示す今後のトレンドを読む癖をつけましょう。

移動平均線とローソク足の関係

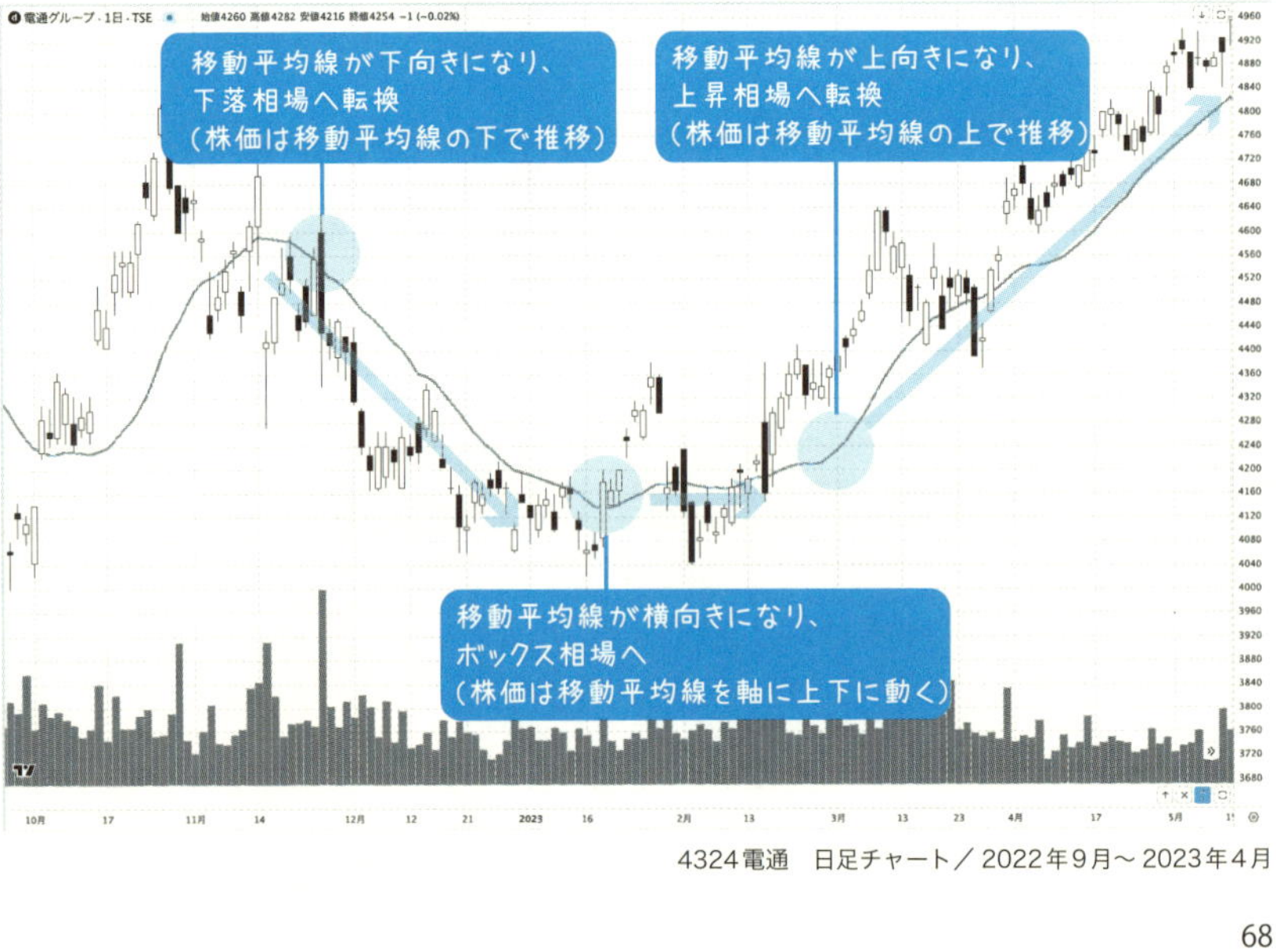

4324電通　日足チャート／2022年9月～2023年4月

4 単純移動平均線を使いこなそう

移動平均線には次の3種類があります。

- **単純移動平均線（SMA）**

一般的に最も使われているのが単純移動平均線です。単純移動平均線のメリットは過去の一定期間の終値を平均化し、相場のトレンドや需給関係を可視化できることです。単純移動平均線のデメリットは直近の相場が急変動した時には過去の価格に平均値が寄ってしまい、直近の価格変動を反映しにくい傾向があります。

- **指数平滑移動平均線（EMA）／加重移動平均線（WMA）**

指数平滑移動平均線と加重移動平均線は過去の価格よりも直近の価格の比重を高めた計算式になっており、直近の需給関係をより強く反映できる移動平均線です。直近の価格変動を重視するため、相場の急変動にも素早く反応しますが、反応が良い分「ダマシ」が増えてしまうデメリットもあります。

移動平均線はこれまで解説してきた**単純移動平均線（SMA）**を利用しましょう。

単純移動平均線は機関投資家や個人トレーダーも注目している指標ですが、直近の価格変動を反映しにくい点は直近の株価を示すローソク足からも読み取ることでカバーできます。**単純移動平均線の遅行性は目先のダマシを防ぎ、機能するタイミングを絞り込んでくれる**ため、トレードチャンスの場面を絞りこんでくれる有効な特性です。移動平均線やローソク足、その他のテクニカルも、一つで完璧な未来を示唆してくれる指標はありません。

02 グランビルの法則と移動平均線分析

1 グランビルの法則とは

グランビルの法則とは、1960年代に米国の金融記者ジョゼフ・グランビルが編み出した分析手法です。

「移動平均線の向き」と「株価の位置関係」から優位性の高いエントリーポイントを判断するための法則としてよく知られており、移動平均線と株価の動きをベースに**売りポイントと買いポイント合わせて8つのポイントが定義**されています。

先に説明した移動平均線の特性を利用した現代の相場でも有効なトレードの法則です。

ぜひ覚えてください！

グランビルの法則では、移動平均線と株価の位置関係から適切なエントリーポイントを読み解けます！

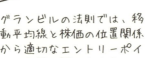

● グランビルの法則で定義されている売買ポイント

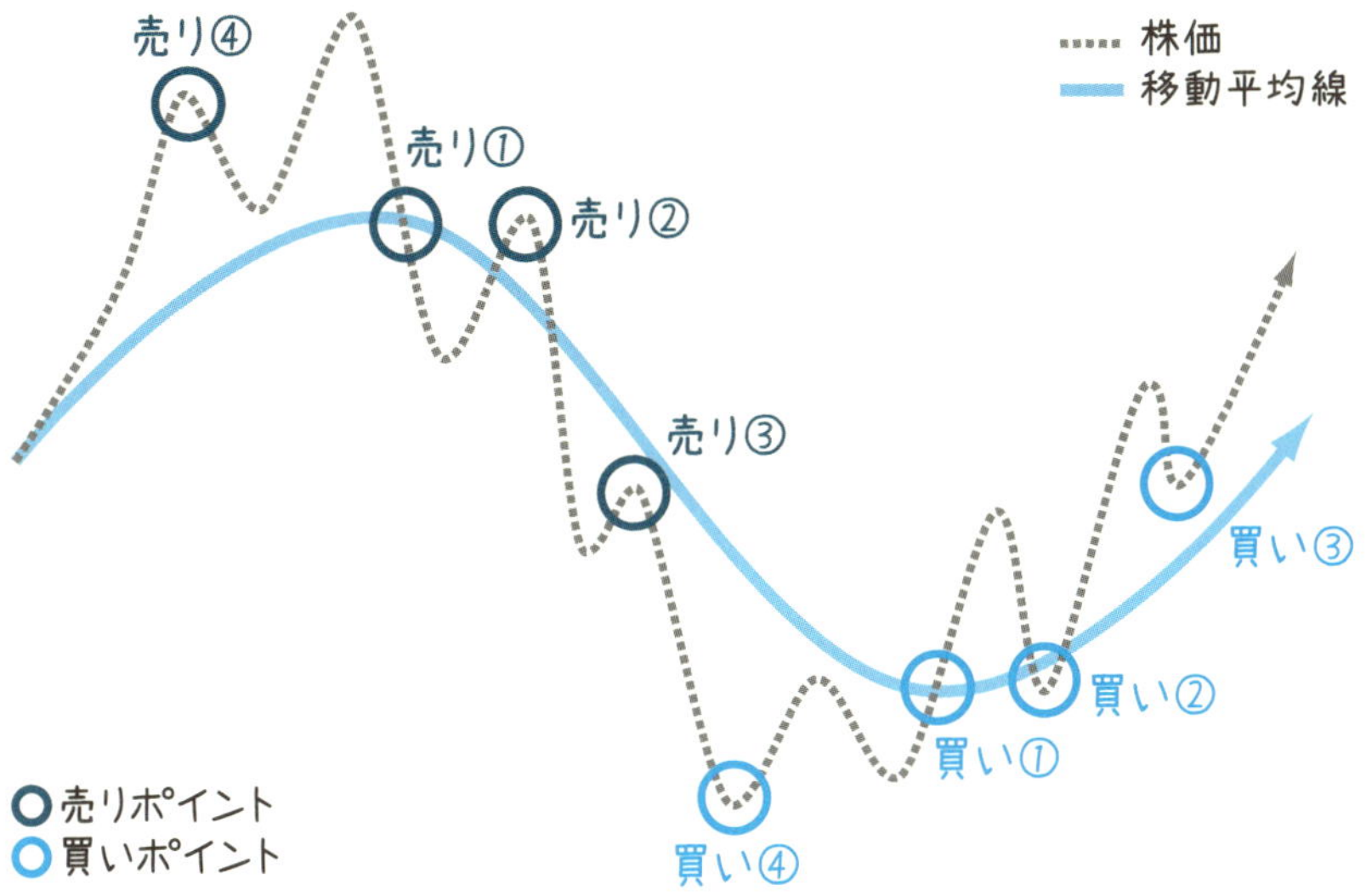

買いのエントリーポイント

買い①（買い転換の場面）
移動平均線が一定期間下落後、横ばい、または上向きに転じて株価が下から上に抜けた場合は買い。

買い②（押し目買いの場面）
移動平均線が上向きの時に、株価が下落して移動平均線を一時下回るも、再度上昇して下から上に突き抜けた場合は買い。

買い③（買い乗せの場面）
移動平均線が上向きの時に、株価がいったん下落するも移動平均線を下抜けずに再度上昇する場合は買い。

買い④（自立反発の場面）
移動平均線が下向きの時に、価格が移動平均線の下に大きく乖離した場合は買い。

売りのエントリーポイント

売り①（売り転換の場面）
移動平均線が一定期間上昇後、横ばい、または下向きに転じて株価が上から下に抜けた場合は売り。

売り②（戻り売りの場面）
移動平均線が下向きの時に、株価が上昇して移動平均線を一時上回るも、再度下落して上から下に突き抜けた場合は売り。

売り③（売り乗せの場面）
移動平均線が下向きの時に、株価がいったん上昇するも移動平均線の上に抜けずに再度下落する場合は売り。

売り④（自立反落の場面）
移動平均線が上向きの時に、価格が移動平均線の上に大きく乖離した場合は売り。

2 グランビルの法則の狙い目は？

前ページの図がグランビルの法則の概念図です。株式以外の為替や商品先物の価格にも適用できる法則です。

グランビルの法則を頭に入れておくと、**株価と移動平均線の関係から適切なエントリーポイントを見つける**ことができます。

初心者にお勧めのエントリーポイント

グランビルの法則を参考にしたエントリーポイントについて、初心者の方は**買い④**と**売り④**の**トレンドに逆った売買**はリスクが高くなるので避けてください。

④の**移動平均線と株価が大きく乖離が発生するポイント**はポジションが極端に偏っている状態です。

今までの説明と合わせると、より長い時間軸のトレンドに逆らった売買になります。

その後はある一定の価格水準まで到達すると、偏っていたポジションに対する決済注文や新規の売買が入ってくることで、大きく反発や反落をします。

しかし、その**乖離が収束するタイミングを読む力や相場環境に合わせた売買スキルが身に付いてないと、急上昇や急落に自身のポジションが巻き込まれてしまう可能性があります。**

初心者が大きな損失をつくるパターンは、この乖離（**自立反発・自立反落のポイント**）のところで**値ごろ感を頼りに感覚的に買ったり売ったりしてしまう**ことがきっかけになっています。

まずは急激には流れが逆行しにくい**①〜③を中心に狙っていく**ことが初心者にはおすすめといえます。

特に①のポイントのように**株価が移動平均線を「割った」「超えた」ポイントは、「上昇相場から下落相場」や「下落相場から上昇相場」への、相場の転換点形成の最初の手がかりになります。**

うまく転換が完了すれば大きなトレンド相場の初動を捉えられます。

一定のトレンドが継続してきた後の株価が移動平均線を割った・超えたタイミングに注目しましょう。

相場が転換するときの捉え方はいくつかありますが、後に解説する77ページのライン分析や91ページの日柄分析も参考になります。

移動平均線分析の観点ではこれまで解説をしてきたよう

● グランビルの法則を活用した転換点を狙ったトレード例（売り①買い①の例）

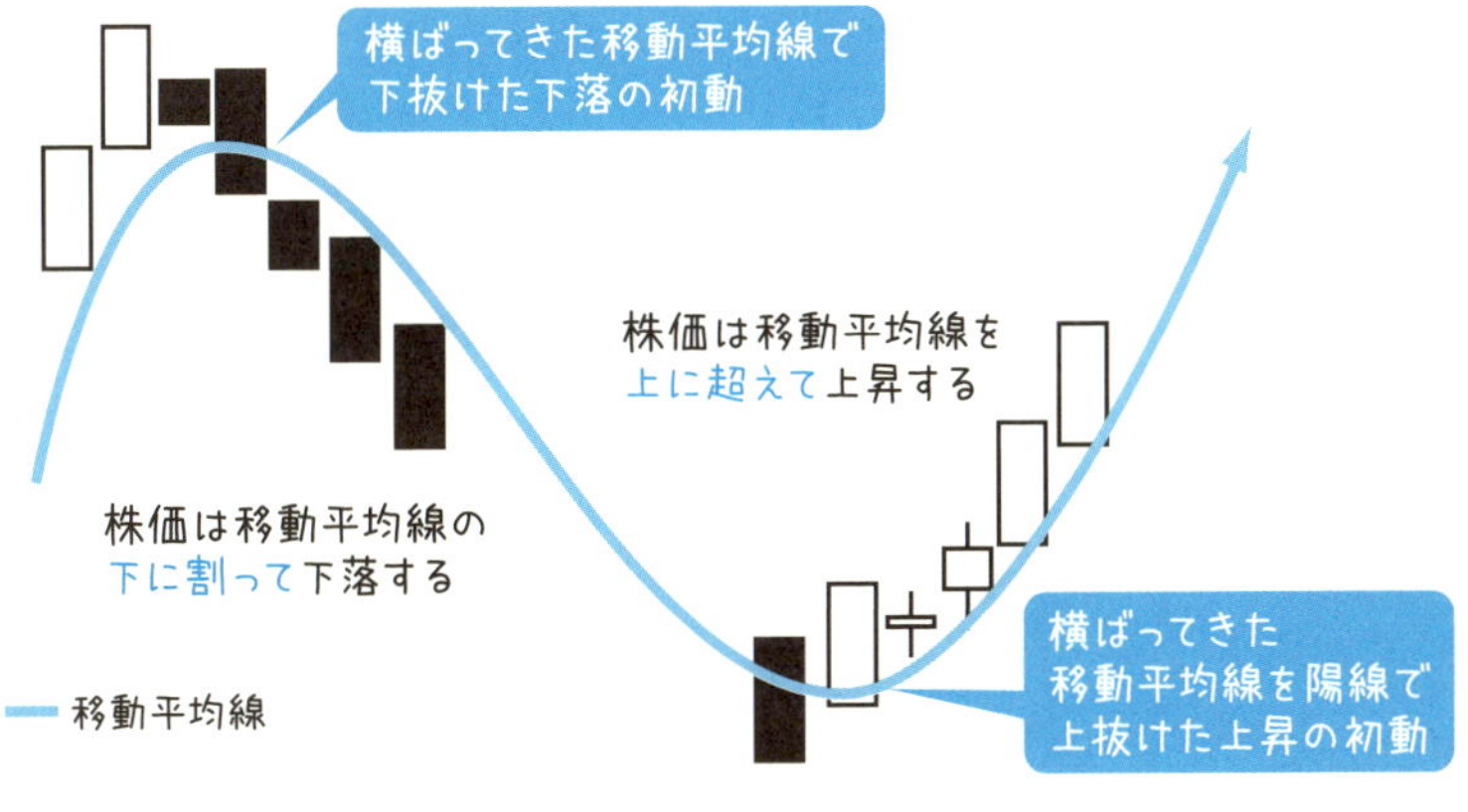
横ばってきた移動平均線で
下抜けた下落の初動
株価は移動平均線を
上に超えて上昇する
株価は移動平均線の
下に割って下落する
横ばってきた
移動平均線を陽線で
上抜けた上昇の初動
移動平均線

に、割った・超えた瞬間の移動平均線の向きも重要なポイントになります。

ちなみに相場用語でトレンドに逆らった売買を「**逆張り**」といい、相場のトレンドに従った売買を「**順張り**」といいます（4時限目155ページ参照）。

3 グランビルの法則を他の時間軸で応用する

グランビルの法則では、一般的に**株価（終値）と200日移動平均線の組合せで説明**されますが、他の時間軸でも応用できます。

下図のように、真ん中の移動平均線を他の時間軸の移動平均線に置き換えて分析することも可能です。

移動平均線の設定と同じように、さまざまあるテクニカル分析も自分のトレードスタイルによって最適な形は異なるということです。

現代ではグランビルの法則を短期と中期（長期）の移動平均線の組合せで表現されることもあります。特に日足を中心にトレードするスイングトレードでは**短期移動平均線（5日）と中期移動平均線（20日or25日）**がグランビルの法則と

● グランビルの法則の応用

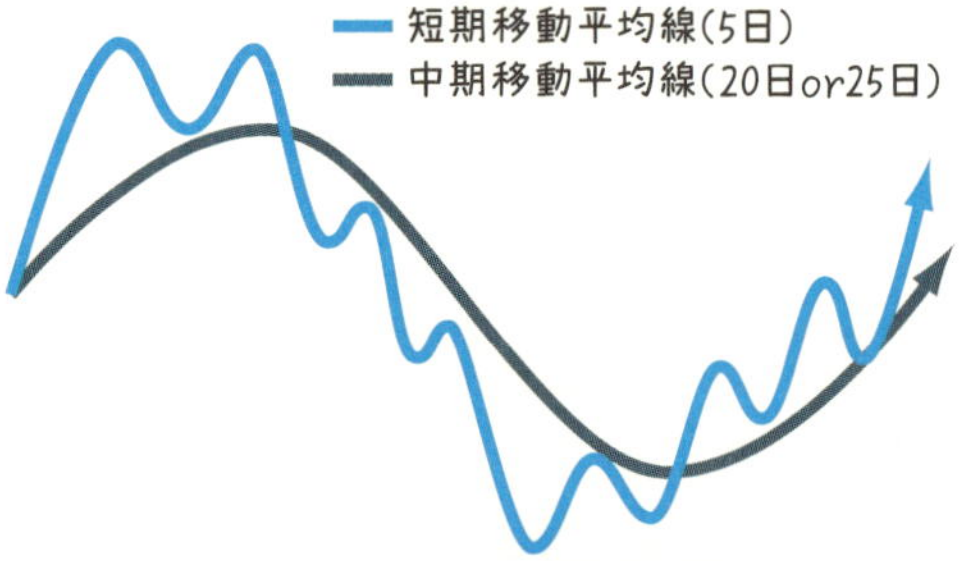

グランビルの法則は他の時間軸でも応用でき、短期移動平均線と中期（長期）移動平均線の組合せパターンもある。

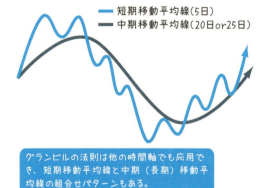

相性のいい形としてよく利用されます。

ゴールデンクロスとデッドクロス

移動平均線を活用した最も認知度の高いサインは**ゴールデンクロスとデッドクロス**です。

短期と中期、短期と長期、中期と長期といった形で**時間軸の異なる移動平均線がクロスしたポイントで注目されるパターン**です。

デッドクロスは期間の短い移動平均線が期間の長い移動平均線を下抜けることで形成され、その後は下落を示唆する売りサインとされます。

反対に、ゴールデンクロスは期間の短い移動平均線が期間の長い移動平均線を上抜けることで形成され、その後は上昇を示唆する買いサインとされています。

稀にデッドクロスとゴールデンクロスはダマシが多く使えないと解説されることがありますが、それは時間軸の短い移動平均線同士でのシグナル発生や、単純にクロスポイントのみに注目した結果生まれやすいミ

● グランビルの時間軸を他の時間軸に置き換えて応用する

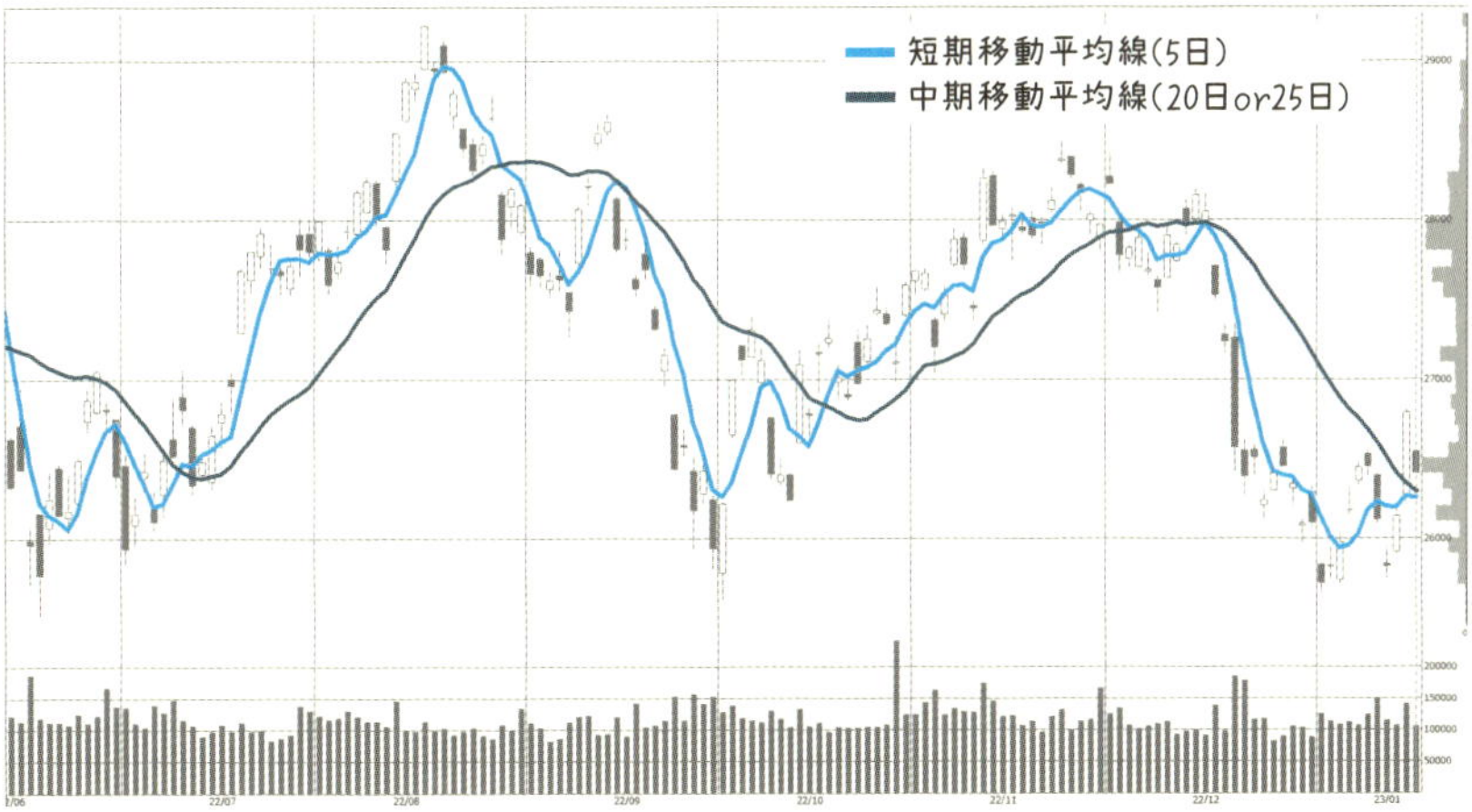

日経平均株価　日足チャート／2022年6月～2023年1月

スです。

クロスが発生したポイントでどちらの移動平均線も同じ方向を示しているかどうかや、**対象の移動平均線が加速的に方向感を出せる位置にローソク足（株価）が滞在しているか**どうかもポイントです。

また、クロスした2本の移動平均線より長期の移動平均線の状況（向きなど）を確認したり、現在の相場環境が転換点となりえる状況なのか確認したり、他の分析手法（ライン分析や日柄分析）なども組み合わせることで精度高く機能するポイントを探ることもできます。

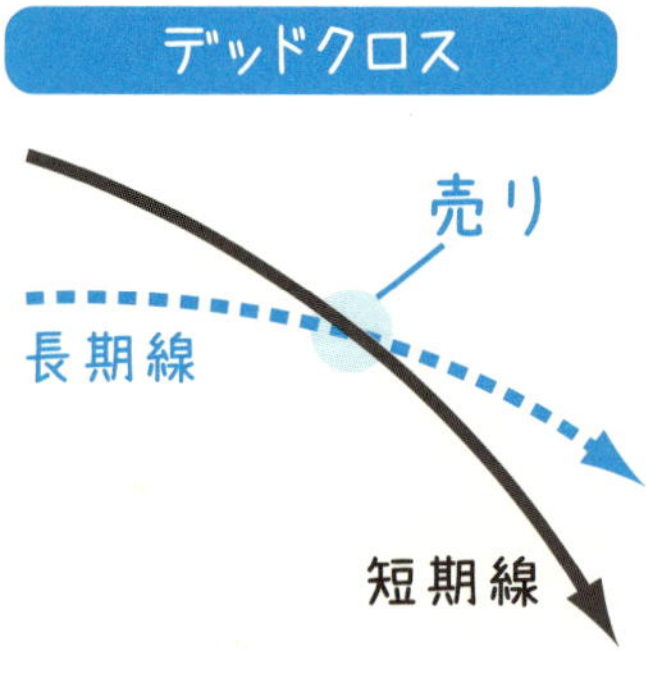

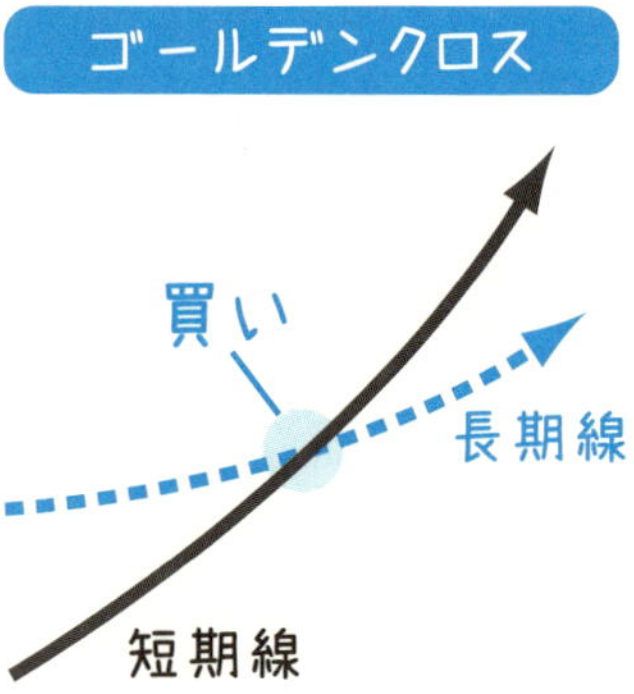

03 ライン分析で相場の強弱をつかむ

移動平均線分析と同様にシンプルかつ有効なチャート分析が**ライン分析**です。

ライン分析では、チャート上真横に引く**水平線**と斜めに引く**トレンドライン**があります。

特に**水平線は相場の勢いの強弱を図るのに非常に有効なツール**で、チャート分析を中心にトレードするスイングトレーダーにとっても大きな武器となります。

1 レジスタンスラインとサポートライン

水平線には、**レジスタンスライン（抵抗線）**と**サポートライン（支持線）**の2種類があります。

レジスタンスラインは、株価の**高値と高値を結んで引いたライン**です。**株価の上昇を阻む抵抗帯**として認識され、株価がレジスタンスラインまで近づくと、反落していくことが多くなります。

サポートラインは、株価の**安値と安値を結んで引いたライン**です。

株価の下落を止めるクッションのような役割で、株価がサポートラインまで近づくと、反発することが多くなります。

2 大多数の投資家に意識される価格帯が重要

ラインを引くべきポイントは多くの投資家が注目する価格帯です。

多くの投資家が意識する価格帯では、売買が活発に行われ、新たな値動きのトレンドが発生しやすくなります。

ラインが機能する理由は、「なぜそのラインが意識されるのか」、「ラインで反発・反落せずにブレイクして抜けると他のトレーダーや投資家心理はどう変化するのか」といった投資家心理を考えながら、分析することが大切です。

それではチャートにラインを引く時に大切な考え方の前提を解説していきます。

● レジスタンスラインとサポートライン

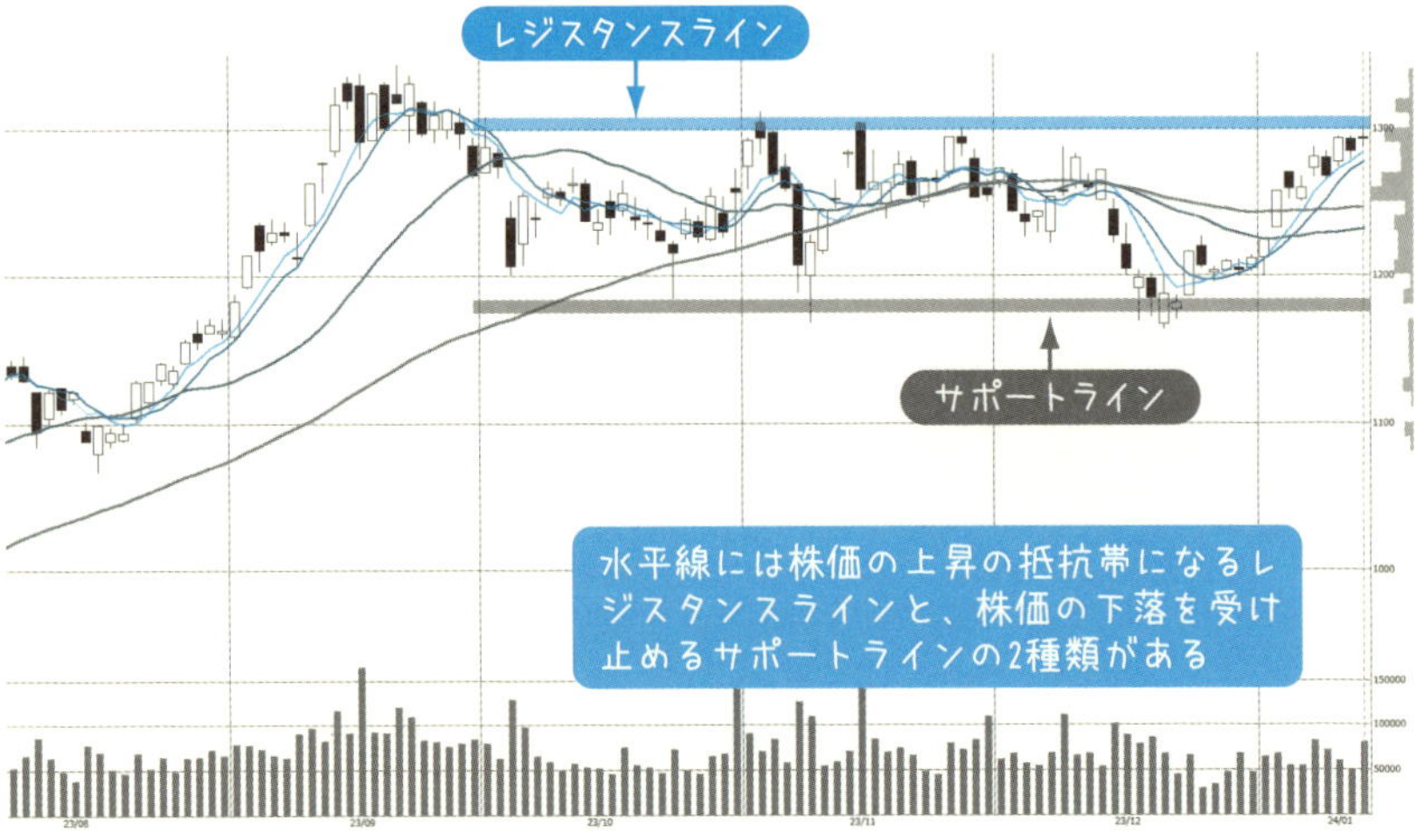

レジスタンスライン
サポートライン
水平線には株価の上昇の抵抗帯になるレジスタンスラインと、株価の下落を受け止めるサポートラインの2種類がある

8306三菱UFJフィナンシャルグループ　日足チャート／2023年8月〜2024年1月

投資家心理に影響する株価水準をラインで可視化する

チャートには、買いたい人と売りたい人の投資家心理が反映されています。その投資家心理の変化が起きる水準の一つが、**チャート上の過去の高値や安値をつけた価格帯**になります。

高値を付けてから下落する、もしくは安値を付けてから上昇するという動きは、需給バランスの観点で解釈すると、**株価の流れが一定方向に傾いていた状態から一度膠着し、逆方向へ傾いたことの証明**です。

ラインはこのチャート上の需給関係（投資家心理）の変化が起きた転換点である**高値と高値、安値と安値を結ぶ**ことで引くことができます。

「過去に意識された価格水準や事象は、未来でも意識される」と考えるのがテクニカル分析の基本姿勢ですが、その理由は投資家心理も想像するとわかりやすいです。

例えば、保有中の株に含み益が出ている状態で過去の高値に株価が近づいたとすれば、**「また反落してしまう前に、一度利益確定しておこう」**と考える投資家が出てきます。

そして株が売られて再度高値が形成されることで、その後はより意識される水準（レジスタンスライン）ができあがります。

しかし、仮に過去の高値を超えた時には、「株価が上昇方向へ向かう力が本物ならば、買いを狙いたい」というように**投資家の相場を見る目が弱気から強気に変化するきっかけ**が生まれます。

こういった状況をチャートから読み取ることが**相場の強弱を掴む時に大切な感性**です。

手がかりは常に売買結果の事実としてチャートに反映されていますから、投資家やトレーダーに意識されている水準や事象を見抜く目を養い、適切なラインを引けるようになりましょう。

3 ラインの引き方のコツ

意識されているラインを正しく読み取る力が身に付けば、売買ポイントを明確にすることと併せて、売買してはいけないポイントも明確にすることができます。

過去の高値と安値を意識する

代表的な水準は先の例でも解説した通り、**過去の高値・安値**です。

特に**株価が何度か反応している水準や目立つ高値・安値が重要なポイント**です。

● 株価が反応しているポイントが重要

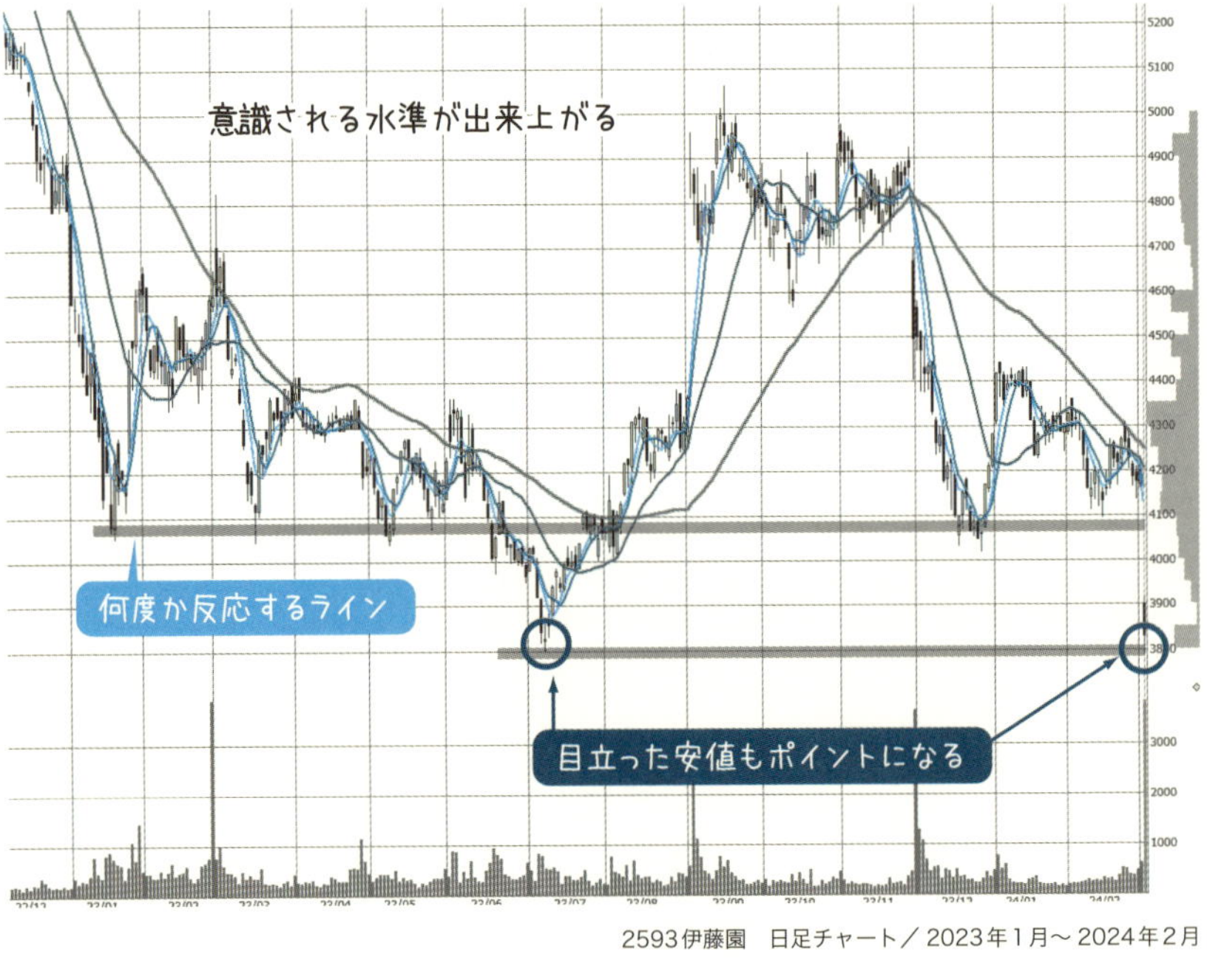

2593伊藤園　日足チャート／2023年1月～2024年2月

前ページの図のように株価が何度も反応しているポイントは多くの投資家が注目しています。

株価は過去を覚えています。それはトレーダーが過去のデータを確認して投資判断をしているからです。

過去の高値・安値は誰もがチャート上から確認しやすく、最も意識され機能しやすいラインとなります。

意識される価格の節目ライン

価格の節目とはキリの良い株価のことです。

価格の節目はわかりやすいため、注目されるラインとして機能する傾向があります。

1000円や3000円や5000円というキリのいい数字は節目のラインとして意識されやすいので覚えておきましょう。

例えば5000円の節目をまたいで上下に売り買いが交錯してからトレンドの潮目が変わったり、株価が節目に到達してから反落したり、株価がラインを抜けた方向に一気に進んだりすることがあります。

● キリの良い節目となる株価は意識される

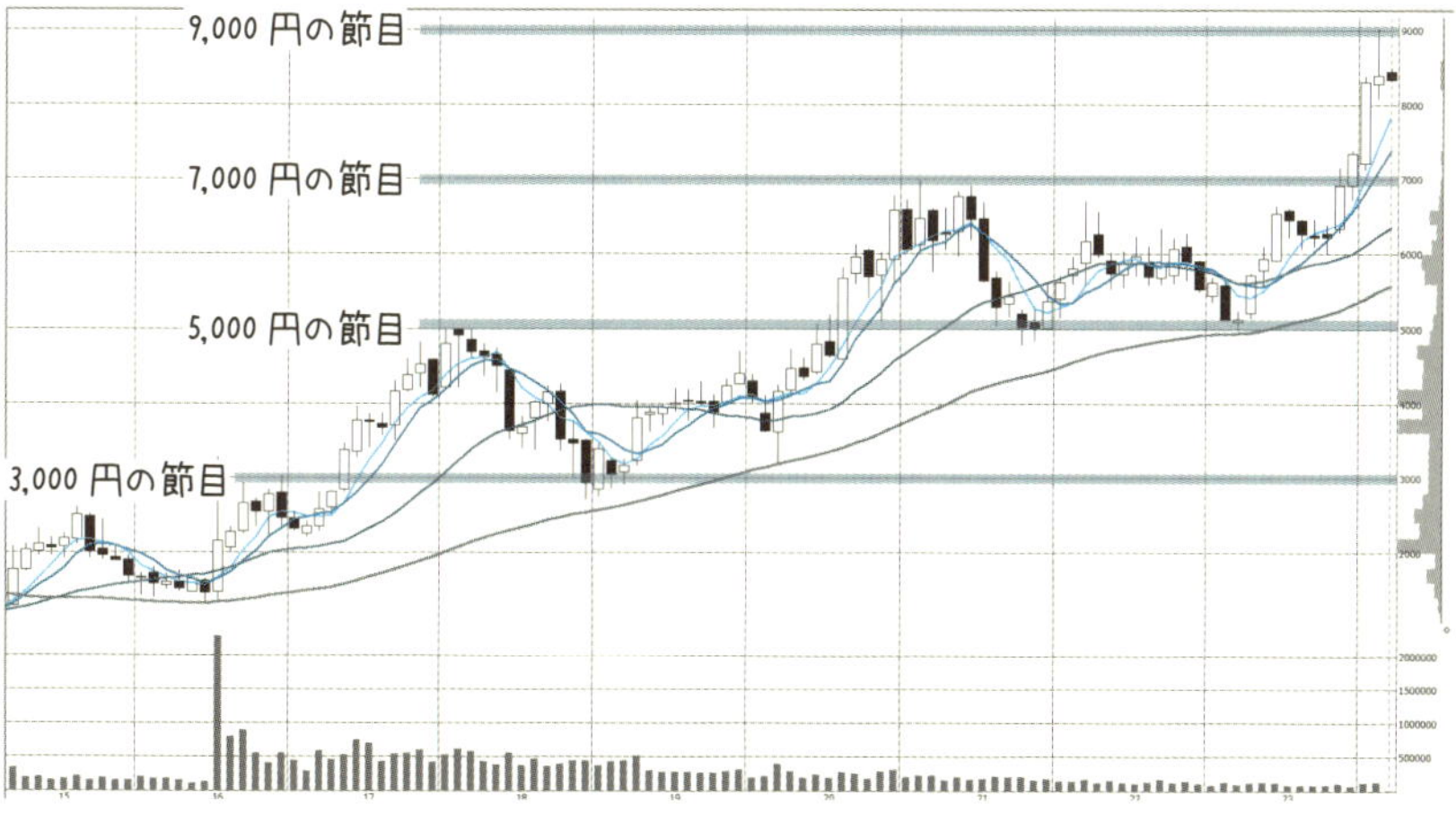

7974任天堂　月足チャート／2015年～2024年3月

4 ラインの精度を高めるためのコツ

ラインはゾーンで捉える

ラインは、ある程度の幅をもったゾーンで捉えて引くようにしましょう。

株価の性質上、高値と高値、安値と安値に合わせて引いたラインにぴったりに止まることは頻繁にはありません。

多くの投資家が意識するといっても、そのライン通りにすべての投資家が同じ投資判断をしているわけではありません。

投資家やトレーダーには、チャートを軸に判断する人もいれば、チャートを見ずに財務状態やニュースをきっかけに投資判断をする人もいます。また、噂レベルの材料で売買するトレーダーもいます。

ラインを引く時は多少の誤差を許容するようなイメージで、ラインは細い一本の線ではなく、太めのゴムのような

● ラインブレイクのイメージ

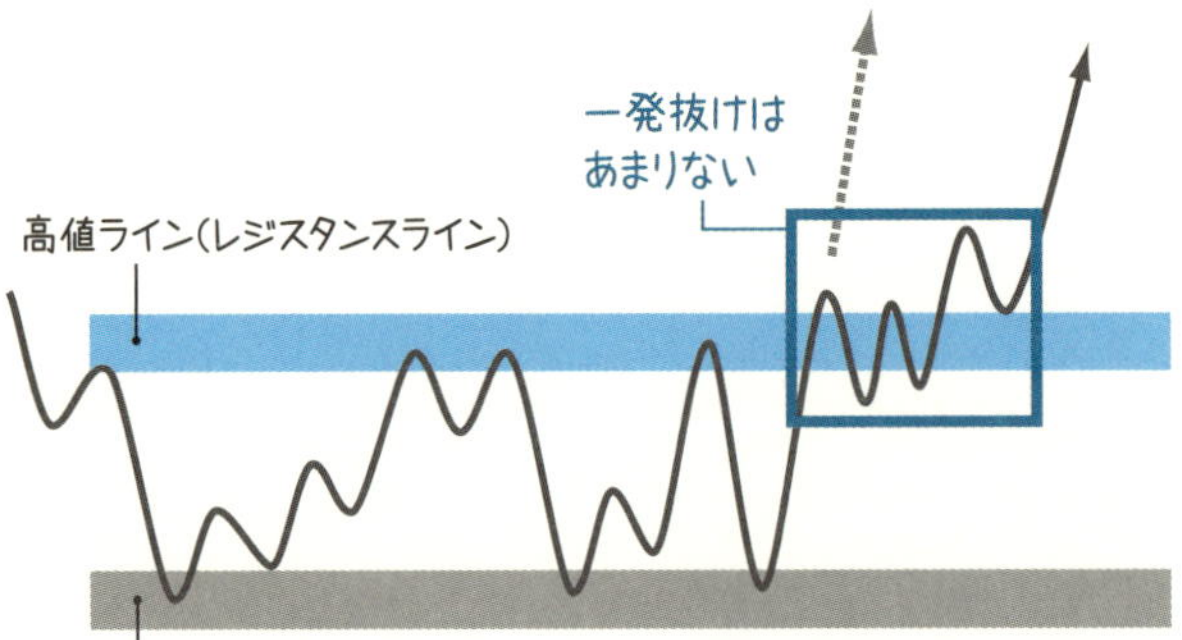

株価が高値のラインに何度もぶつかったり、高値更新をしたり、下値を切り上げて上昇エネルギーをためてから、ブレイクしてトレンドにつながることが多い

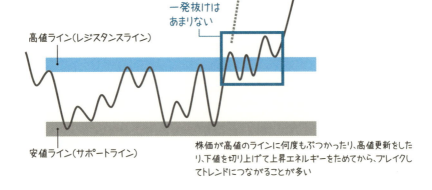

イメージを持つと良いと思います。

単純に一度高値を超えたり、安値を一度割り込んだらすぐに大きなトレンド発生につながると考えてしまうと、高値掴みや底値での売りが増えることにもつながります。

何度もぶつかったり、ライン上に張り付いたりしながら、太めのゴムを抜きさる勢いや強さがあるか試していくようなイメージです。

ラインはゾーンで捉え、ライン間際の攻防を見極める目を養っていきましょう。

上位足を確認してからラインを引く

ラインは、**大きな時間軸のチャートから引く**ようにしましょう。

例えば、日足でラインを引いて、週足でラインを引いて、月足でラインを引いてという下位足から順に引いていくのは失敗の元です。余計なラインを引いてしまい、チャートが複雑になってしまうことにつながります。

必ず上位足からラインを引く癖をつけましょう。

スイングトレードであれば基本は「**月足→週足→日足**」の優先度で確認することになります。**最も重視するのは月足で確認できるライン**になります。

上位足で意識されるラインの方が多くの投資家が意識しており、より機能するからです。

ラインを何本も引かない

チャート上には**重要なラインのみを引く**ようにしましょう。

前述の引き方のコツを無視して高値や安値を基点に沢山のラインを引くこともできますが、あまり引き過ぎても混乱します。

これはテクニカル指標全般に対して言えることですが、重要なのは**最も意識されるポイントを見極めること**であり、ラインを引いたりテクニカル指標を表示することが大事なのではありません。

1～2本の重要なラインを正しく引くことができれば、スイングトレードのエントリーポイントを探すことには困りません。

● 意識された水準を上位足から優先的におさえる

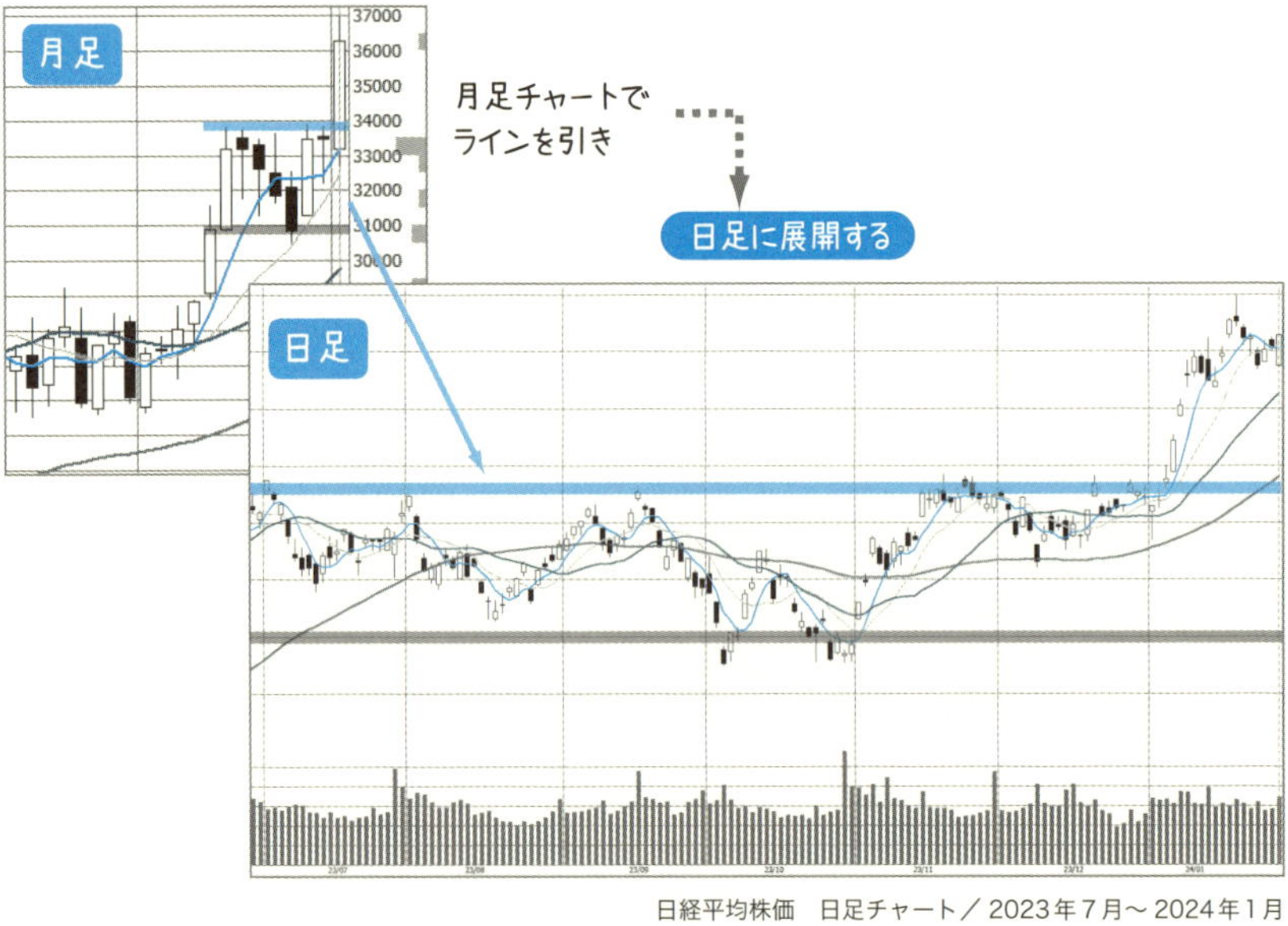

日経平均株価　日足チャート／2023年7月～2024年1月

5 ラインを抜けると意味は逆転 レジサポ転換・サポレジ転換

正しいラインが引けると、エントリーポイントを探る際にはラインを基準に考えることができます。

ラインに株価が近づいた時に相場の転換を予測したり、抜けた場合にはトレンドの発生や継続を予測することができるからです。

例えば、株価がレジスタンスラインを突破すると、その後は逆のサポート機能を持ちます。この現象を**レジサポ転換**といいます。

下図のように**レジスタンスラインを上抜けすると、サポートラインに変化**します。

反対にサポートラインを下抜けた後、その水準まで戻ってきてから株価が反落する現象を**サポレジ転換**と言います。

● レジサポ転換の例

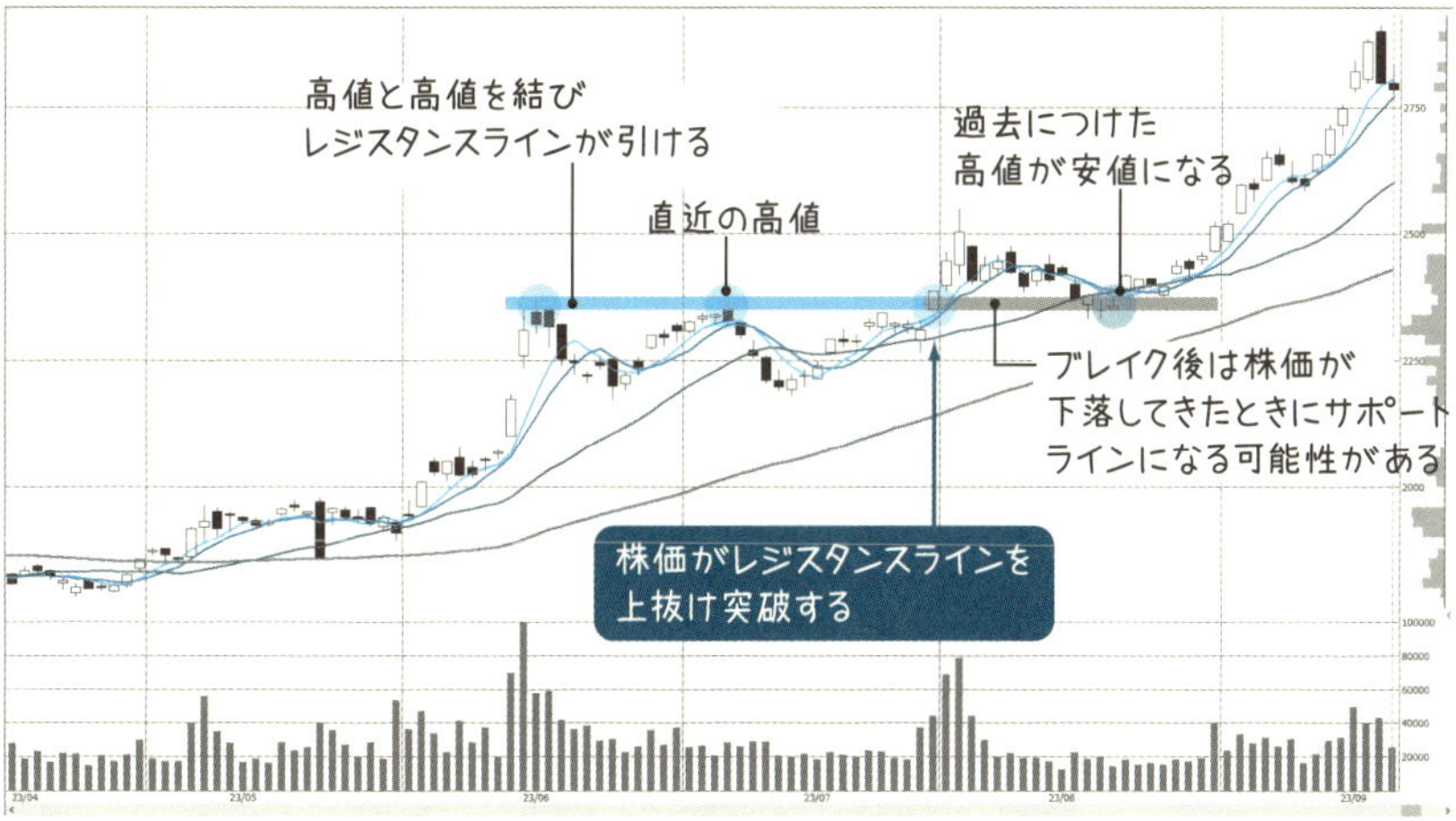

7203トヨタ自動車　日足チャート／2023年4月～2023年9月

ブレイク後の動きに合わせて勝負する

高値掴みのリスクを避けるためにはレジスタンスラインをブレイクし、**高値更新をしてからの戻りを狙う**のが良いです。

仮にブレイク後にそのまま上昇していってしまった場合は利益を逃すことになりますが、ブレイク後にそのまま上昇していくパターンは稀です。

リスク管理の観点からも、高値掴みの可能性を避けて、**レジサポ転換を確認してから狙う方が勝つ可能性が高まります。**

ラインはブレイクした時点で多くの投資家・トレーダーの注目を集めており、その後の動きは重要と認識されます。

それまで抵抗帯と捉えられていたレジスタンスラインよりも上の水準でも買いが入ってくる場合には、ブレイク前よりも買い圧力が強い相

● ブレイク後の転換点を狙って買いを入れる

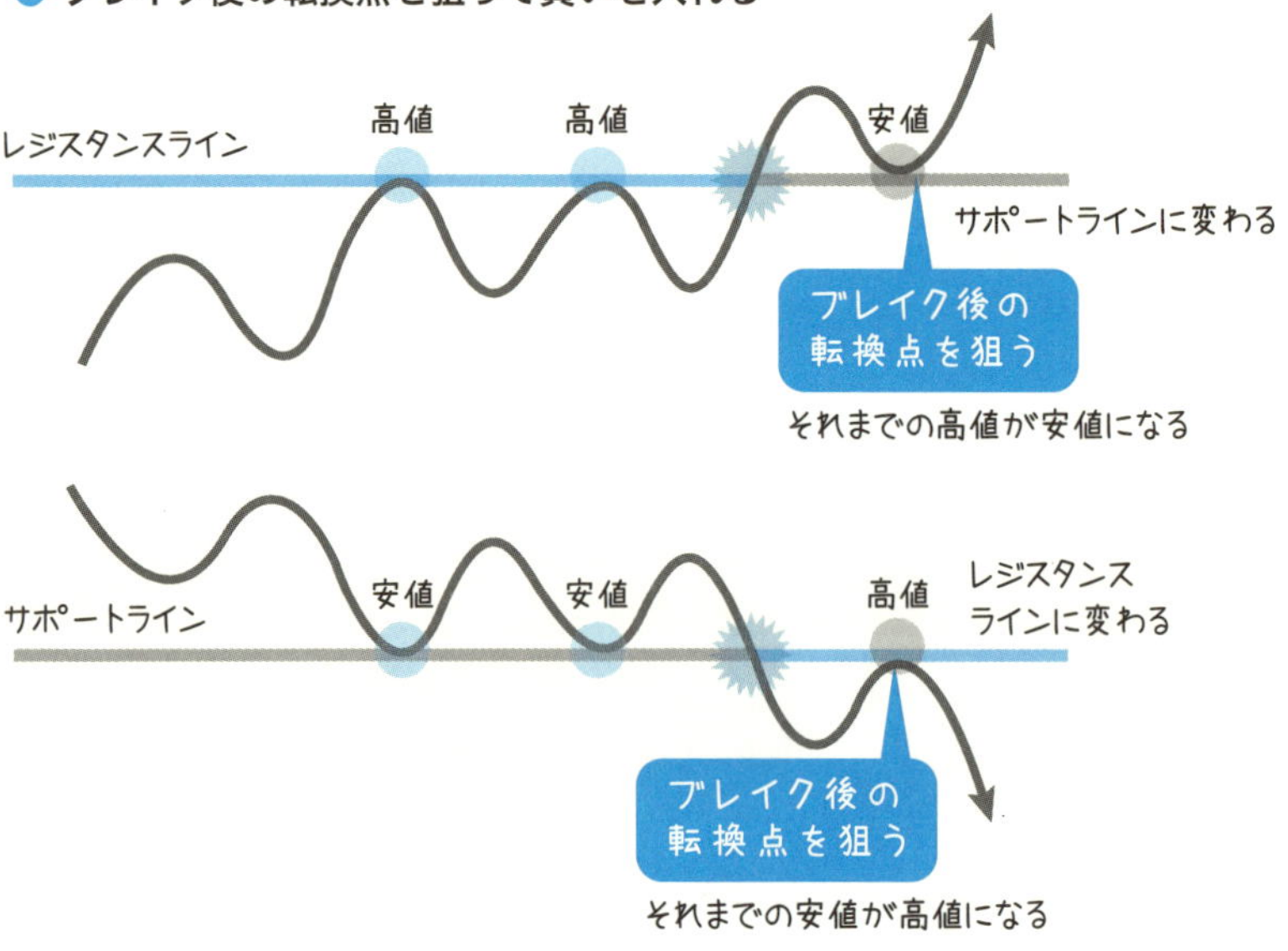
レジスタンスライン
高値
高値
安値
サポートラインに変わる
ブレイク後の
転換点を狙う
それまでの高値が安値になる
サポートライン
安値
安値
高値
レジスタンス
ラインに変わる
ブレイク後の
転換点を狙う
それまでの安値が高値になる

場環境と捉えることができます。

例えば、長い間、抵抗帯として捉えられていたレジスタンスラインをブレイクしてそれまでの高値を更新し、その**更新した高値の水準がその後の安値と捉えられたことがチャート上で確認**できれば、買い方針で勝負をするのが合理的でしょう。

一度高値を更新したということは、それまで反落が意識されていたライン（ゾーン）を上抜けし、株価が上方向に軽くなったと認識する投資家が増えるため、その後のトレンドを占う勝負所になります。

ライン分析は非常にシンプルかつ株式相場でも有効な分析法になるので、理解し武器として活用していきましょう。

04 ダウ理論とトレンドライン

前節のライン分析（水平線）は、高値同士、安値同士を結んで真横に引くものでしたが、トレンドラインとは高値に対して上から下、安値に対して下から上に向かって結んで引き、主に**上昇や下落のトレンド相場を把握するために使われる斜めの線**です

1 ダウ理論とは

まずはトレンドラインの引き方の前に、テクニカル分析の基本中の基本とされるダウ理論の基本概念を解説しておきます。

ダウ理論とは米国のジャーナリスト、チャールズ・ダウが考案した理論で、**株式相場の値動きの基本法則を説明したテクニカル分析の指針**として広く活用されています。

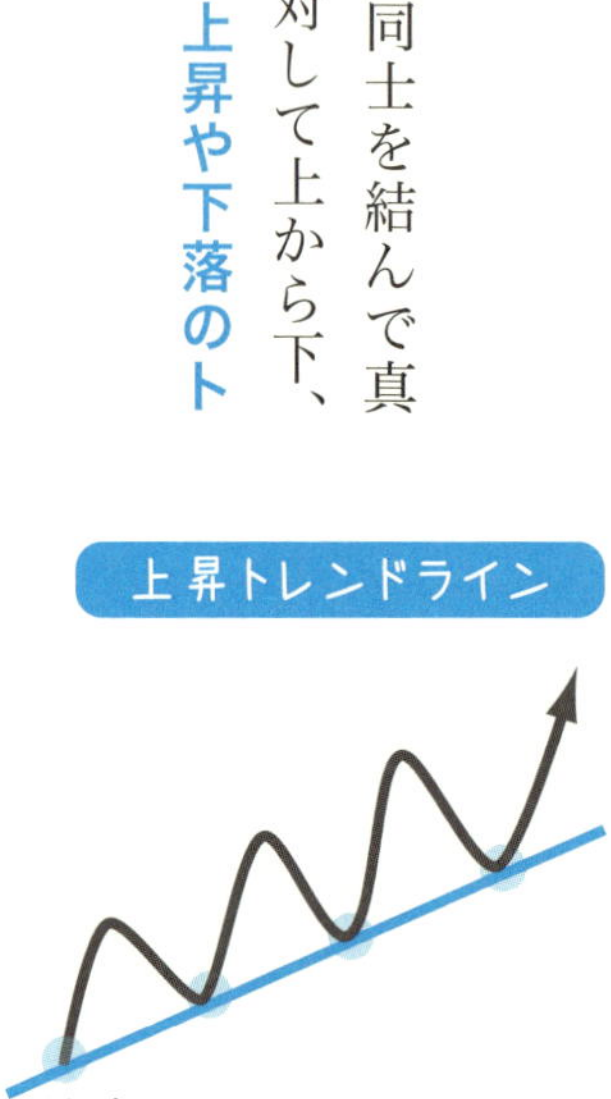

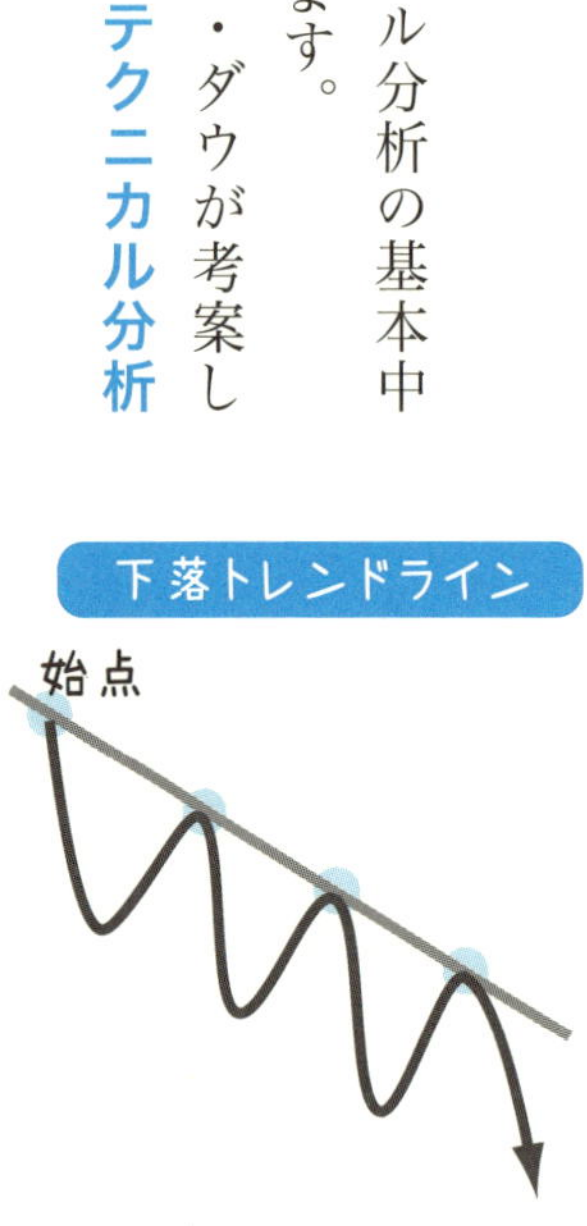

基本法則の中での重要な概念は、**価格は全ての事象を織り込む**（株価が経済指標や金融政策を含むファンダメンタルズ要因を含んでいるという考え方）、そして**株価のトレンドは継続する**という考えが理論のベースとして採用されており、「**トレンドは明確な転換シグナルが発生するまでは継続する**」ことが原理原則と定義されています。

ダウ理論によるトレンドの定義は次のようになります。

● **ダウ理論によるトレンドの定義**

> **❶ 上昇相場（上昇トレンド）＝**
> **高値が切り上がり、安値も切り上がっている相場環境**
>
> **❷ 下落相場（下落トレンド）＝**
> **安値が切り下がり、高値も切り下がっている相場環境**

トレンドラインの引き方の例

例えば**上昇のトレンドライン**はダウ理論の基本法則に基づき、**株価が上昇トレンドを形成した時点で初めて引くことが**

● **ダウ理論のトレンドの定義**

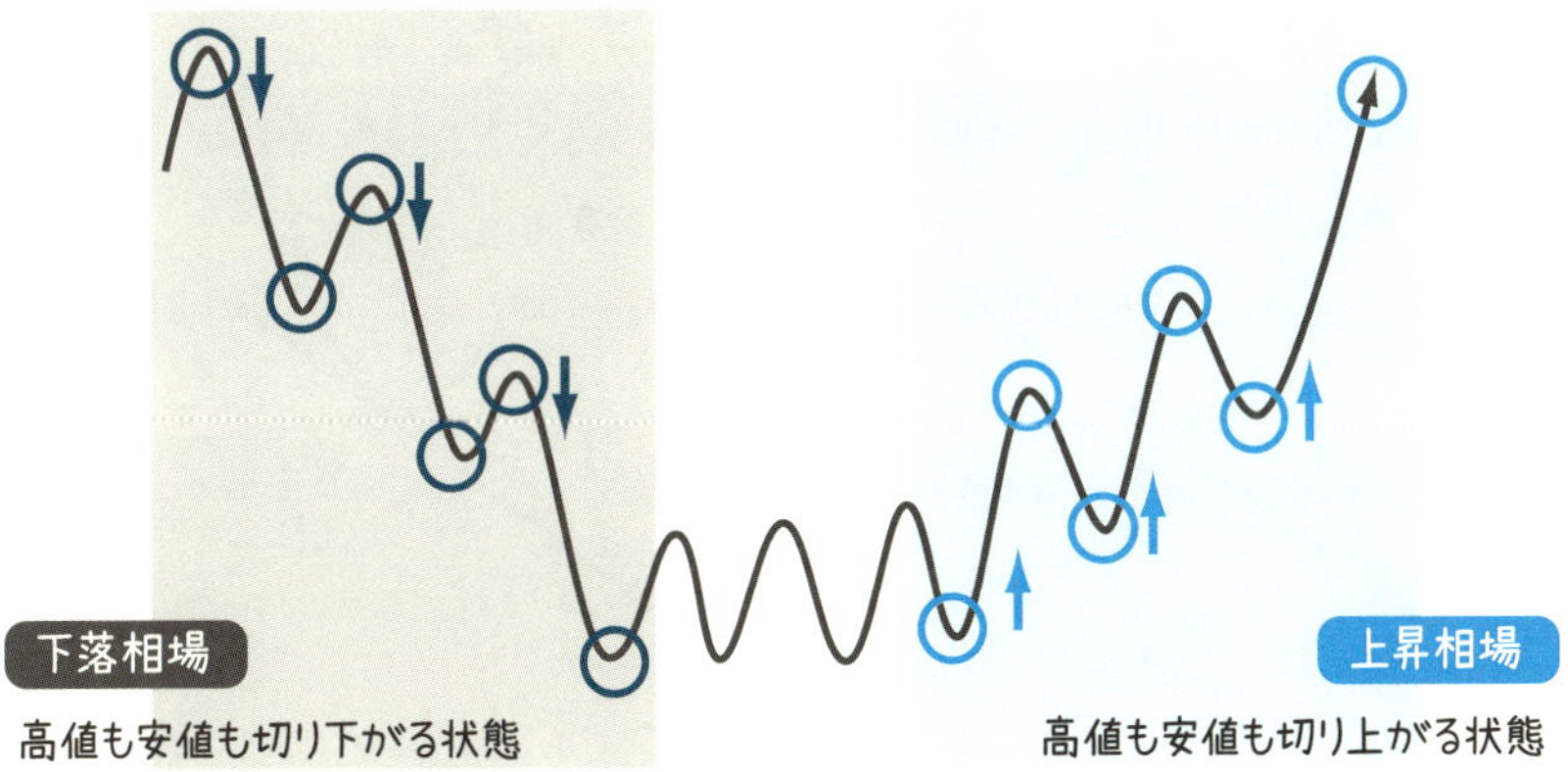
下落相場
高値も安値も切り下がる状態
上昇相場
高値も安値も切り上がる状態

できる安値同士を結んだ斜めの線となり、高値の切上、安値の切上が確認できていない状態では上昇トレンドラインは引くことはできません。

水平線と同様に引いたトレンドラインぴったりに株価が止まるパターンは株式相場では稀です。

ダウ理論で定義されるように、本質は**高値・安値の切り上がりや切り下がりに注目し、チャート全体を見た時に株価のトレンドが継続しているのか、売り買いどちらの勢力が優勢か、トレンドが終わったのかを読み取れるようになる**ことです。

決してラインを何本も引くことが重要なわけではありません。

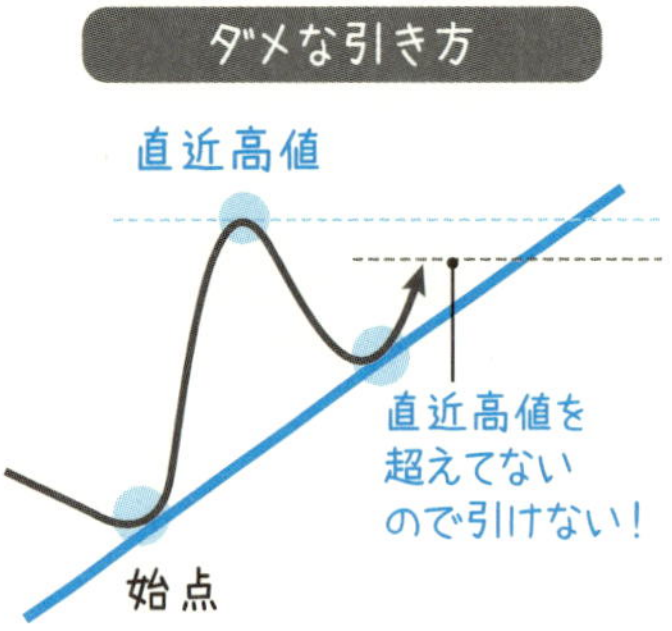
ダメな引き方
直近高値
直近高値を
超えてない
ので引けない!
始点

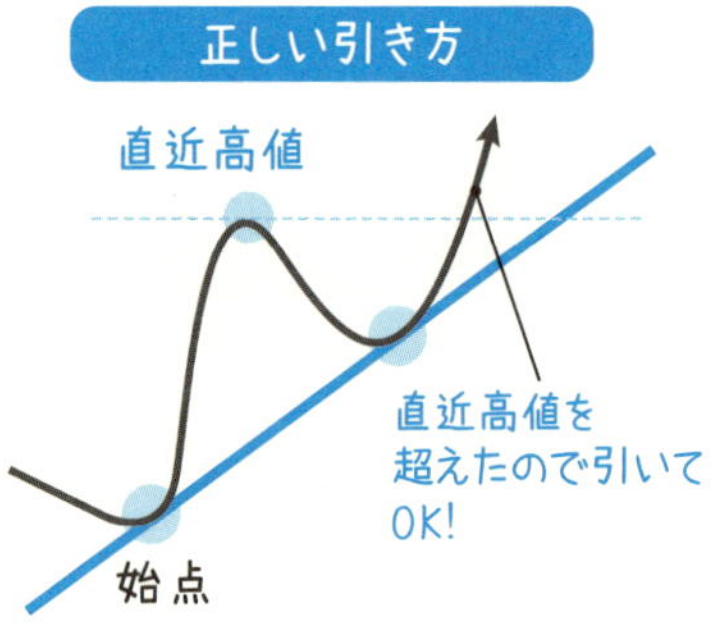
正しい引き方
直近高値
直近高値を
超えたので引いて
OK!
始点

05 時間の観点からサイクルを読む日柄《ひがら》分析

1 株価の基本サイクル

株価はチャート上で**下落、ボックス、上昇の3つの大きな相場サイクル**を小さく上下動しながら形成していきます。

例えば、下落相場が続けば次はボックス相場が来るか、上昇相場が来るかのどちらかになります。

1つのトレンドが継続している株を見つけたら、次のトレンドの終着点はどこか、推察する癖をつけましょう。

● 相場の基本サイクル

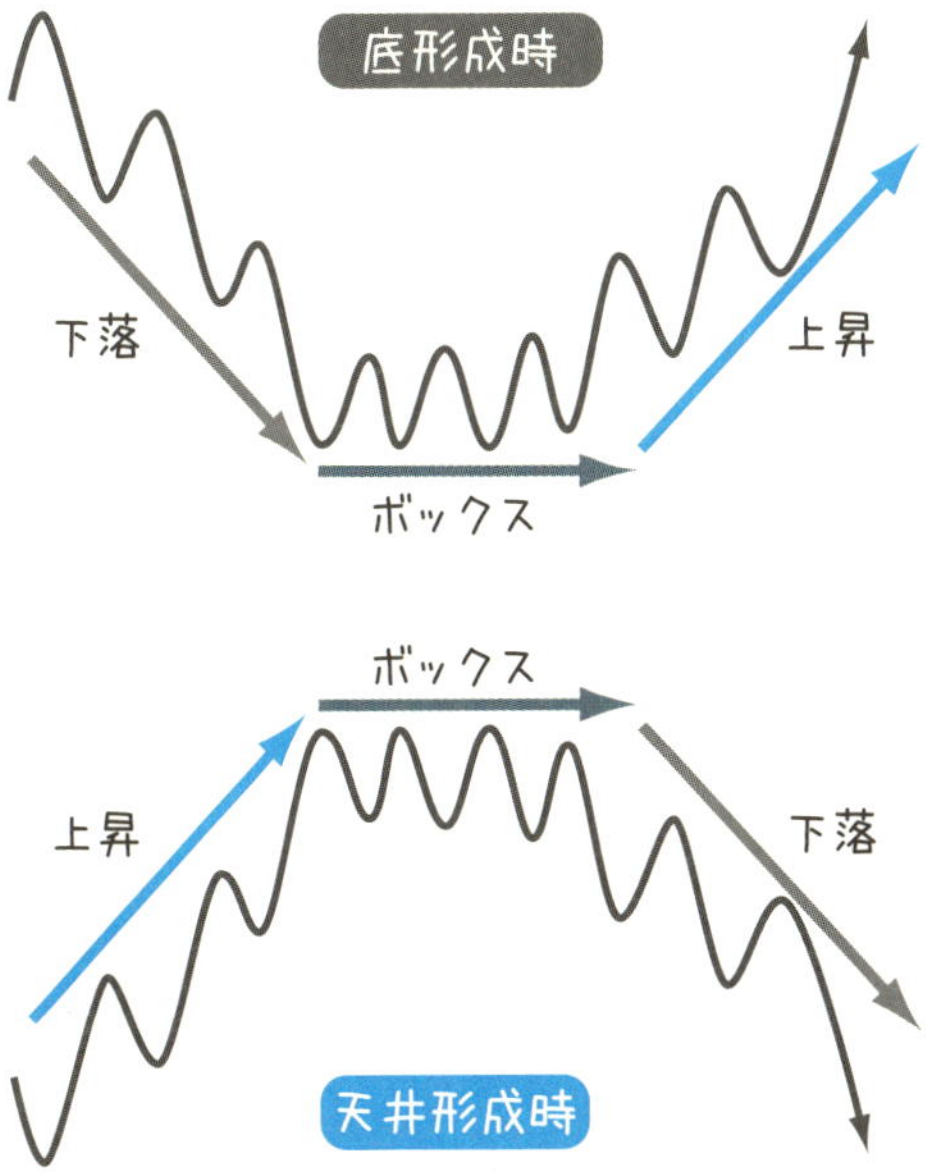

株価は下落後の**底値圏（安値圏）**では**下落→ボックス→上昇**の動きが基本です。

上昇相場が続いた後の**天井圏（高値圏）**では反対に**上昇→ボックス→下落**が基本となります。

強い上昇相場が発生している場合には、ボックス相場をはさんで**再上昇**となります。

強い下落相場の場合には、**再度下落**するという動きもはさみながら、基本サイクルの周期に合わせて株価は推移していきます。

基本サイクルの推移と併せて、トレンドの変化のタイミングを読む時に使えるのが**日**

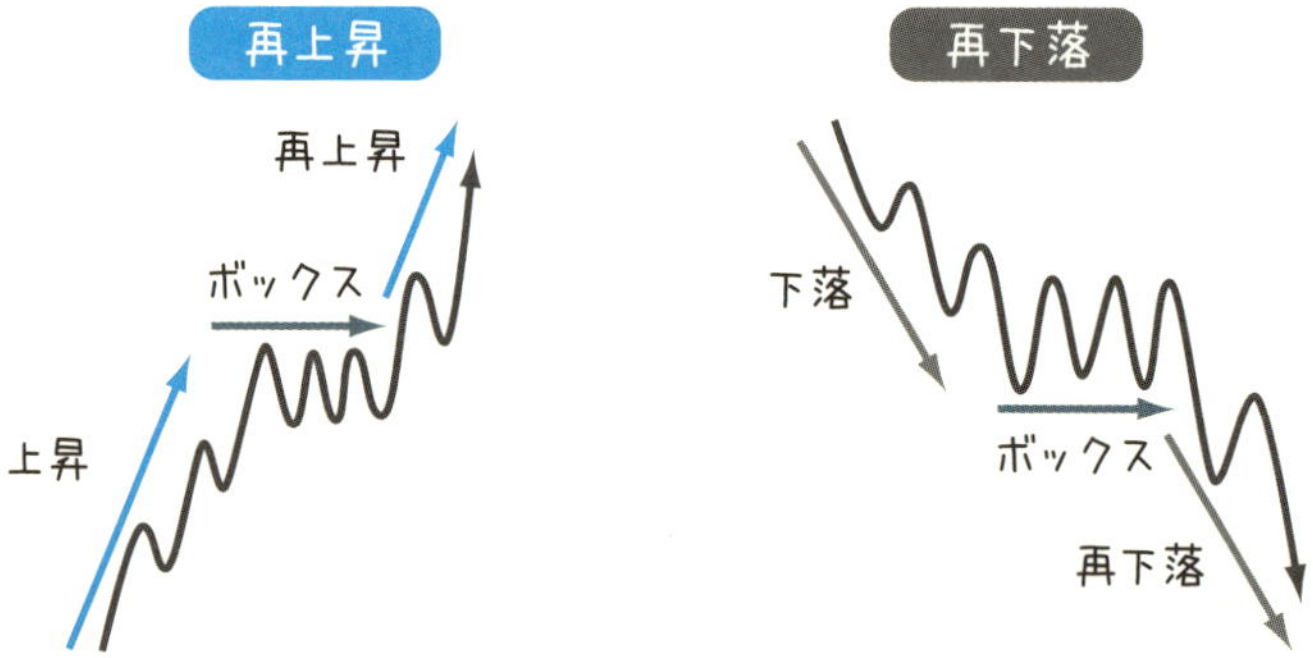

上昇→ボックス→下落を繰り返す株式相場

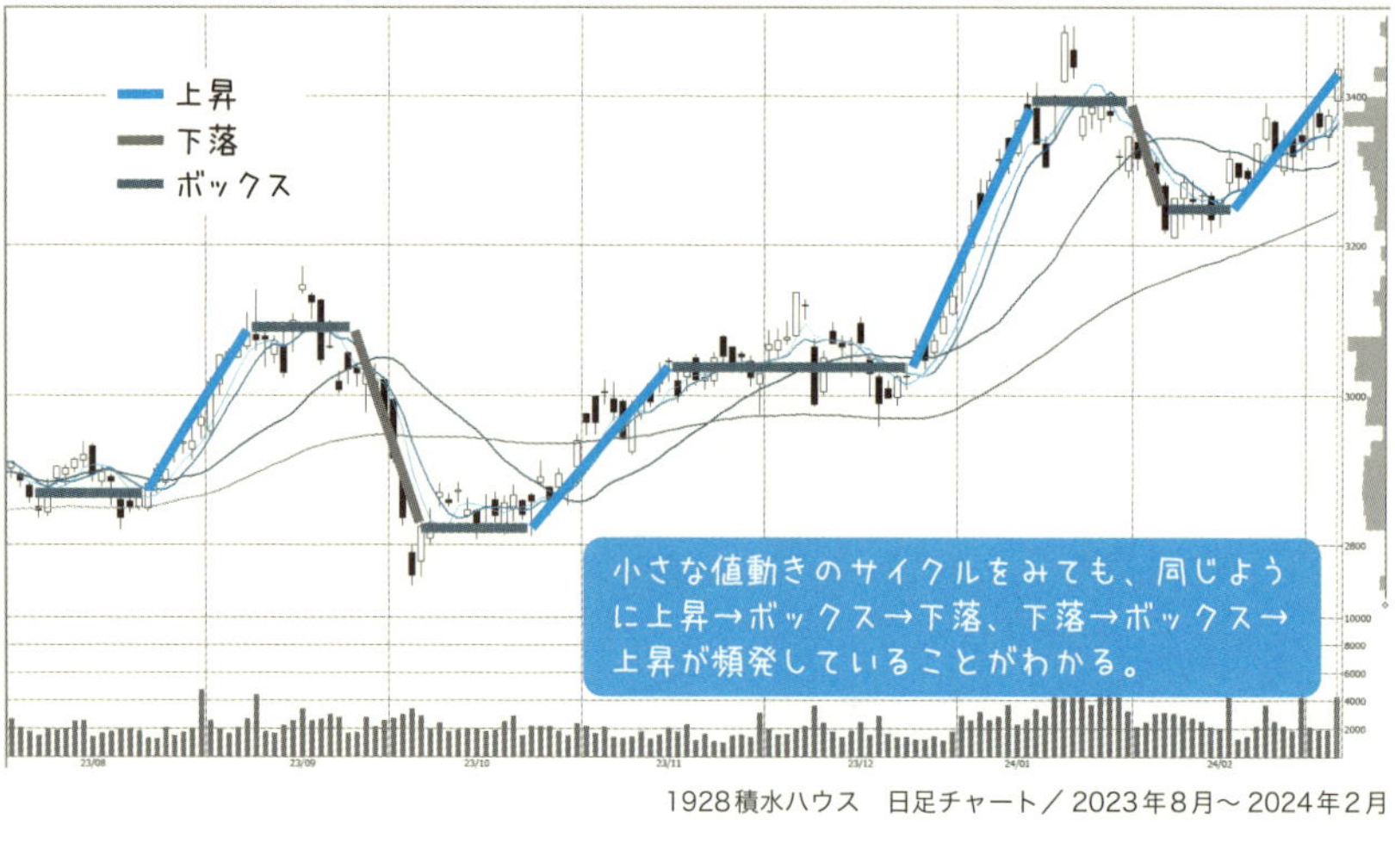

1928積水ハウス　日足チャート／2023年8月～2024年2月

柄分析という分析方法です。

2 日柄《ひがら》分析とは

株価は上下に波打つような動きを繰り返しながら上昇やボックス、下落の相場を作りますが、その動きやトレンド発生には一定の周期があります。

この周期のなかで、**相場のトレンドの潮目が変わるタイミングを、「時間の観点」から予測して売買のタイミングをはかるのが日柄分析**です。

日柄には、短期、中期、長期の周期がありますが、スイングトレードで使う周期は、**トレンドの発生地点から3か月〜6ヶ月の中期的な周期になります。**

長くても9か月や1年の周期で動きながら、トレンドの終着点を迎えます。

この日柄による相場サイクルは、**信用取引（制度信用）での返済期日が6ヶ月**と決められ、売買ポジションを6ヶ月以内に決済しなければならないルー

● 日柄サイクルの例

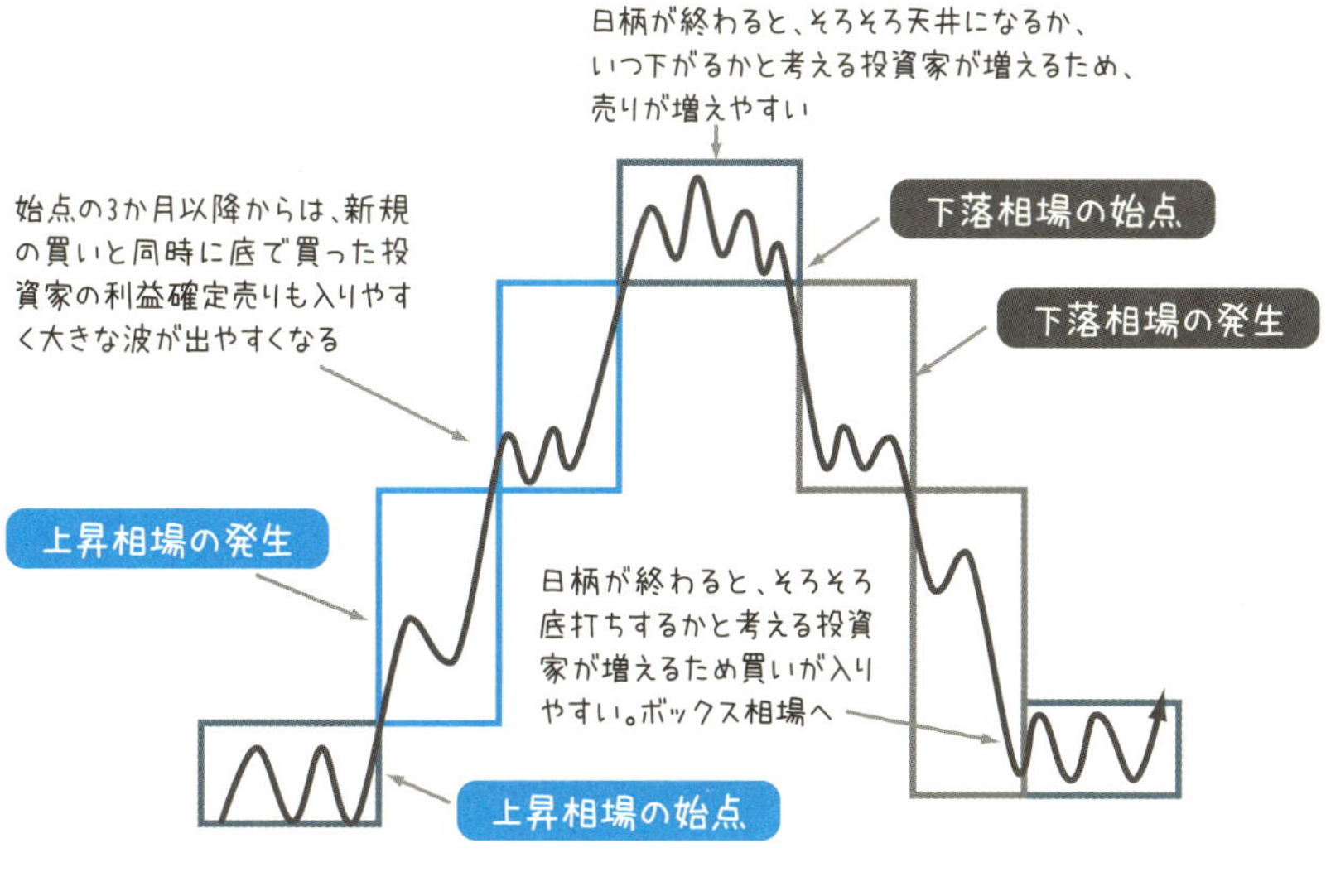

日柄が終わると、そろそろ天井になるか、いつ下がるかと考える投資家が増えるため、売りが増えやすい
始点の3か月以降からは、新規の買いと同時に底で買った投資家の利益確定売りも入りやすく大きな波が出やすくなる
下落相場の始点
下落相場の発生
上昇相場の発生
日柄が終わると、そろそろ底打ちするかと考える投資家が増えるため買いが入りやすい。ボックス相場へ
上昇相場の始点

ルが周期に影響を与えているとも言われています。

日柄の観点からトレンドの状態を確認する

売買のタイミングをはかる時は、今の相場環境やトレンドが、**日柄と言う時間軸の観点からどこに位置するか確認**する必要があります。

あくまで3か月経ったからとか、6か月経ったから必ずトレンドが変わる、反転するというものではありません。

日柄の観点を持つことで、**トレンドの最終局面での飛びつき買いや投げ売りを防ぎ、次のトレンド発生を見極める準備に入りやすくなります。**

株価の動きは、数学のように一意的な解はありませんが、自分が有利に株を売買するタイミングを図るための道具として利用していきましょう。

日柄分析については次に紹介するテクニカル指標、一目均衡表での時間論という概念も参考になります。

● 日柄分析によるチャートの捉え方

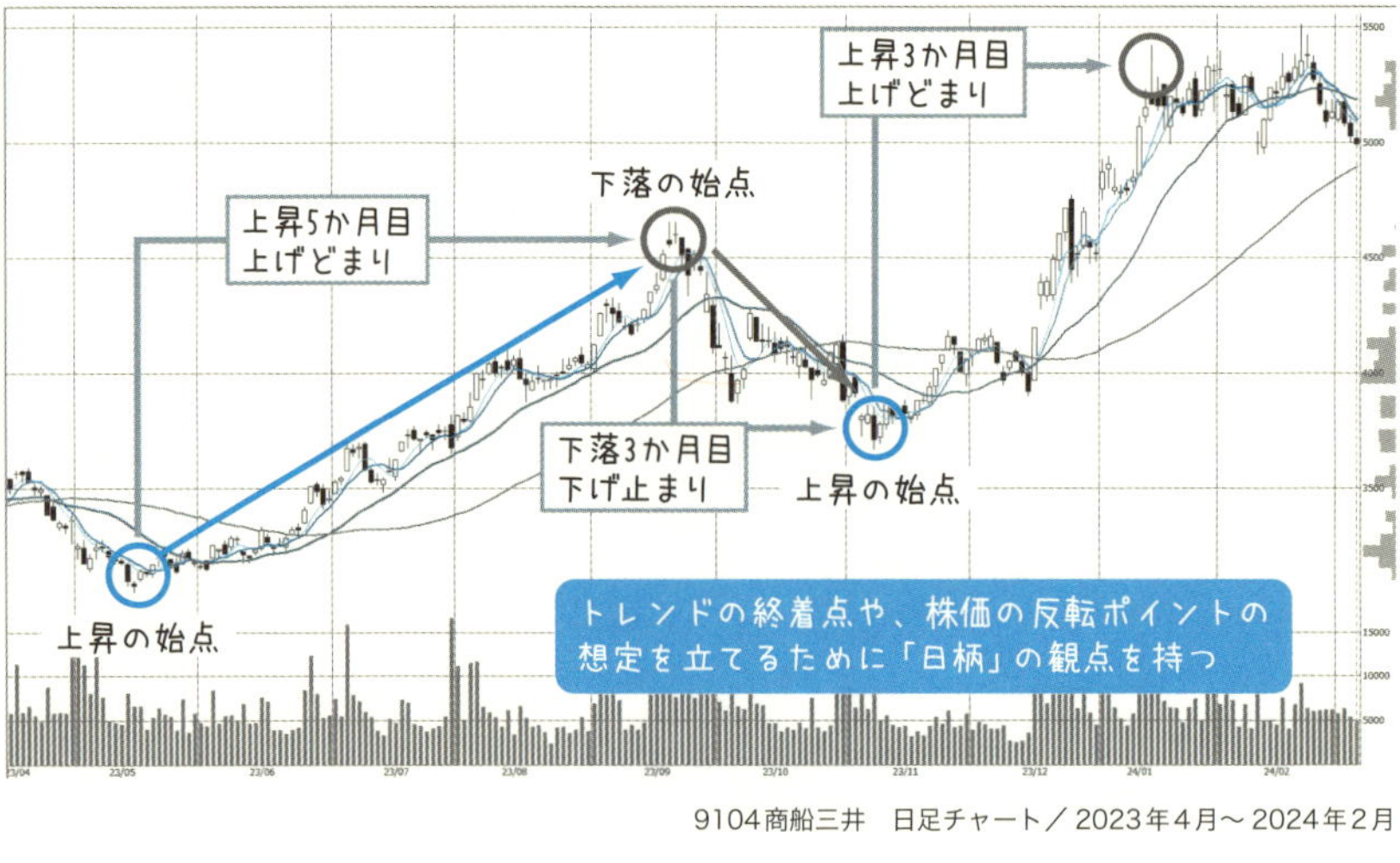
上昇3か月目
上げどまり
下落の始点
上昇5か月目
上げどまり
下落3か月目
下げ止まり
上昇の始点
上昇の始点
トレンドの終着点や、株価の反転ポイントの
想定を立てるために「日柄」の観点を持つ

9104商船三井　日足チャート／2023年4月～2024年2月

06 一目均衡表を使った相場分析法

1 一目均衡表について

一目均衡表は1936年に日本の一目山人氏（本名：細田悟一氏）が考えたテクニカル指標で、次の**5本の補助線**を使い、**時間論・波動論・水準論**の3つの理論から構成されています。

- **基準線**（当日を含めた過去26日間の最高値＋当日を含む過去26日間の最安値）÷2
- **転換線**（当日を含む過去9日間の最高値＋当日を含む過去9日間の最安値）÷2
- **遅行スパン** 当日の終値を26日遅行させて表示
- **先行スパン1（上昇雲）**（基準線＋転換線）÷2を26日間先行させて表示
- **先行スパン2（下降雲）**（当日を含む過去52日間の高値＋安値）÷2を26日間先行させて表示

先行スパン1と**先行スパン2**の間に発生する領域を「**雲（抵抗帯）**」と呼びます。

雲の向きや雲と株価の位置関係、補助線の位置関係に注目することで売買ポイントを読み取ることができます。

三役好転と三役逆転が重要

一目均衡表では、**三役好転**という条件が**強い買いパターン**になります。反対に、次の3つの条件が揃った時は**強い売りのパターン**です（**三役逆転**）。

●三役好転の条件

- 転換線が基準線を上抜く
- 遅効スパンがローソク足の上限を抜く
- ローソク足が雲の上限を上抜く

●三役逆転の条件

- 転換線が基準線を下抜く
- 遅効スパンがローソク足の下限を下抜く
- ローソク足が雲の下限を下抜く

一目均衡表では、雲が抵抗帯や支持帯となり、株価が雲の上にあれば強い相場、下にあれば弱い相場と判断されます。

雲が厚いと抵抗帯や支持帯も厚いと捉えられ、株価が雲を抜けるまでに時間がかかり、ボックス相場が形成されやすくもなります。

逆に雲が薄いところをローソク足が抜けた場合はトレンド発生の可能性があるといえます。

一目均衡表の時間論は他の分析法に組み合わせやすい

一目均衡表で、最も重要な視点と言われるのが**時間論**です。**9・17・26は基本数値**と呼ばれ、基本数値を組み合わせた33・42・52・65・76などを複合数値と呼びます。

特に基準線や転換線を算出する根拠の基本数値である**9日・17日・26日の期間で相場の流れは変化しやすい傾向がある**と定義されます。

時間論を活用すると、短期の相場サイクルやトレンドの転換点を読みやすくなります。

一般的なテクニカル指標は株価がどこまで上がるのか、どこまで下がるのかというチャート上の価格から判断しますが、**実際の相場では価格のみで判断をするとダマシに遭うことも多くなる**ので注意が必要です。

前節で解説した日柄の観点にも似た非常に有効な理論であり、いつ売買を検討すべきかの目印にできます。

● 一目均衡表の構成要素とシグナル

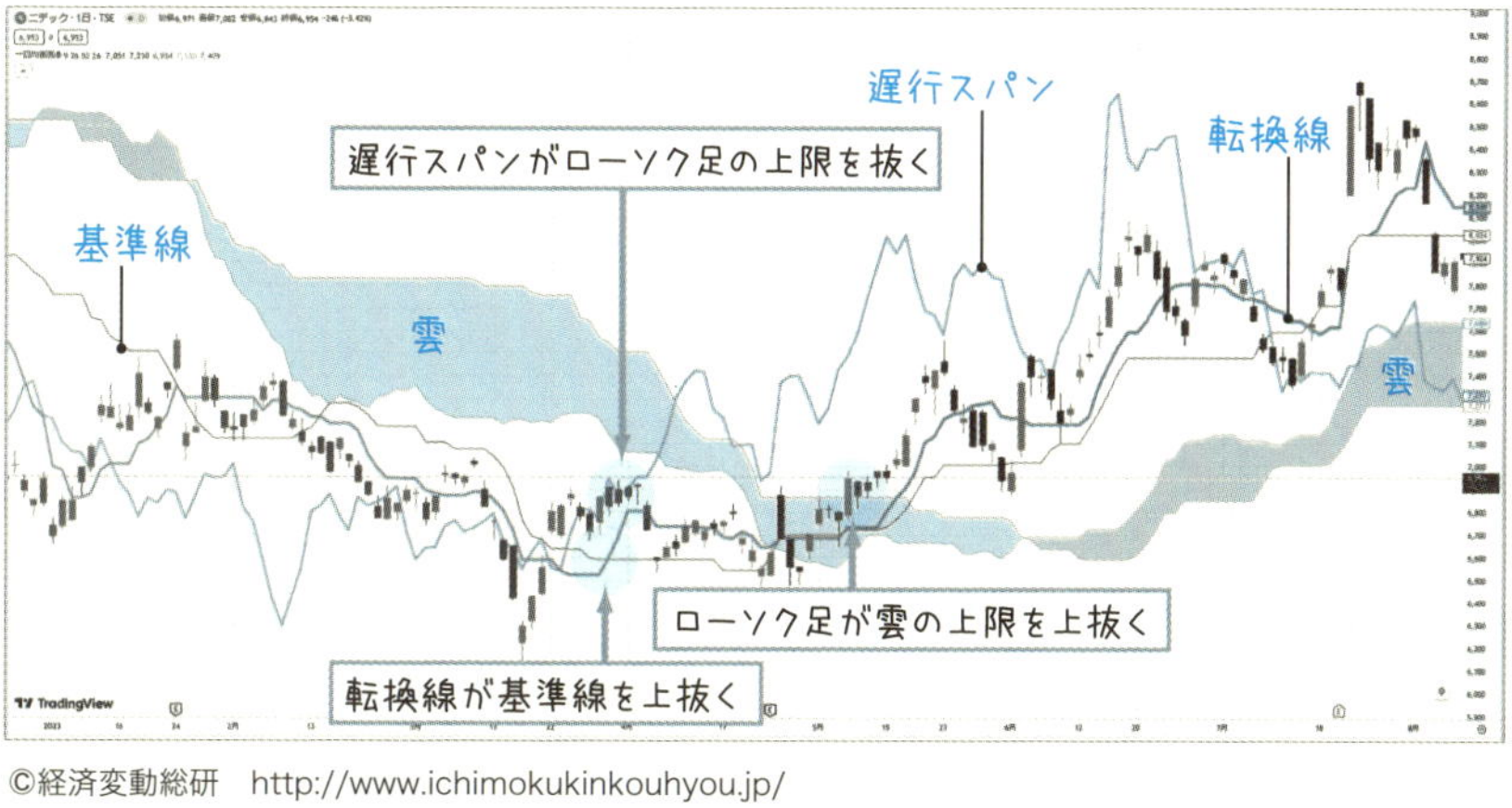

©経済変動総研 http://www.ichimokukinkouhyou.jp/

07 ボリンジャーバンドを使った相場分析法

1 ボリンジャーバンドで確率を予測

ボリンジャーバンドはアメリカのアナリスト、ジョン・ボリンジャーが開発したテクニカル指標です。

相場の価格変動（ボラティリティ）から**売買のタイミングを示唆してくれるテクニカル指標**です。

ボリンジャーバンドは統計学上の**標準偏差を用いて、価格変動の範囲を予想する**ことが可能です。

ボリンジャーバンドは20日や25日の移動平均線を中心として、上下に3本ずつ計6本のバンドで構成されます。

バンドの範囲には標準偏差が使われ、それぞれ真ん中の

●ボリンジャーバンドの7本の線

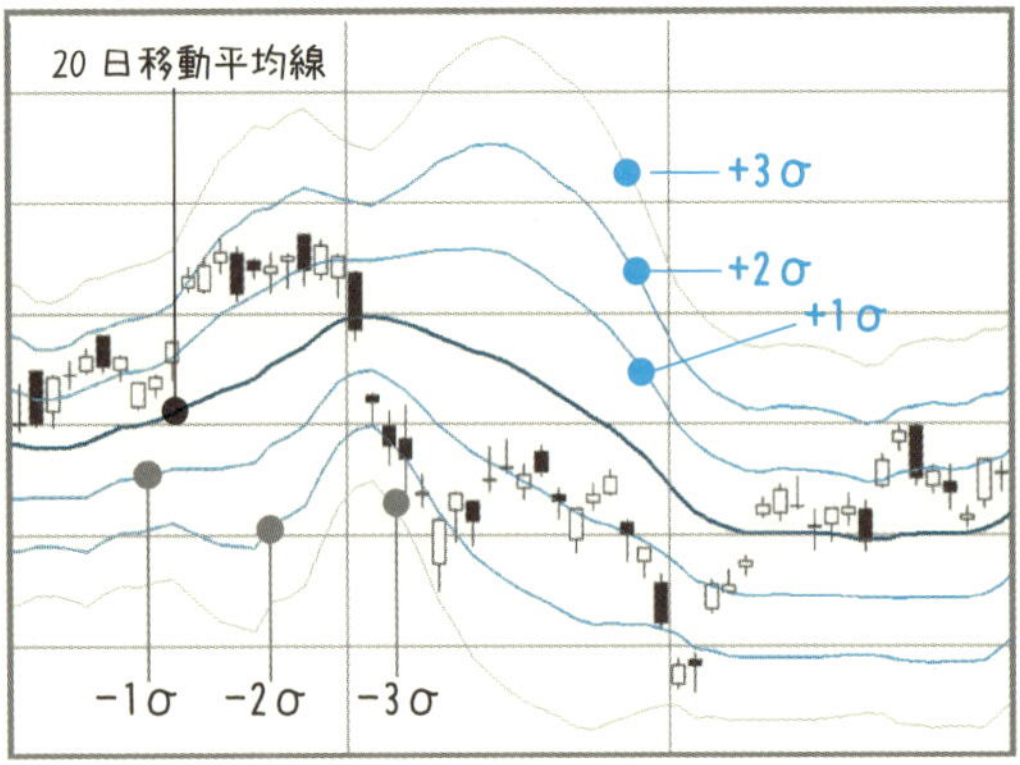

移動平均線に近いバンドから±1σ、±2σ、±3σとなります。
株価がそれぞれのバンドに収まる確率は次のように定義されています。

+1σ～−1σのバンド内に収まる確率 68・26%
+2σ～−2σのバンド内に収まる確率 95・44%
+3σ～−3σのバンド内に収まる確率 99・74%

±2σのバンドの範囲内を株価が超える確率は4・6%、±3σの範囲内を株価が超える確率は1%にも満たないため、株価がその水準に到達した際には平均値に戻ってくる可能性が高いと考えられます。

しかし、この確率を妄信し単純に逆張りで使うのは危険です。株価に強いトレンドが発生した時にそのままバンドに沿って株価が動く**バンドウォーク**という現象が起こる可能性があるからです。

移動平均線分析で紹介した**「乖離」と同じように注意が必要な場面です**（72～73ページ参照）。ボリンジャーバンドが収縮している状態を**スクイーズ**と呼びボックス相場となりやすく、拡大している状態を**エクスパンション**と呼びボラティリティが高くなり、どちらか一方向に動くトレンドが発生しやすい状態になります。

● エクスパンションとスクイーズ

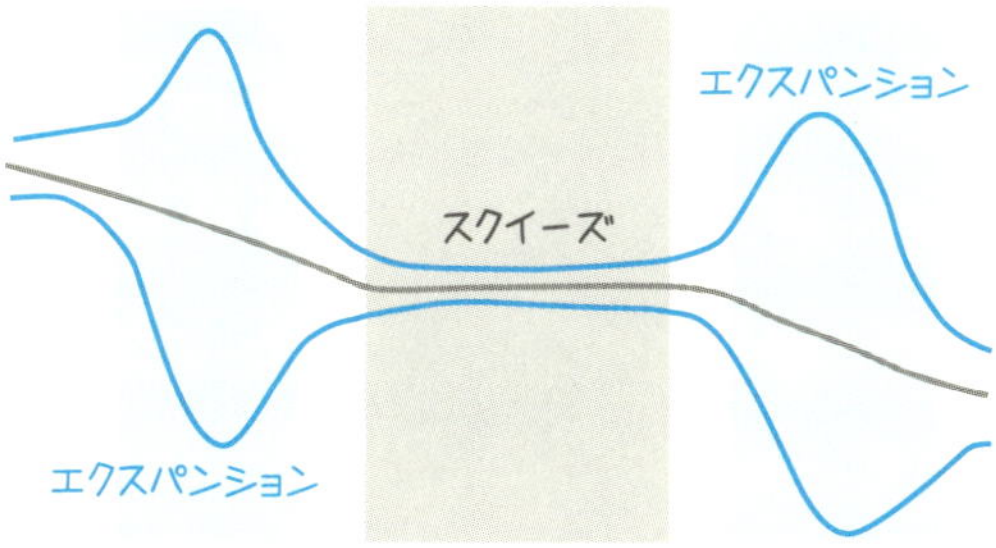

08 オシレーター系の分析指標について

日柄分析やその他の分析でも見てきたように、一度発生したトレンドもどこかで衰えるタイミングが必ず来ます。

上昇トレンド中に買いの判断をしても、自分が買ったタイミングがトレンドの終盤であれば、下落した場合はすぐに撤退する必要がありますし、含み益が出ている場合は利益確定をしたいところです。

その**トレンドの終盤を察知する方法として利用されるのがオシレーター系の指標**です。

1 オシレーター系の指標とは

オシレーターとは、振り子を意味し、テクニカル分析では、過去のデータに基づいて一定範囲で**買われ過ぎや売られ過ぎを判断する分析指標**になります。

オシレーター系の指標は、基本的に逆張りの指標としてトレンドのない相場で機能するものが多くなります。

ただし、単純な判断で買われすぎだから売り、売られ過ぎだから買いなどの機械的な判断では有効に活用できません。

例えば、買われすぎの水準で株価のトレンドが上昇している中、オシレーター指標が「逆行」して下落していると、トレンド転換が起きる可能性があると判断されます。

それは株価とオシレーターの動きが逆行する**ダイバージェンス**と呼ばれる現象です（102ページ参照）。

2 RSIで買われすぎ・売られすぎを見極める

RSIは**相対力指数**と呼ばれ、過去一定期間の上げ幅・下げ幅を合わせた全体の変動幅においてどちらが強いのか示したものです。

RSIの値は0～100％の間で推移し、**70％以上を買われすぎ**、**30％以下で売られすぎ**を表わします。

しかし、前述したように買われすぎ、売られすぎの基準に達したからといって、相場がいつでも転換するわけではありません。

強い上昇相場が発生している時は、上昇の勢いそのままにRSIが70％以上の水準に張り付いて、トレンドが続くことがあります。

反対にＲＳＩが30％以下の下落トレンドでも同じパターンが起こりえます。

ＲＳＩを相場の反転を狙う逆張り指標として使うのは、ボックス相場では有効に機能します。

明確なトレンド相場の場合には逆張り指標として利用するのは避けましょう。

ダイバージェンスが転換点を示唆する

一方で、**株価は上昇相場だけど、ＲＳＩが前回の高値を更新できなかったり、ＲＳＩが下落を示しているパターン**があります。

次ページの下図のように株価は上昇しているが、ＲＳＩ（オシレーター）は下落する逆行現象を「**ダイバージェンス**」といい、その後のトレンド転換のサインとなります。

- **株価とＲＳＩが上昇（下落）の場合、トレンドは継続する**
- **株価が上昇（下落）、ＲＳＩが下落（上昇）の場合、トレンドは転換する（ダイバージェンス）**

相場の過熱感による反発・反落を狙う「逆張り」がRSIの基本的な使い方

70%以上で買われすぎ、30%以下で売られすぎが判断基準とされる。買われすぎの水準では売られやすく、売られすぎの水準では買われやすい。相場の過熱感による反発・反落を狙う「逆張り」がRSIの基本的な使い方。

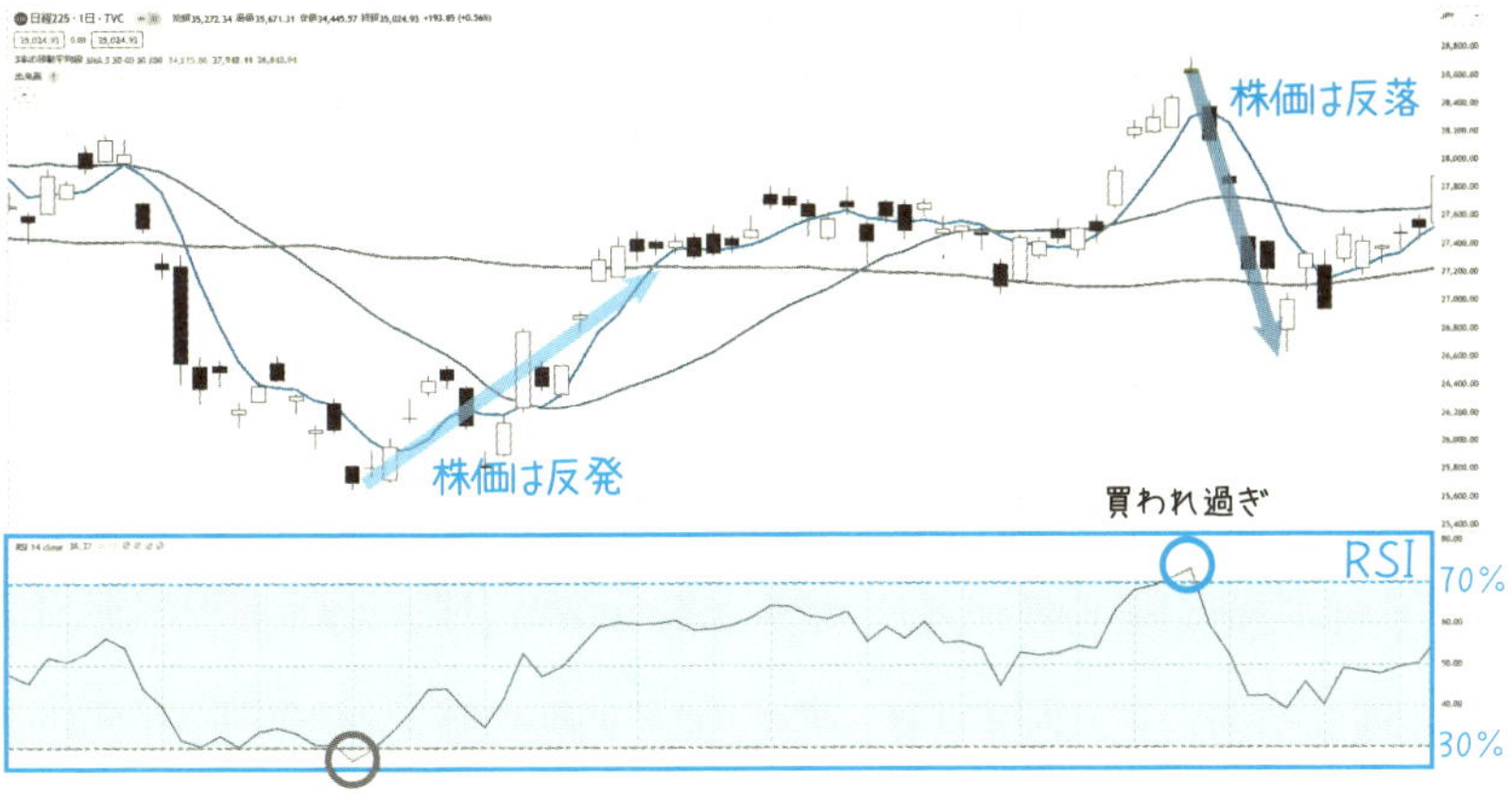

上昇する株価と下落するRSIでダイバージェンスが発生

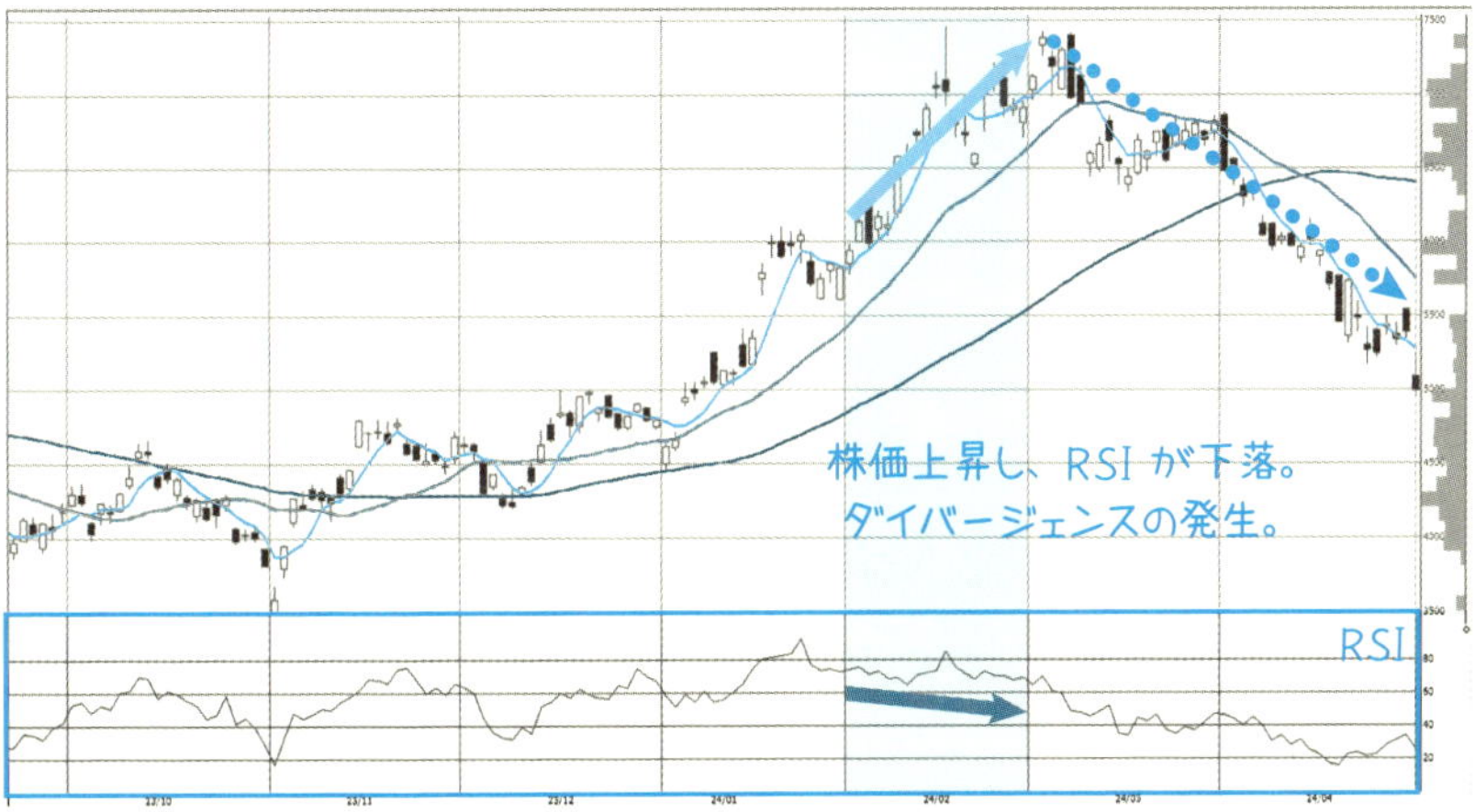

3 MACD《マックディー》について

MACDは、**移動平均収束拡散**や**移動平均収束乖離**と呼ばれ、移動平均線を応用したオシレーター系の指標です。

MACDは、次の4つの要素から構成されます。

MACDライン

MACDは一般的に短期は12日と長期は26日の指数平滑移動平均線（EMA）を使って、その差から算出したラインです。

値が0より大きい時、短期が長期より大きいという状態になるため、上昇を示します。

シグナルライン

シグナルはMACDラインを移動平均化したもので、一般的に9日移動平均線が使われます。

ヒストグラム（乖離）

MACDとシグナルの乖離を、棒グラフのヒストグラムで表示したものです。

MACDがシグナルをゴールデンクロスして上昇すると、乖離が縦軸

● MACDのMACDライン・シグナルライン・ヒストグラム

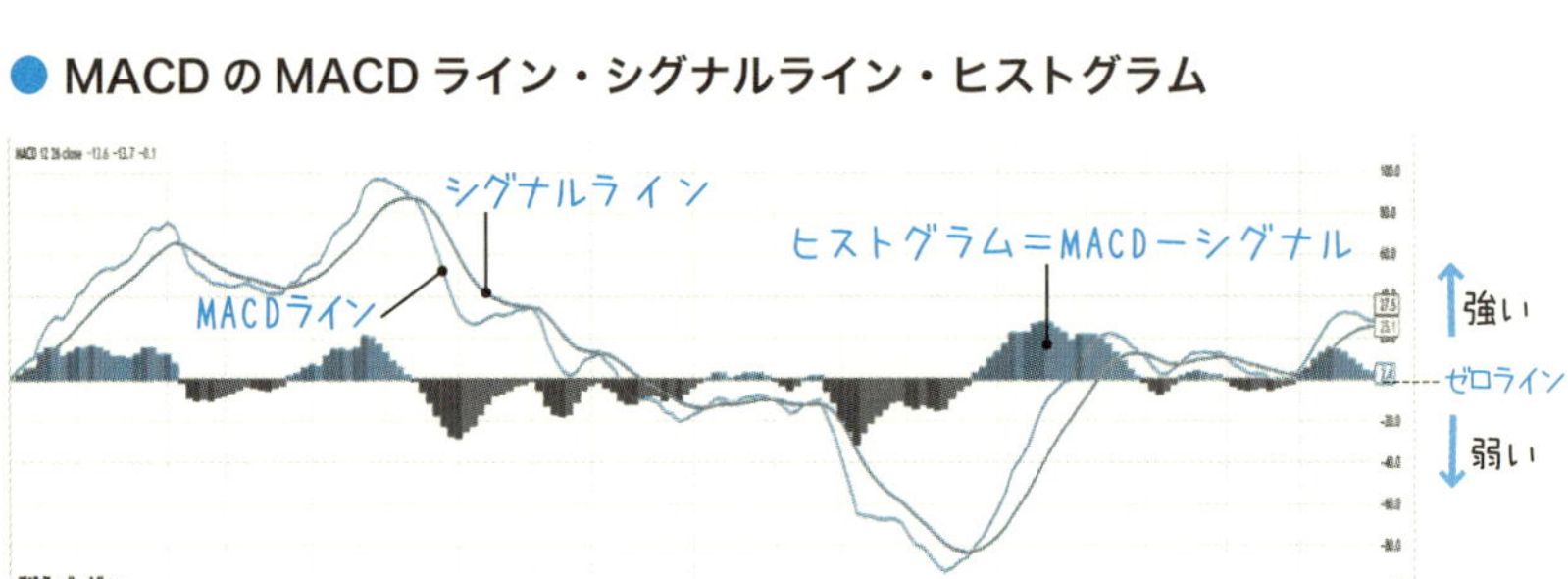

に大きくなります。上昇の勢いが弱まると、反転して縦軸が縮んでいくことが確認できます。

ゼロライン

ＭＡＣＤ・シグナル・乖離の３つがゼロラインより上にある状態が上昇相場、ゼロラインより下にある状態が下落相場を示します。

ＭＡＣＤが示す売買ポイント

ＭＡＣＤの基本的な使い方は、動きが早いＭＡＣＤラインが動きの遅いシグナルラインを下から上に抜けた時を**買いサイン**、反対に上から下に抜けば**売りサイン**となります。

目盛りの**ゼロラインと交差するかどうか**もポイントです。ＭＡＣＤラインがゼロラインを下から上に抜けた後、シグナルラインも同様にゼロラインより上についてくればトレンドは本物と判断され、反対に２本の線が下抜けた場合は下落傾向と判断されます。

また、ＭＡＣＤにも**ダイバージェンス**が確認でき

● MACDのヒストグラムでゴールデンクロス、デッドクロスを判別する

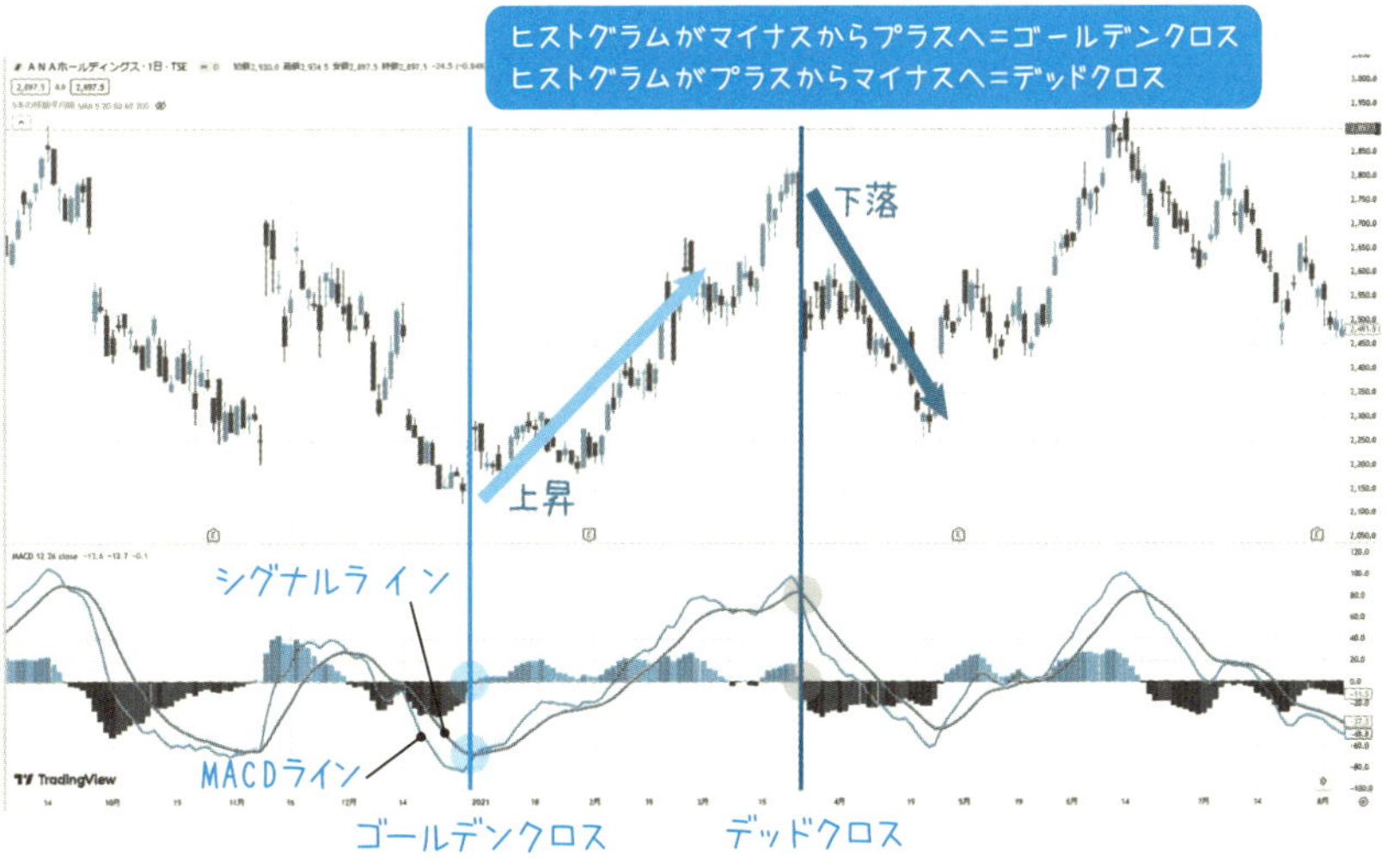
ヒストグラムがマイナスからプラスへ＝ゴールデンクロス
ヒストグラムがプラスからマイナスへ＝デッドクロス
下落
上昇
シグナルライン
MACDライン
TradingView
ゴールデンクロス
デッドクロス

ます。株価は上昇しているが、ＭＡＣＤが下落トレンドの時は上昇の勢いが弱まっていることを示す場合、トレンド転換のサインになります。

4 チャート分析の原点はトレンド分析

トレンドの勢いの変化を察知するための分析ツールがオシレーター系の指標であり、売買タイミングも示唆してくれます。しかし、トレードはあくまで**トレンド系の分析手法を中心に利用するのが基本**になります。

スイングトレードで勝つために大切な前提として、売買の回数が多いほど勝てる、売買の回数が多い人ほどトレードが上手、というわけでは決してありません。

使用する指標が多すぎることはむしろトレード判断の妨げになり、正しく行動できなくなってしまうきっかけにもなります。

どんな指標もあくまでツールであり、使いこなす腕があって初めて有効に機能します。

トレーダーにとって、まずは**トレンド系の分析手法を用いたチャート分析が生命線**になります。

特に**移動平均線分析やライン分析**を主体に売買しているトレーダーも多く、この2つの分析法を極めたうえで、**日々の株価の動きをダイレクトに示すローソク足から売買サインを読み取る**ことができるようになることが、スイングトレードの成功の秘訣といえます。

3時限目

証券口座を開設して注文方法を覚えよう！

ここでは、これから口座を開設してトレードを行う方のために、証券口座の開設方法から、注文方法までを伝授します。

01 証券口座の選び方について

1 証券口座の開設はネット証券一択

株を買ったり売ったりするには、**証券口座の開設**が必要です。口座開設はインターネットを通して簡単にできますが、おすすめは**ネット証券で口座開設**することです。

●主なネット証券

楽天証券・SBI証券・マネックス証券・auカブコム証券・松井証券

ネット証券は、営業担当や電話を介さず、パソコンやスマートフォンで自分で売買注文をするため**手数料が割安**です。

また、スマホアプリやチャート分析ツールが高機能で充実しています（111ページ参照）。

野村証券など大手の営業部隊もいる対面型証券であれば、アドバイスを受けたり情報を聞いたりしながらの対面取引もできます。

対面の場合、投資アドバイスを直接受けたり、営業担当者に電話で売買注文を出すことができますが、その分「手数料」は上乗せされてるためネット取引と比べて割高になります。

スイングトレードのような短期売買では、毎日自分でチャートを見て判断するので、**手数料の負担が少ないネット証券の口座開設**を検討しましょう。

● ネット証券と総合証券

	ネット証券	総合証券
店舗	なし	あり（担当営業がつく）
取引手数料	安い	高い
投資信託	扱い本数多い	扱い本数 限定的
外国株	扱い多い	会社によって異なる

● 証券会社の手数料の比較

証券会社	楽天証券 ゼロコース 国内株（現物・信用）	マネックス証券 新NISA口座は購入・売却0円	SBI証券 スタンダードプラン アクティブプラン	松井証券 新NISA口座 25歳以下 購入・売却0円	auカブコム証券 1日定額手数料コース
10万円まで	0円	90円	0円	0円	0円
50万円まで	0円	250円	0円	0円	0円
100万円まで	0円	487円	0円	1,100円	0円
3,000万円まで	0円	921円	0円	100万円超えから 100万円毎に 1,100円加算	500万円以上 100万円毎に 1,100円加算
3,000万円超	0円	973円	0円	1億以上、11万円（上限）	500万円以上 100万円毎に 1,100円加算

2 証券口座を開設する時のポイント

私は複数の証券会社を利用していますが、次の2つを重視して証券会社を選択しました。

- 売買取引時の手数料
- 提供しているトレードツール

特にトレードツールは、チャート分析を行い売買注文を行うためのトレーダーにとって重要なツールです。

初心者は楽天証券かSBI証券のどちらかを開設すべし

これからスイングトレードを始める時にどの証券会社が良いか悩む人もいると思いますが、楽天証券かSBI証券のどちらかを開設しておくのがおすすめです。

楽天証券とSBI証券はどちらも口座開設数1000万件以上のネット取引で1、2位を争う人気のネット証券会社です。

さらにこの2社は2023年10月から**国内株式の売買取引の手数料が0円**になりました。

売買コストがかさみがちな短期トレードで売買取引の手数料が無料なのはお得です。

利用者の多さ、手数料の安さ、提供ツールの優秀さという点で迷われる方はとりあえず楽天証券、SBI証券の2社で口座開設しておけば問題ないでしょう。

ネット証券各社のトレードツール

ネット証券各社とも独自のチャート分析、取引ツールを提供しています。

また、スマートフォン用のアプリも各社とも提供しています。下の表を参考にしてみてください。

複数のネット証券で口座開設して、実際に使ってみてツールを絞り込むのもいいと思います。

証券口座は複数持っておいても良い

証券口座は複数持っておいても損はありません。

証券会社が提供しているサービスやコストは変わる可能性があります。例えば、**手数料の見直しや提供ツールの変更**などです。

どれだけ自分が使い慣れていても、ルールチェンジが

● ネット証券各社のトレードツール

証券会社	アプリ名	機能	スマホ対応
楽天証券	MARKET SPEEDⅡ	チャート、取引、銘柄管理、情報ツール。先物・オプションや米国株は対応予定。無料。Mac版あり。	iSpeed
マネックス証券	マネックストレーダー	チャート、取引、銘柄管理、情報ツール。株式取引、先物・オプション取引に対応。無料、Win版のみ。	マネックストレーダーモバイル
SBI証券	HYPER SBI 2	チャート、取引、銘柄管理、情報ツール。株式取引、信用取引、先物・オプション取引に対応。有料、Mac版あり。	SBI証券 株
松井証券	ネットストック・ハイスピード	チャート、取引、銘柄管理、情報ツール。株式取引、先物・オプション取引に対応。無料、Win版のみ。	株touch
auカブコム証券	kabuステーション	チャート、取引、銘柄管理、情報ツール。株式取引、先物・オプション取引に対応。通常プラン無料、Win版のみ。	auカブコム証券OPアプリ

あれば利用する証券口座も再検討する必要があります。

もう1つは、注文が殺到し証券会社のサーバーに負荷がかかるなど、ネットワークの**障害時の対応**です。

極まれにですが、ある証券口座の売買システムに障害が起きた時に保有しているポジションを手仕舞えないこともあります。他の証券口座があれば、保有中のポジションの反対売買を別の口座で行ってポジションを守ることも検討できます。

証券口座の開設は無料でスマホでも簡単にできるので、いくつかの証券会社のサービスを試しておいてみるのも悪くありません。

「特定口座の源泉徴収あり」を選べば確定申告が不要

株式投資で得た利益は税金の申告が必要になり、**年間20万円以上の利益が出た時には確定申告が必要**になります。

証券口座を開設する際に特定口座と一般口座の2種類から選択する必要がありますが、ここでは**「特定口座」を選んでおくのが楽だと思います**。

さらに特定口座では「源泉徴収あり」と「源泉徴収なし」のいずれかを選択しますが、ここでは**「源泉徴収あり」を選択しておけば、税金の計算から納付まで証券会社が代行**してくれるため、**確定申告をする必要がありません**。

特定口座なら自分で確定申告する場合でも、必要書類の年間取引報告書を証券会社が作成してくれるので、自分でまとめる必要がありません。**一般口座の場合は年間取引報告書を自分でまとめて申告**する必要があります（年間利益が20万円未満の場合は不要です）。

NISA口座の活用は不可欠

これから証券口座を開設される方は、年間投資額が360万円までなら投資の利益に税金がかからない新NISA口座は必ず開設しましょう。

2024年1月以降からは新NISAが開始され、つみたて投資枠120万円、成長投資枠240万円の投資枠が恒久的に使用することができます。

つみたて投資枠では、長期・分散・積立に適した投資信託、成長投資枠では、海外も含めた個別株式、ETF、投資信託を購入することができます。

● 証券口座の種類

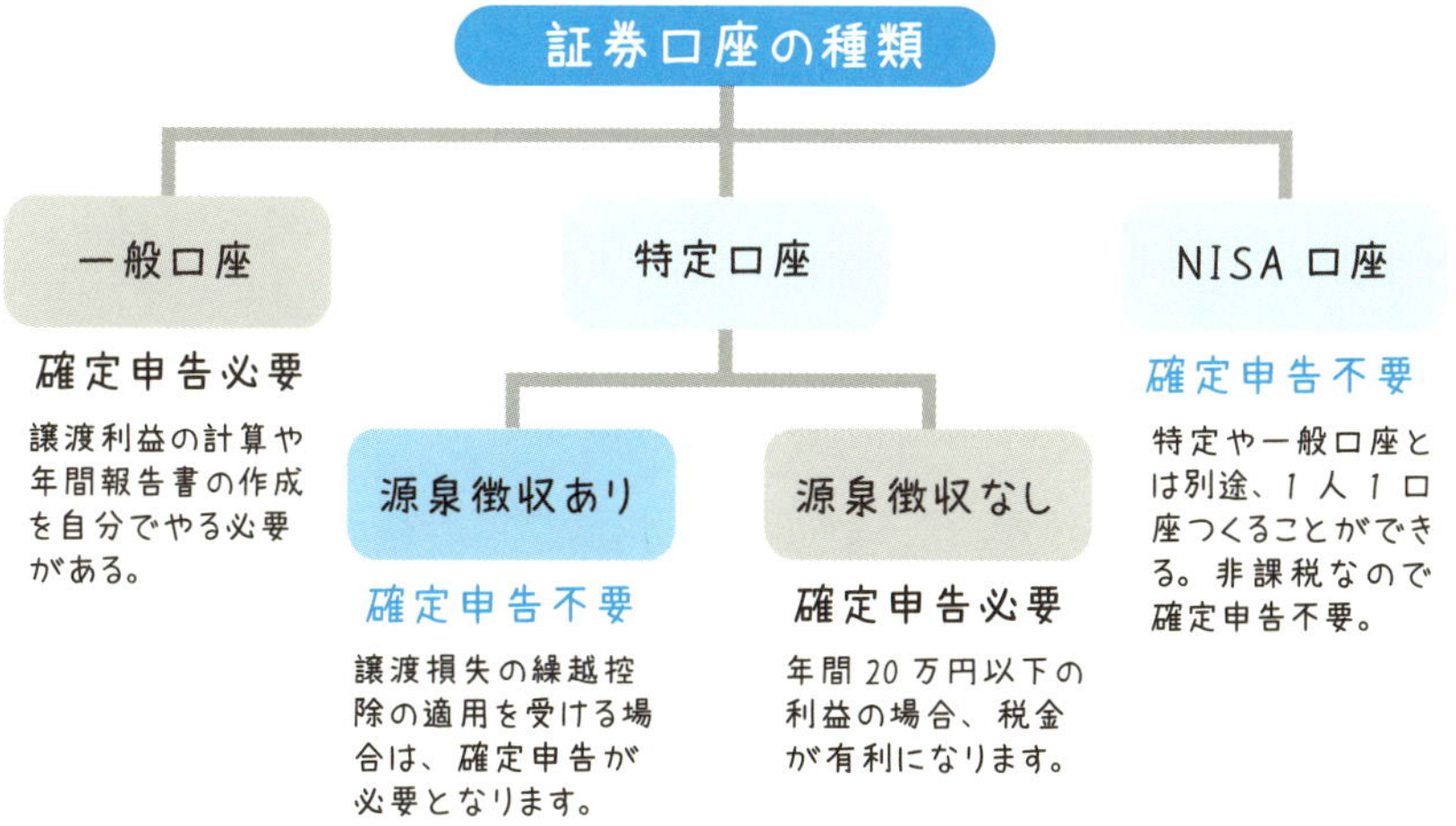
証券口座の種類
一般口座
確定申告必要
譲渡利益の計算や年間報告書の作成を自分でやる必要がある。
特定口座
源泉徴収あり
確定申告不要
譲渡損失の繰越控除の適用を受ける場合は、確定申告が必要となります。
源泉徴収なし
確定申告必要
年間20万円以下の利益の場合、税金が有利になります。
NISA口座
確定申告不要
特定や一般口座とは別途、1人1口座つくることができる。非課税なので確定申告不要。

02 株を売買する時の注文方法（成行、指値、逆指値）

1 株を売買する注文方法を覚えよう

証券会社にアプリやWebサイトから売買の注文を出す際には、次の**3つの注文方法**があることを覚えておきましょう。

- 成行《なりゆき》注文
- 指値《さしね》注文
- 逆指値《ぎゃくさしね》注文

注文画面について（楽天証券 PC ブラウザ画面）

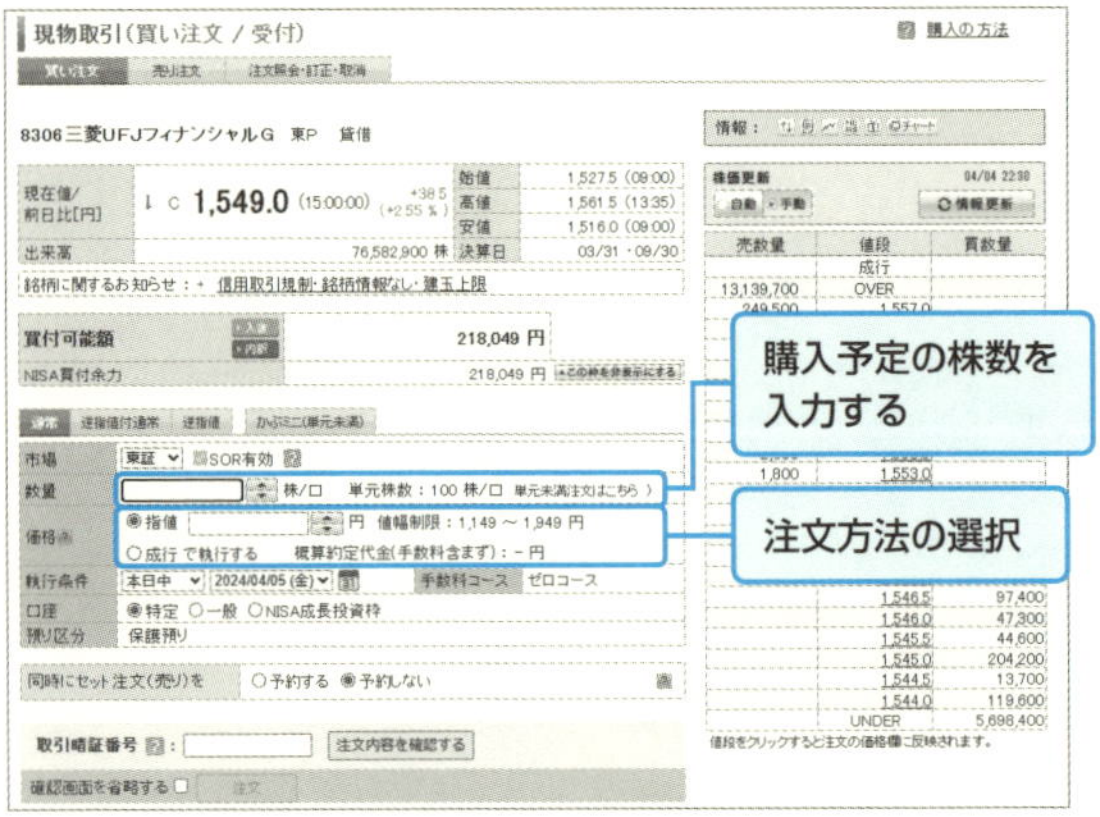

2 今の価格ですぐ売買したいときの成行注文

成行注文は**価格を指定せず、今すぐに売買を成立させたい**ときに使用します。

買いの成行注文を出すと、価格が最も低い売りの指値注文とマッチして、即座に売買が成立します。

成行注文の場合、約定《やくじょう》する価格は、注文した時点の価格とは限りません。この時、売買がいくらで注文が成立するか理解するために、次ページの板情報の画像を見てイメージを深めて下さい。

成行注文には、**時間優先の原則**があり、まったく同じ条件の注文では、先に出された注文から約定していきます。

板情報（気配値）から売買の強さを見てみよう

次ページの図は**板情報（気配値）**といって、3列の中央に株価が、左に売数量、右に買数量が表示され、証券取引所に出されている**売買注文の数量をリアルタイムで表示**しています。

各証券会社のＷｅｂサイトやトレードツール、スマホアプリなどで確認ができます。

板情報では、株を売りたい人と買いたい人の現在の注文状況が確認でき、成行注文がいくらで成立しているかがわかります。

次ページの図で１００株の成行の買い注文を出すと、既にオーダーされている売り注文の一番安い注文である「１５５２・５円」と売買が成立し、売り板は１２００株に減少するというのが板情報の読み方です。

注意点としては、成行注文では取引が即座に成立しやすい反面、値動きが激しく板が目まぐるしく変動しているような場面では思わぬ高値を掴んでしまう可能性もあります。

3 指値注文で価格を指定して売買

指値《さしね》注文は、**売買したい価格を指定して注文**する方法です。

株を買うときは安く買って高く売りたいわけですから、先の板を例に挙げると現在１５５０円であれば、それより安い価格、たとえば「１５４０円で買い」と指示して注文を行います。

この場合の指値注文では株価が１５４０円になったときに、同量以上の売り注文があって初

● **板情報の見方**

売数量	値段	買数量
	成行	
13,139,700	OVER	
249,500	1,557.0	
104,200	1,556.5	
277,800	1,556.0	
61,000	1,555.5	
3,400	1,555.0	
71,300	1,554.5	
2,500	1,554.0	
2,600	1,553.5	
1,800	1,553.0	
1,300	1,552.5	
	1,548.5	323,800
	1,548.0	271,900
	1,547.5	49,400
	1,547.0	64,500
	1,546.5	97,400
	1,546.0	47,300
	1,545.5	44,600
	1,545.0	204,200
	1,544.5	13,700
	1,544.0	119,600
	UNDER	5,698,400

売り注文

1,548.5 円で買いたい注文が 323,800 株分入っている状態

1,552.5 円で株を売りたい注文が 1,300 株分入っている状態

買い注文

めて注文が成立します。

株を売るときの指値注文は、現在、１５００円で買った株を保有しているときに、１６００円になったら売って決済し利益確定したいときに役立つ注文方法です。

成行注文のように狙った株を必ず買える（売れる）とは限りませんが、思わぬ高値や安値を掴んでしまう可能性を避けることができます。

4 上がったら買う・下がったら売る逆指値注文

逆指値《ぎゃくさしね》注文は**安くなったら売る、高くなったら買うという指値注文と反対の価格条件で注文する方法**です。

たとえば、１３００円と１５００円の間のボックス相場にあり（次ページ下図）、何度か１５００円のレジスタンスライン（77ページ参照）で跳ね返されていますが、レジスタンスラインの１５００円を超えるとさらにブレイクし株価は上昇しそうなので、**１５００円に逆指値の**

● 成行注文、指値注文、逆指値の新規注文

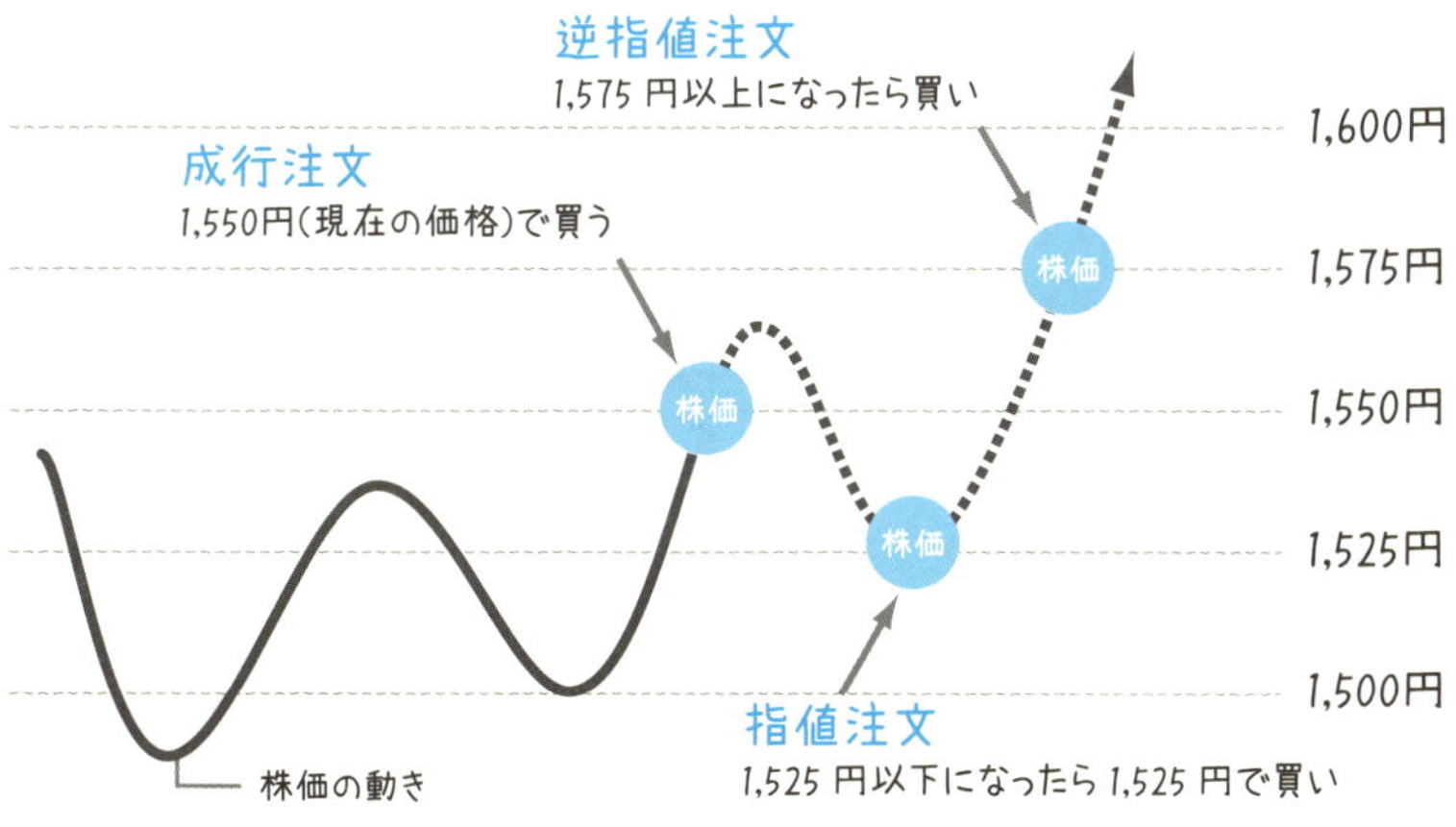

買いを指定するというような使い方をします。

保有する株を売る場合は、1500円で購入した銘柄があり、1300円以下に下落するとさらなる下落で損失が拡大すると想定したときに、**1300円で損切の逆指値の注文**を入れるといった使い方ができます。

通常の指値注文の指定した価格以下で買うという形と逆の考え方なので、逆指値と呼ばれます。

● 上値抵抗線や下値支持線のブレイクで逆指値を入れる（逆指値の使い方の例）

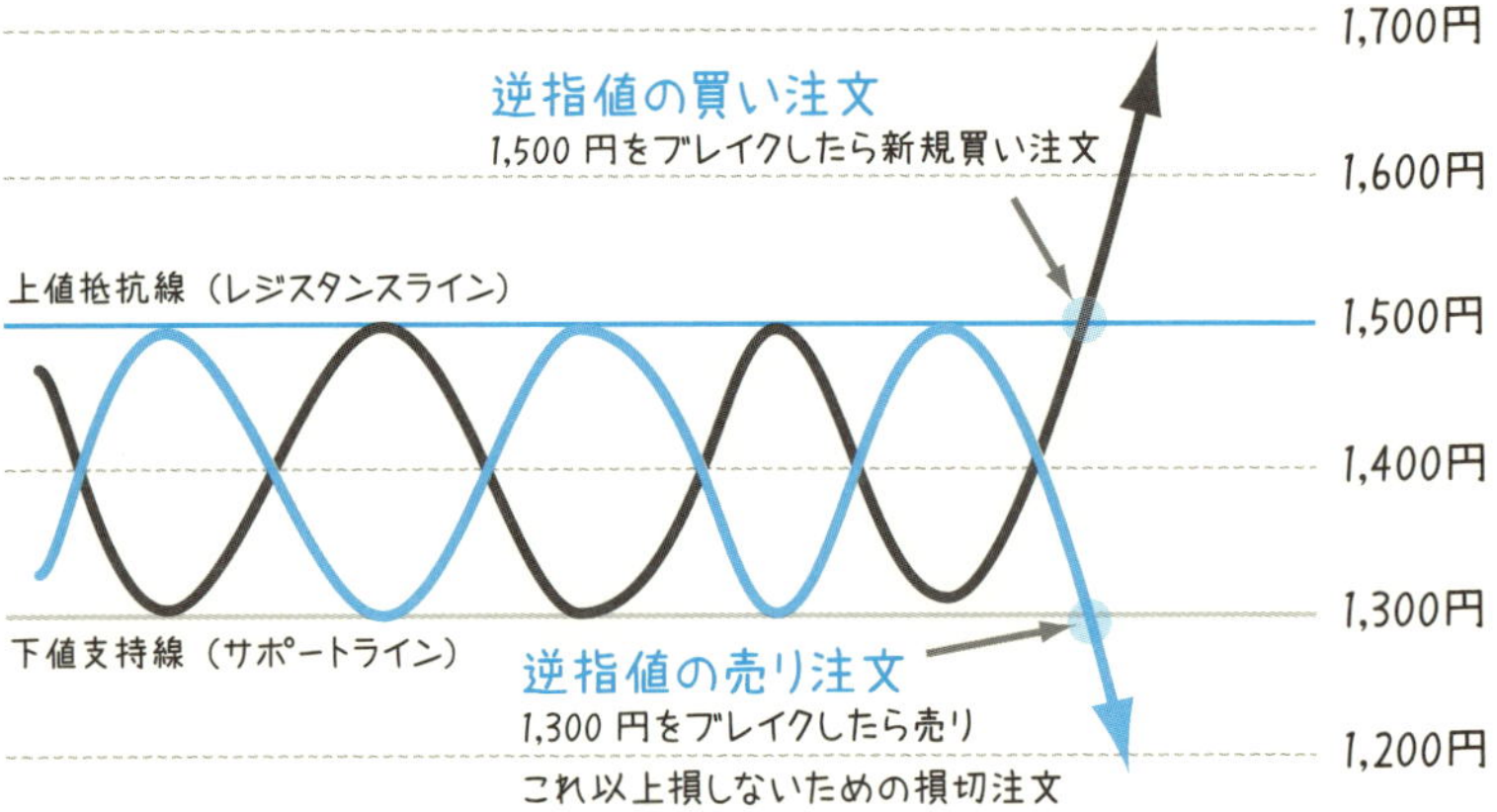

03 トレードツールを使いこなそう

各証券会社はトレードツールを提供していますが、証券口座を開設していれば無料でそれらの高機能なトレードツールを利用することができます。

楽天証券では「MARKETSPEED II」、SBI証券では「HYPER SBI 2」がPC用に提供されています。それぞれの証券会社で口座を開設している方なら無料で利用でき、インターフェースも自分好みにカスタマイズすることができます。

1 MARKETSPEED IIは銘柄管理、画面表示が非常に柔軟

MARKETSPEED IIは直感的なインターフェースで操作でき、トレードに必要な情報を確認しやすいツールです。Macユーザー向けのMARKETSPEED for Macも用意されています。

次図は楽天証券のMARKETSPEED IIのチャート表示画面ですが、カスタマイズの例として左側に監視銘柄のリスト、真ん中に日足、右側に月足を表示できるように設定しています。

左側で監視銘柄をリスト化しクリックすると、真ん中と右側にそれぞれの時間足のチャートが表示できるように設定できます。

チャート内に水平線やトレンドラインを引いたり、複数のテクニカル指標を表示したり、メモを入力したりすることができます。

画面上部では、チャートへの書き込みツールの表示や銘柄検索ができます。

チャートに表示するテクニカル指標については、表示設定変更や線の色、太さなど細かな変更も可能です。

移動平均線の色や期間を設定をするにはメニューから設定します（左ページ図）。

レイアウトも好みにカスタマイズしやすく、マウス操作で画面を拡張したり、不要な画面を消すことができます。

日々の銘柄チェックやチャート分析に必須のツールと言えます。

● 楽天証券のMARKETSPEED IIの画面

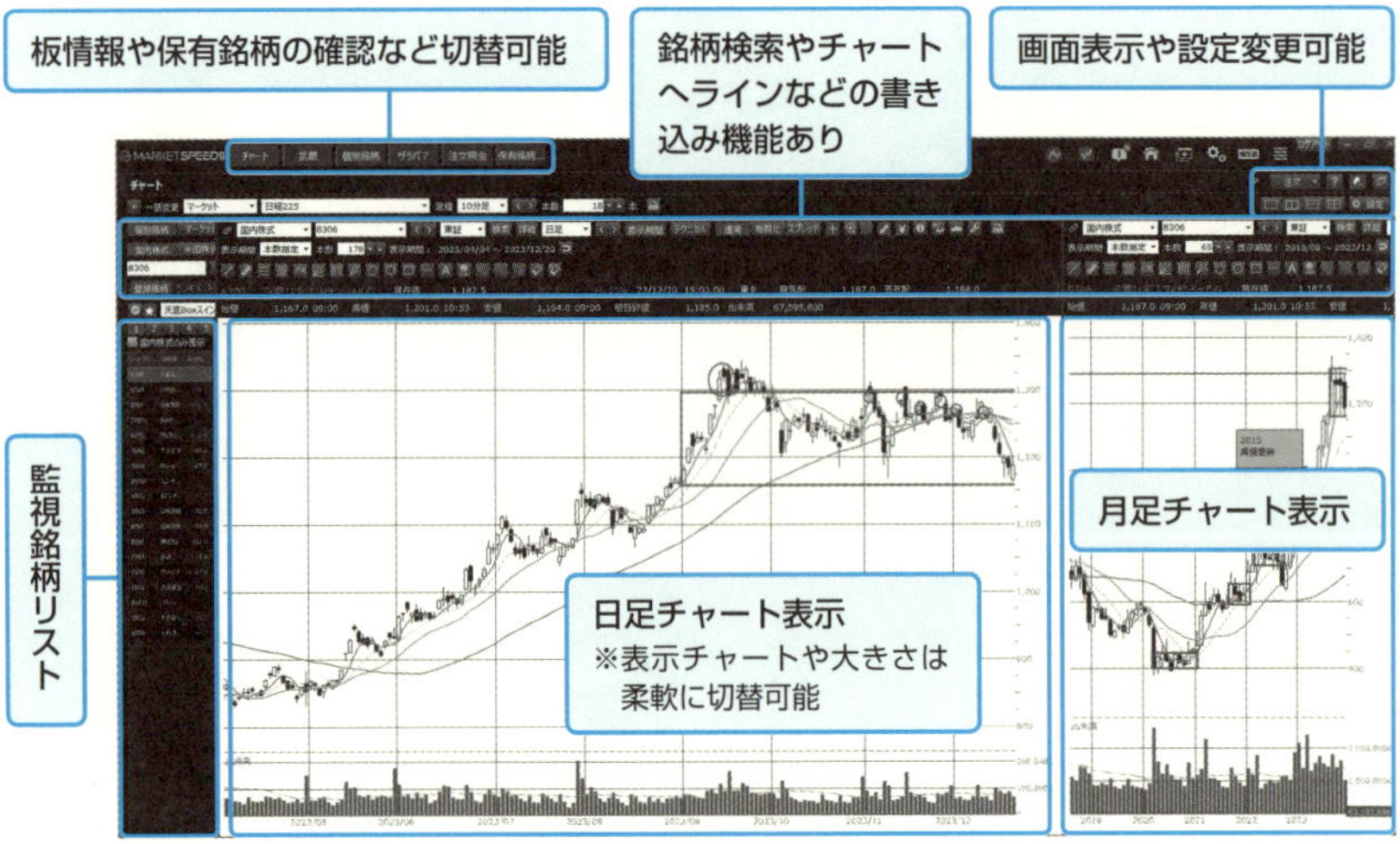

2 スマホアプリについて

トレード用のスマホアプリは仕事中や外出中にチャートを見たり売買する際に必須のツールです。PC用のチャートツールとともにスマホアプリの利用も必須と言えます。

楽天証券が提供しているアプリ**iSPEED**やSBI証券の**SBI証券株**も銘柄管理やレスポンスに優れおすすめです。

スマホアプリについても複数もっておくのが良いでしょう。

スマホアプリはあくまでサブの位置づけ

最近はスマホでの投資が流行っていますが、**初心者がスイングトレードを実戦する環境には向きません。**

前述のMARKETSPEED IIのようなPC用の高機能

● 楽天証券の MARKETSPEED II でのチャート設定画面

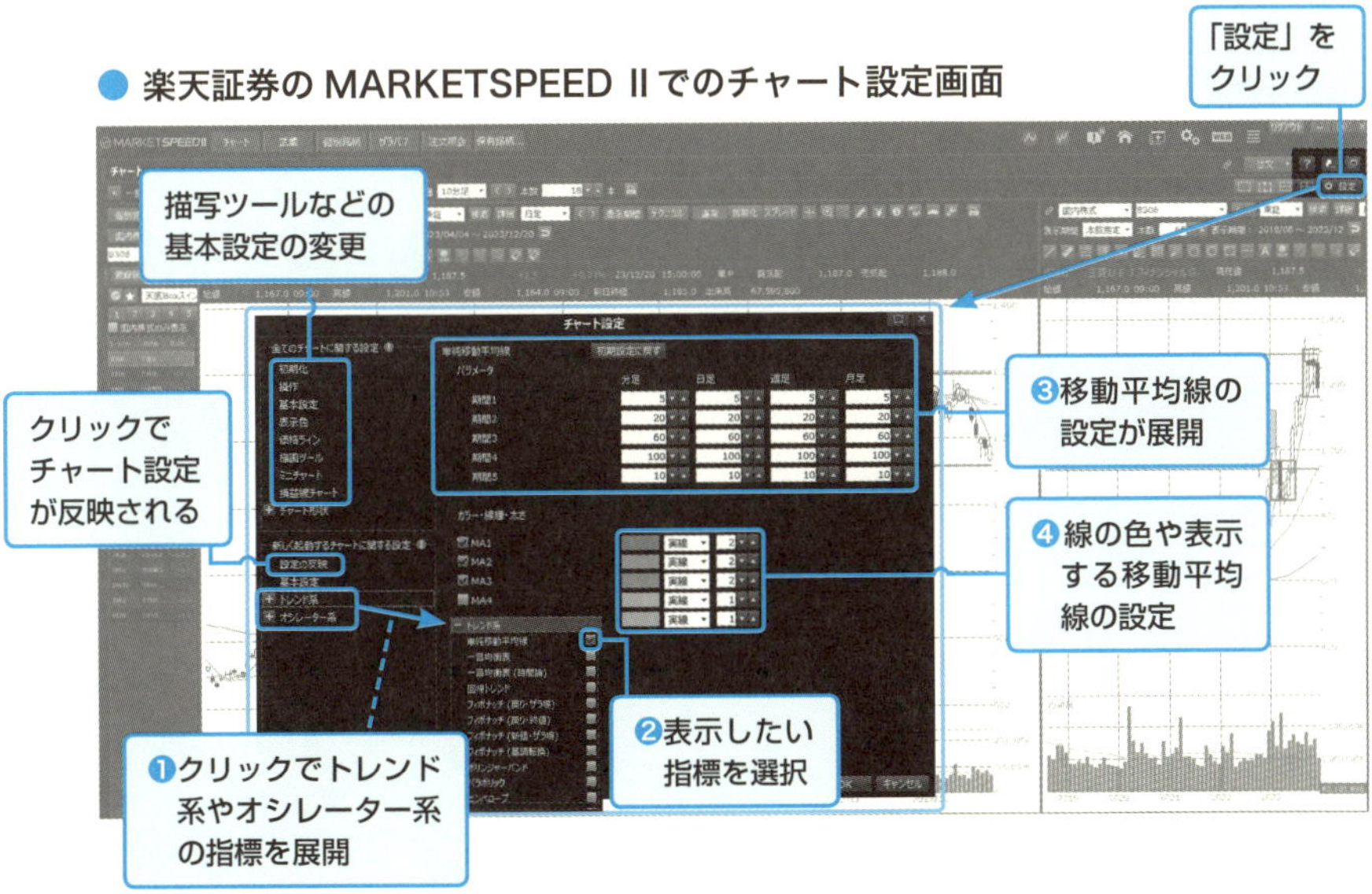
「設定」をクリック
描写ツールなどの基本設定の変更
チャート設定
❸移動平均線の設定が展開
クリックでチャート設定が反映される
❹線の色や表示する移動平均線の設定
❷表示したい指標を選択
❶クリックでトレンド系やオシレーター系の指標を展開

ツールを見れば一目瞭然、**表示できる情報量やチャートを見た時の視覚的な情報の受け方もかなり変わってしまいます。**

スイングトレードのように大きな株価の流れを捉えて利益を狙うトレードスタイルでのチャート分析は、**PCや大きな画面を用意して取り組むべき**です。

仕事中や外出先、通勤途中などPCを広げられない状況も多くなるので、売買判断は**スマホアプリで行うことがメインになりますが、日々の分析をPC上で行っていることが前提**となります。

自宅でPC画面を中心に銘柄のリサーチやチャート分析の準備をしておき、外出先ではスマホを使って発注をするという切り分けが良いでしょう。

● 楽天証券　iSPEED アプリの画面

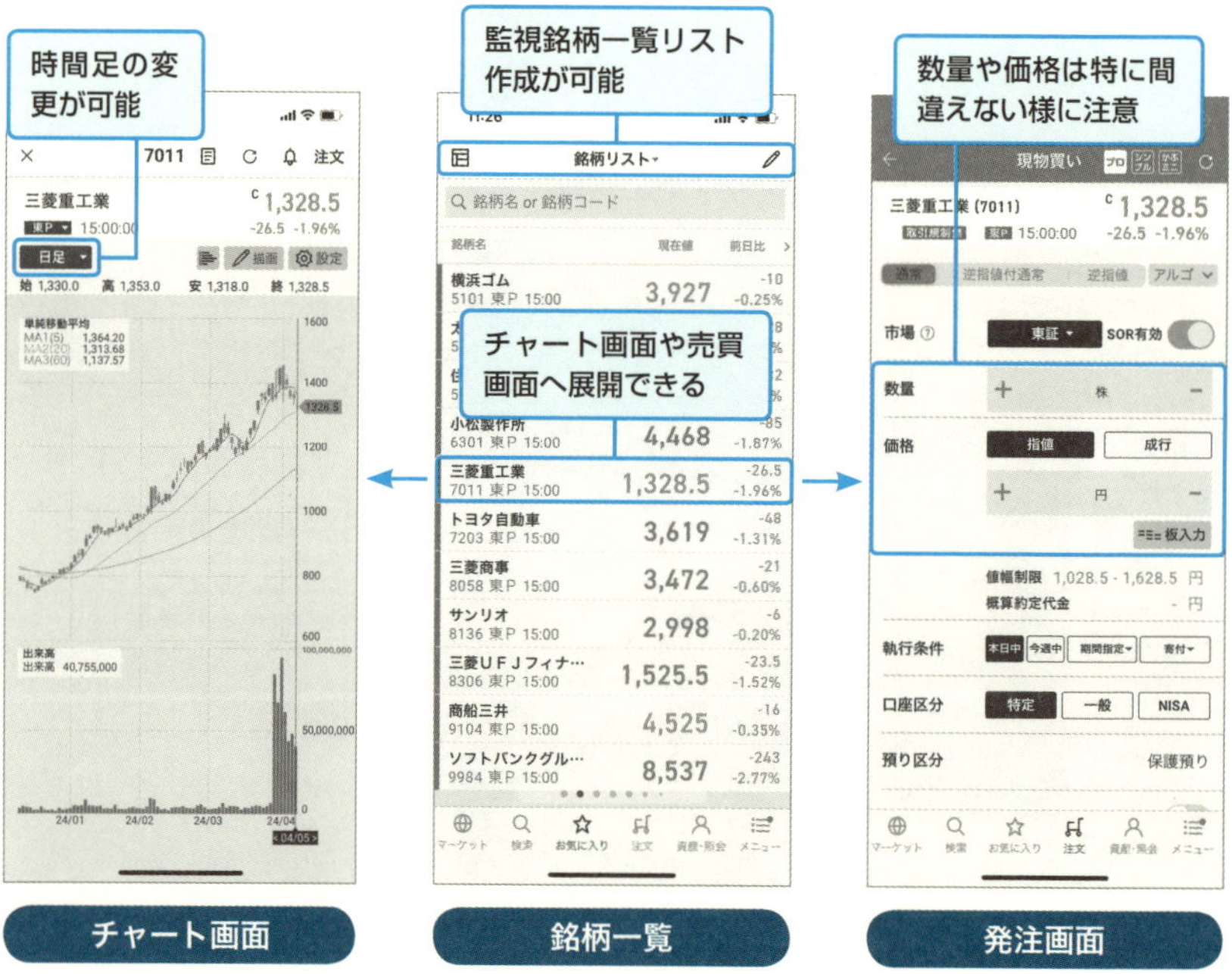

4時限目

スイングトレードの買いタイミング

スイングトレードを実践する上で、株を買うタイミングや買い方について解説します！

01 月1回のトレードチャンスを焦らず待つ！

1 スイングトレードは月に1度の波を狙う

スイングトレードでは、企業業績や経済情勢といったファンダメンタルズ分析に時間をかけるよりも、**チャート分析により需給バランスが傾きやすい状況を読み取る**ことが重要です。

いつ買う（エントリーする）のかという**「タイミング」**をこれまで学んだ内容も踏まえて、整理していきましょう。

次のチャートは**7203トヨタ自動車の日足チャート**です。画像のチャート上の縦軸の線は1か月単位の区切りを示しています。

9月から翌3月までの約7か月間の値動きですが、**株価は毎月その場にとどまることなく上昇・下落を繰り返している**ことがよくわ

スイングトレードでは、いつエントリーするかが勝負の分かれ目となります。株は毎月10%程度は上下するのでじっくりチャンスを待ちましょう。

かります。

小型株と比較して値動きは堅調で緩やかであるとされるトヨタ自動車のような日本を代表する大型株でもほとんど**毎月10％前後の値動き**が出ています。

さらに大きなボラティリティ※のタイミングであれば、15％～20％動く場面もあります。

月に一度はどの銘柄であっても、十分な価格変動があり、**毎月トレードのチャンスは来る**ので、焦らずそのタイミングを見極めましょう。

※ボラティリティ：価格変動の幅を示す言葉であり、変動の幅が大きければボラティリティが大きい、変動幅が小さければボラティリティが小さいと表現される。

2 日足ベースでタイミングをはかる

このチャートで確認できるように、**株価は毎月10％近くの値動き**が出ています。

毎月、10％前後の利益を得られる売買のチャンスは到

● 株価は毎月 10%前後の動きがある

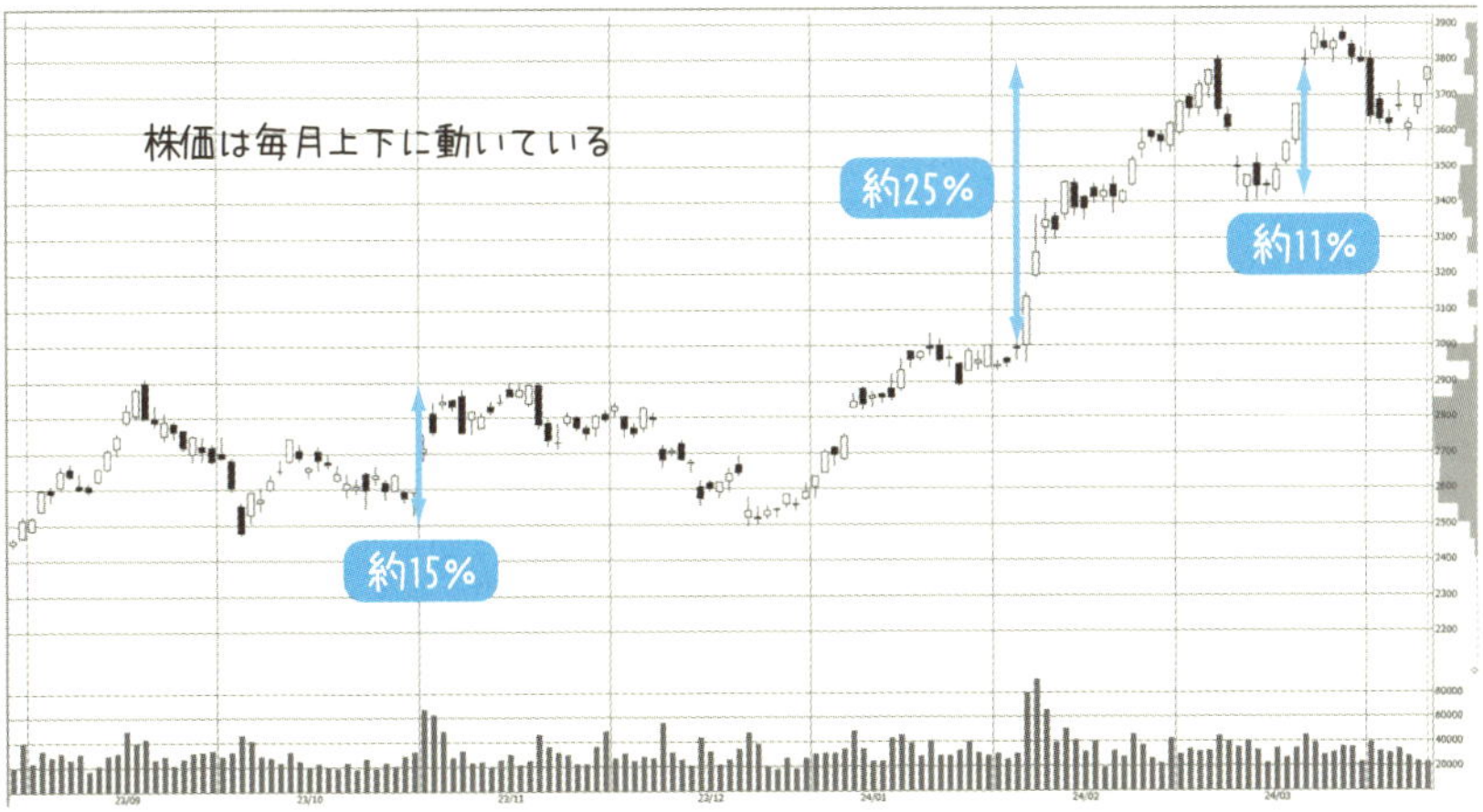

7203トヨタ自動車　日足チャート／2023年9月～2024年3月

来するので、そのチャンスをじっくり待ってタイミングを合わせる必要があります。

安易に買ってしまうポジポジ病は御法度です

特にトレード初心者の場合、様々なトレード知識がついてくると、毎日どこかに買いのチャンスがあると錯覚を覚えてしまう時期が来ます。

稼ぎたいという気持ちから安易にポジションを作ってしまう（買ってしまう）状態を**ポジポジ病**と言います。どんなトレーダーでも一度は経験する病気です。

SNSなどの投稿や宣伝では、「毎日利益が出る」などの煽り記事も見かけますが、それはスイングトレードの手法でなく、デイトレードで行う手法です。しかし、デイトレードだとしても、「毎日利益を出す」のは、難易度が高く現実的に不可能です。

本書は、先のチャートでも確認したように、**数日程度をかけて作られる大きな波を見極めて利益を得るスイングトレードを学ぶ**ことが狙いです。

スイングトレードでは、株価の動きや規則性を理解したうえで、セオリーどおりの動きになったら**感情を入れずに売買する**ことが大切です。

日足ベースでレジサポ変換を見極めよう

先ほどの図に一本の**水平線を入れてみる**と、チャートの見え方が変わります。

2時限目で紹介したレジスタンスラインを抜けた後、サポートラインに切り替わる**レジサポ転**

換（84ページ）**が機能**していることがわかります。

この1本の水平線を引くことにより、買いのタイミング、すなわちこれから**株価が上昇していくポイントかどうかを判断することができます**。

1枚のチャートをなんとなく見るのではなく、ラインや移動平均線といったテクニカル分析ツールを使って**狙うべき勝負所を探します**。

特にレジサポ転換が機能するところでは局面が変わり、株価が大きく動きます。

毎日の仕事に多忙な方の場合は、分足、時間足の細かな上げ下げに振り回されずに、**大きな動きが出るポイントや株価の転換点を日足ベース**で狙っていくのが良いです。

その勝負所を見極めるための裏付けを一緒に確認していきましょう。

水平線を引いてみると株価上昇のポイントがわかる

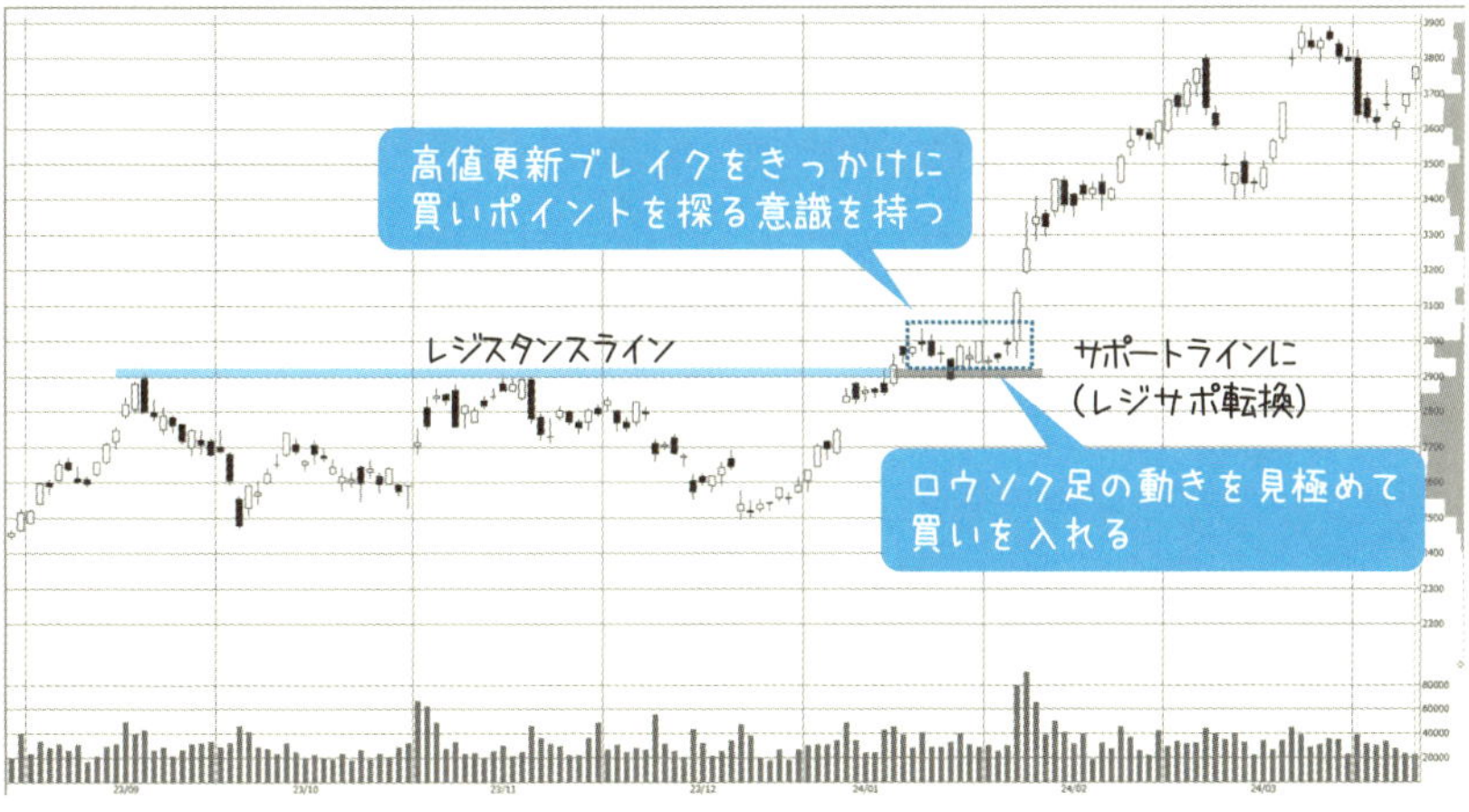

7203トヨタ自動車　日足チャート／2023年9月～2024年3月

02 今の相場環境を捉え、適切な買いタイミングを掴む

1 株価の基本サイクルから相場環境を判断する

株を買って利益を得るには、**株価が上昇方向に優位性のある相場環境かどうかを見極める**必要があります。

上昇する相場環境を認識するために、もう一度株価チャートの概念から確認してみましょう。

2時限目05で、**株価には基本サイクルがある**という説明をしました。**基本サイクルを、上昇、ボックス、下落の3つのトレンドと天井圏〜底値圏までの動きにまとめたのが左ページの図**です。

すべてのパターンがこの図に集約されるわけではありませんが、この図を株価の基本サイクルとして再度頭に残しておいて下さい。

エントリーを決める際には、最初に相場環境の判断を正しく行うことが大切です！

● 相場のサイクル（全体像）

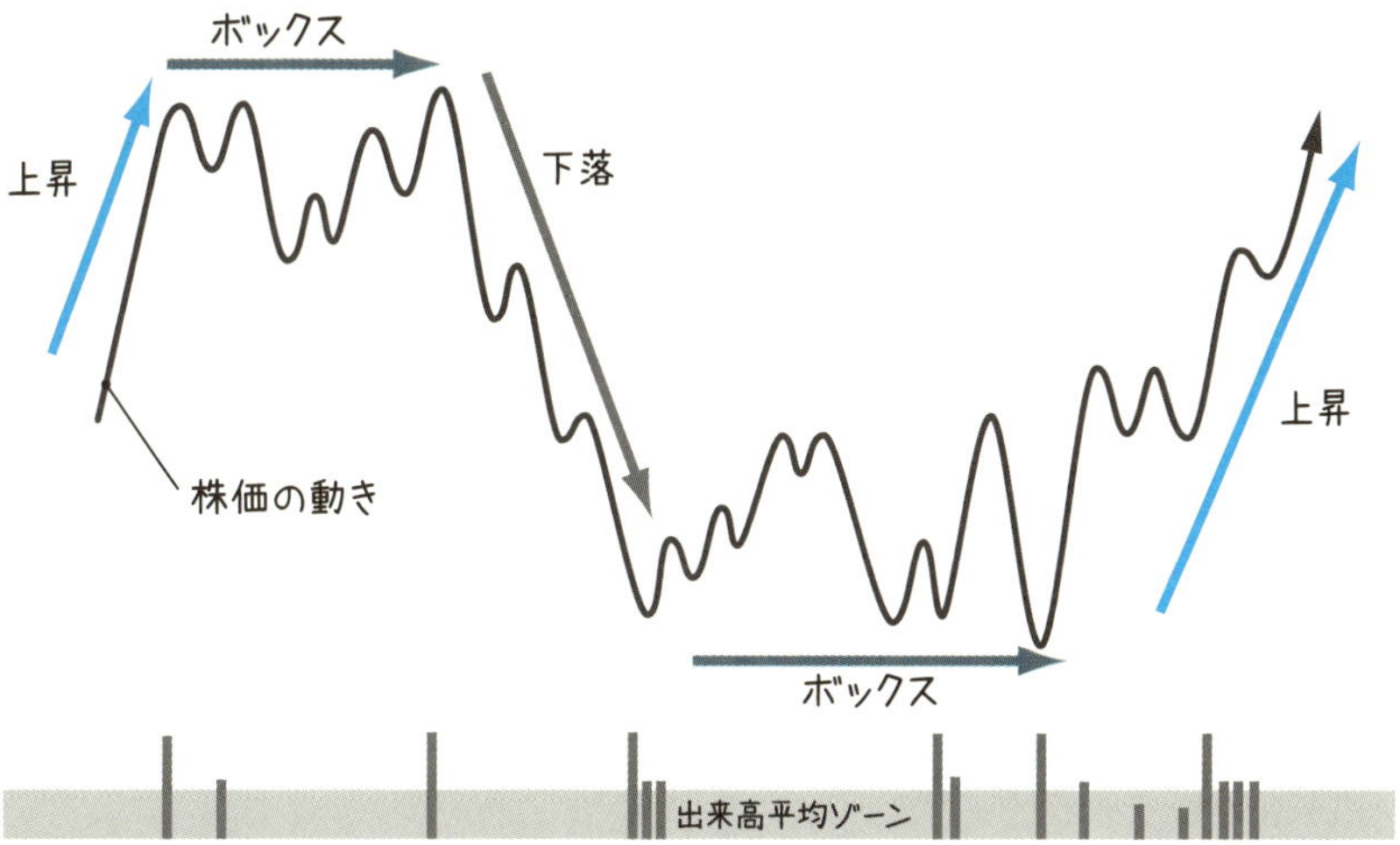

● 買いで狙うべきパターン

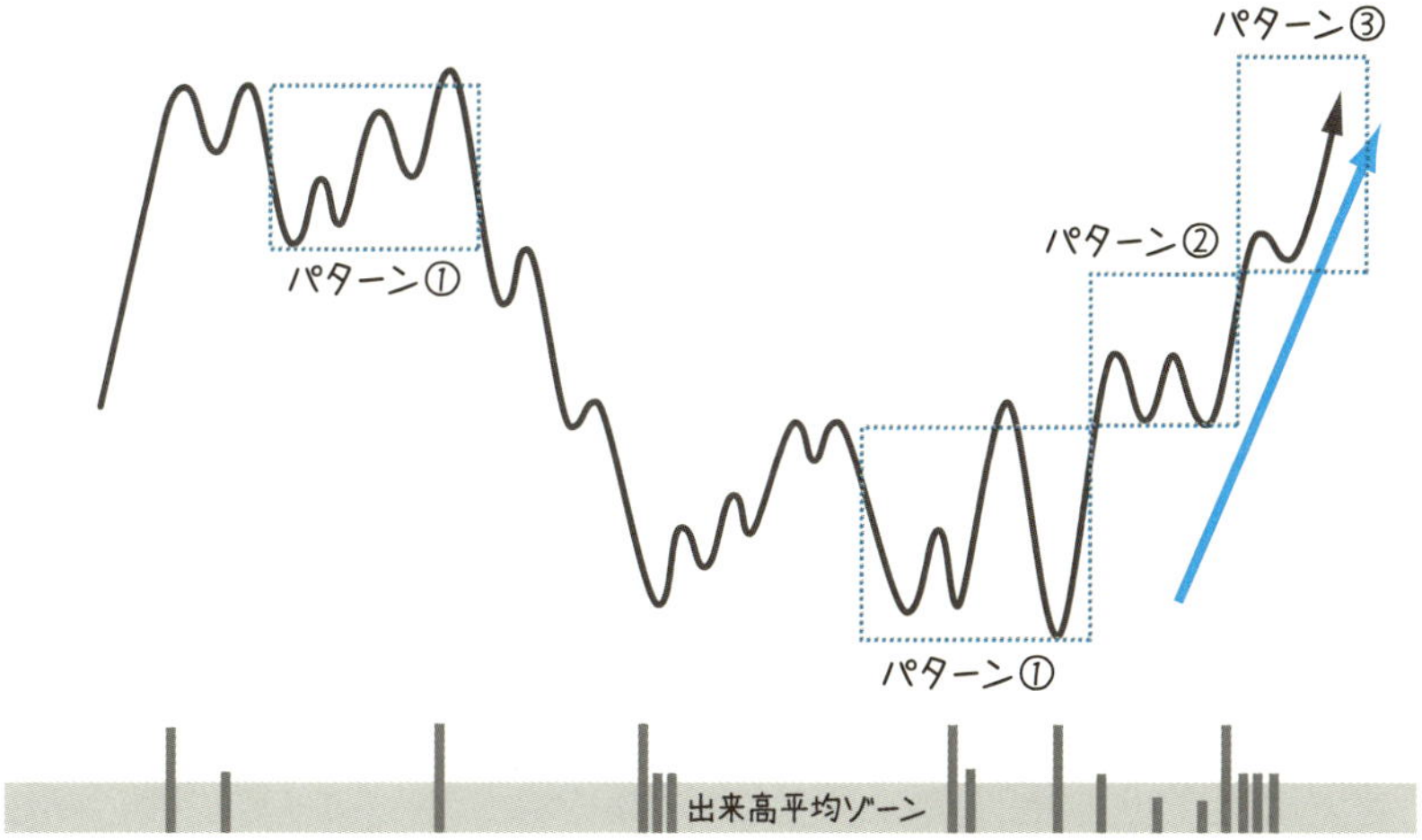

株価は小さな動きを繰り返しながらも、**上昇・ボックス・下落の3つの大きなトレンドを形成**していきます。この図のように**大きなトレンドを把握する**癖をつけていきましょう。

相場環境を判断しエントリーポイントを探る

次の株価上昇の3パターンからエントリーポイントを検討してみます。

パターン❶　ボックス相場中のボックス下限付近からの反発
パターン❷　ボックス相場から上昇相場への移行時
パターン❸　上昇相場

現在の相場環境がどの状態にあるかを常に意識して買いのタイミングを探るようにします。売買ポイントの見極めなどは後で確認しますが、最初に実例を用いながら相場環境を判断してみましょう。

次ページの図は、7974任天堂の1998〜1999年のチャートです。3つのパターンをベースに**買い戦略に当てはまるゾーン**を**点線枠**で囲んでみました。上昇、ボックス、下落の基本サイクルから考えるとボックス相場が終了し上昇相場に移るパターン①〜③のゾーン左下部分で買いのチャンスが来ています。

チャートの左側の下落相場は3か月で終わりを迎え、ボックス相場に移行しています。

これは2時限目に学んだ**日柄分析（91ページ）からも周期の変化を察知**することができます。

ボックス相場が5か月ほど続き、右側上昇の根っこである底値（〇部分）から4か月間にわたり上昇が続いています。

日柄分析の中期的な株価トレンド（およそ6か月で繰り返す）からすると、この上昇はあと1〜2か月で上昇は止まりボックス相場に移行する可能性が高いと判断できます。

上昇相場からボックス相場への移行

このチャートの先の展開を確認しておきます。

次ページのチャートでは、**上昇相場は翌月の5か月目で終了**したことが確認できます。

ここでは、上昇相場の終了後にボックス相場入りか下落相場入りかを観察することが大切です。

この5か月目地点では、新規での買いは高値掴みになる可能性が高くなります。

● 日柄分析も加味して相場環境を判断する

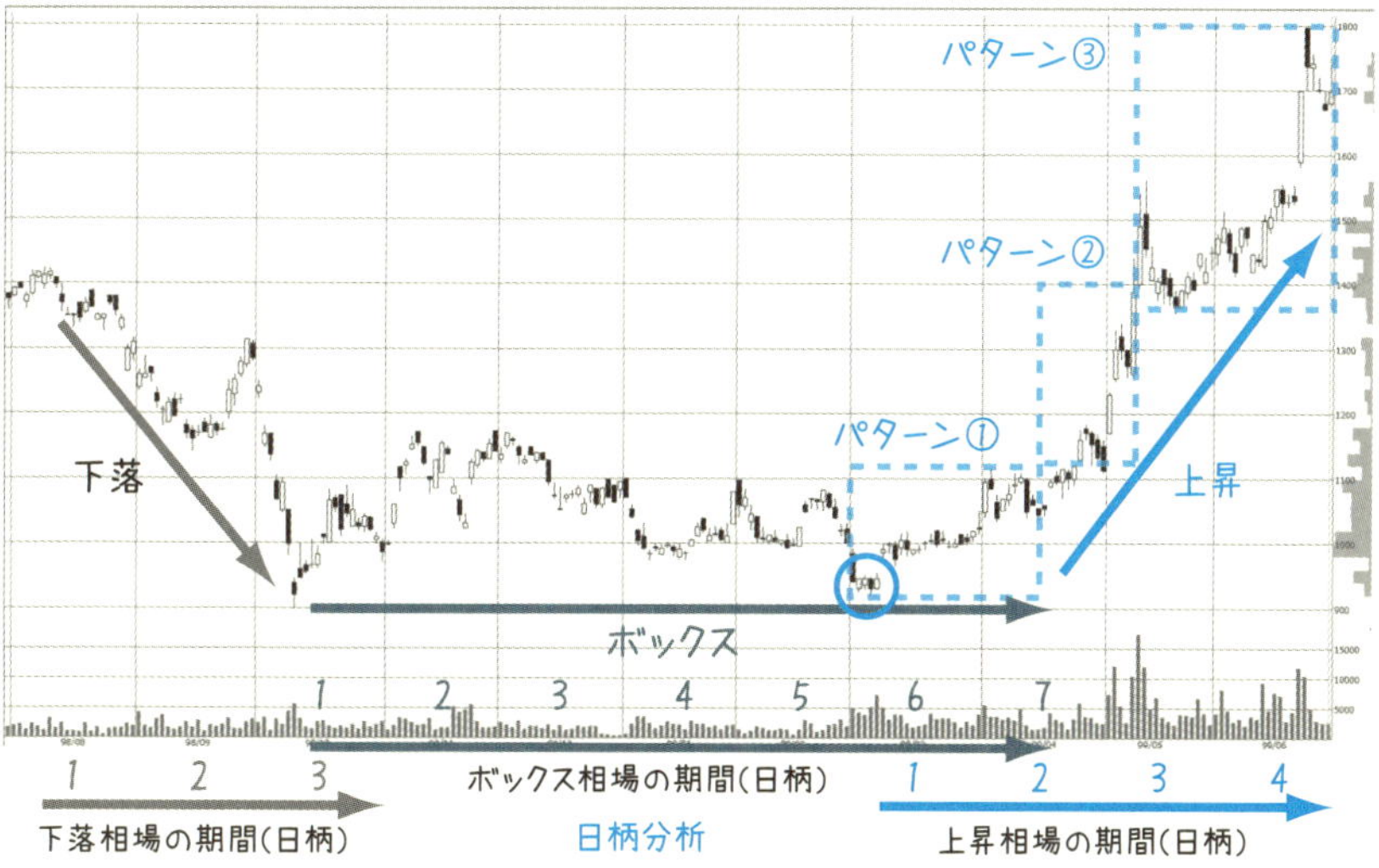

7974任天堂　日足チャート／1998年8月〜1999年6月

● 上昇相場は5か月目で終了しボックス相場へ

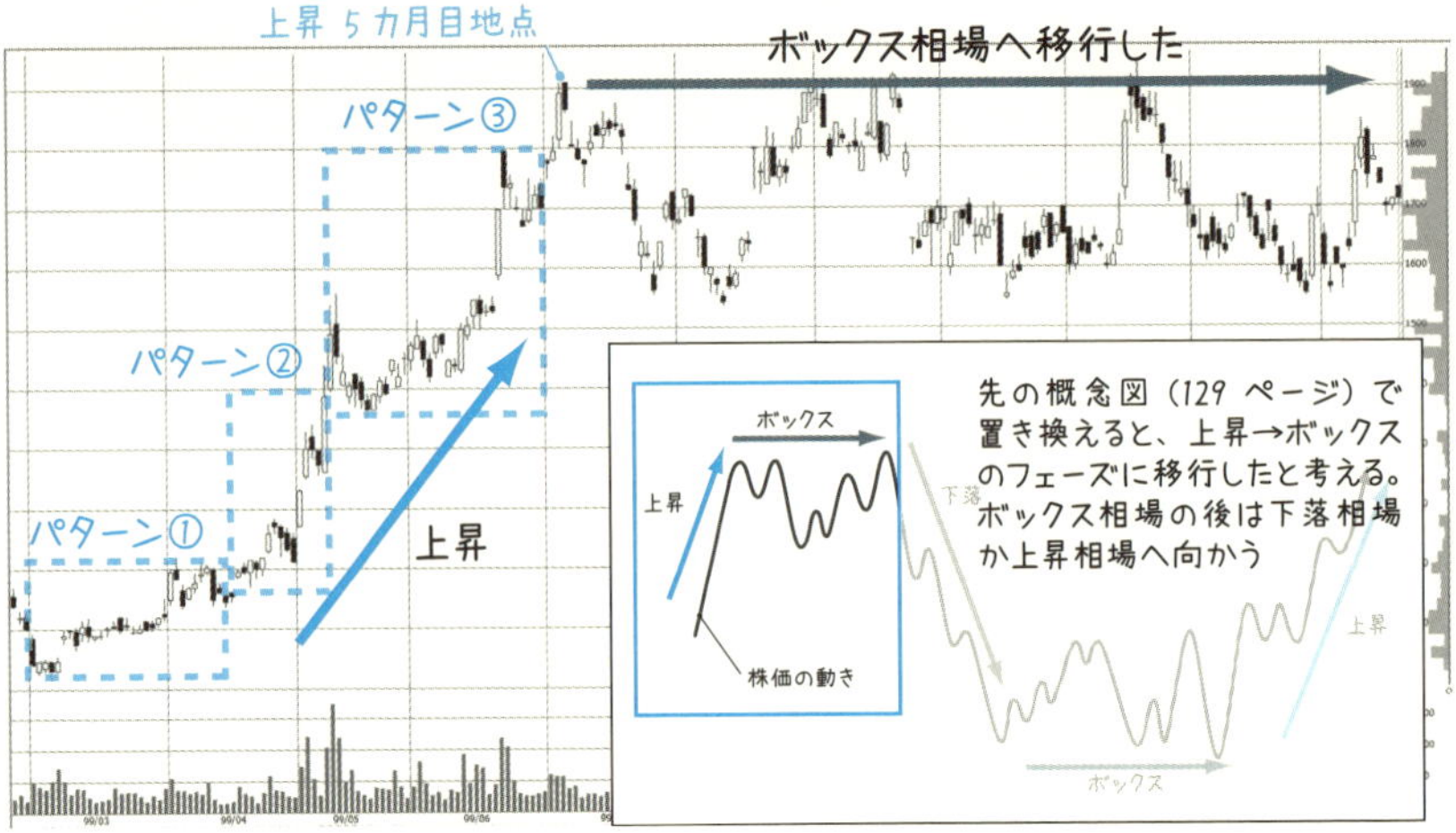

7974任天堂　日足チャート／1999年3月～2000年1月

● 下落→ボックス→上昇の典型的な株の基本サイクル

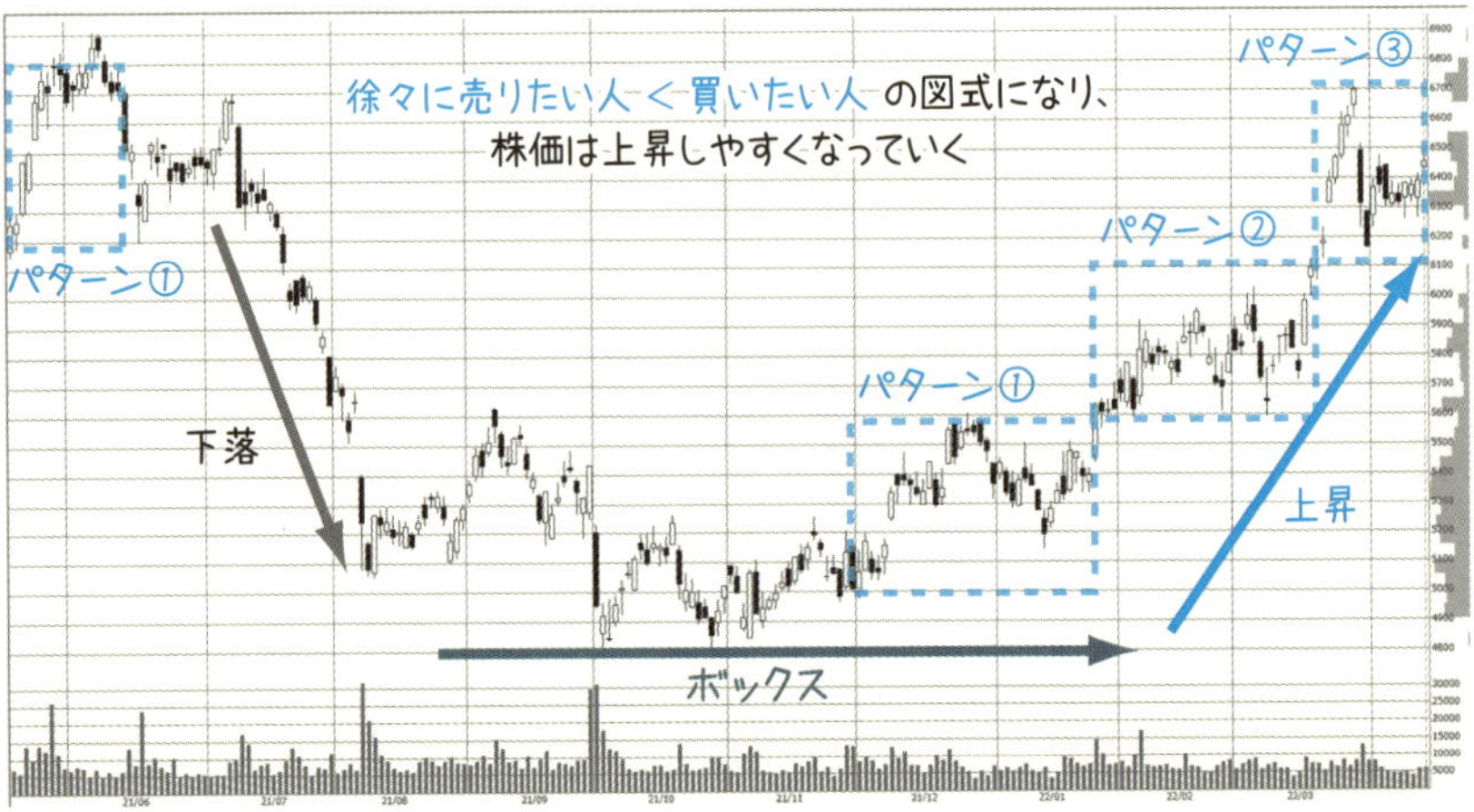

7974任天堂　日足チャート／2021年5月～2022年3月

すでに株を買っていた人は含み益の状態にあり、**利確を検討する人が増えるゾーン**となります。利確の売りが入りやすい、つまり、**一時的な急落が起こりやすくなるゾーン**として注意してください。

もう1つ任天堂の2021年5月~2022年3月のチャート（前ページ下図）も見てみましょう。

ここでも下落↓ボックス↓上昇といった同様の動きをしていることがわかります。

このように、下落↓ボックス↓上昇といった動きはどの時間軸、時期であってもよく出現する典型的な動きであることがわかります。

チャートの基本サイクルに照らして判断軸をつくろう

スイングトレードでの**買いのタイミング**は、**上昇の優位性が高くなり大きな上昇が見込めるところ**です。日々の細かな上げ下げには反応しないようにしましょう。

下落相場の後すぐには大きな上昇相場はやって来ません。そのため、下落の途中や下落相場の終了直後に買いチャンスを伺っても、そこで大きな上昇につながることは稀です。

基本的には下落相場の後にボックス相場を経由し**需給関係が整理されてから買い勢力が勝り、上昇相場へ移行しやすい環境**が整います。

すべてがこのような基本パターンどおりに動くわけでなく、途中で株価の動きがずれて逆行したり、変形するパターンもあります。

2 20日移動平均線も併用してみよう

相場環境が移行して買いチャンスを狙うときは、**水平線や移動平均線といったテクニカル分析ツールも併用して見極める**ことが大切です。

テクニカル分析ツールは、初心者が陥りやすいポジポジ病など判断の軸がぶれることを防いでくれます。**特に初心者の場合、移動平均線（MA）を分析ツールとして使うと、シンプルでわかりやすい分析ができます。**

下のチャートは、先ほどの2021年5月〜2022年3月の任天堂のチャートに20日MAを表示したものです（21日MAでも問題ありません）。

ここではローソク足とMAの関係から買いタイミングを検討してみます。

20日MAとローソク足を眺めてみて、株価の動きに何を感じますか？　2時限目（64ページ）で学んだことも振り返りながら考えてみましょう。

● チャートに移動平均線を表示する

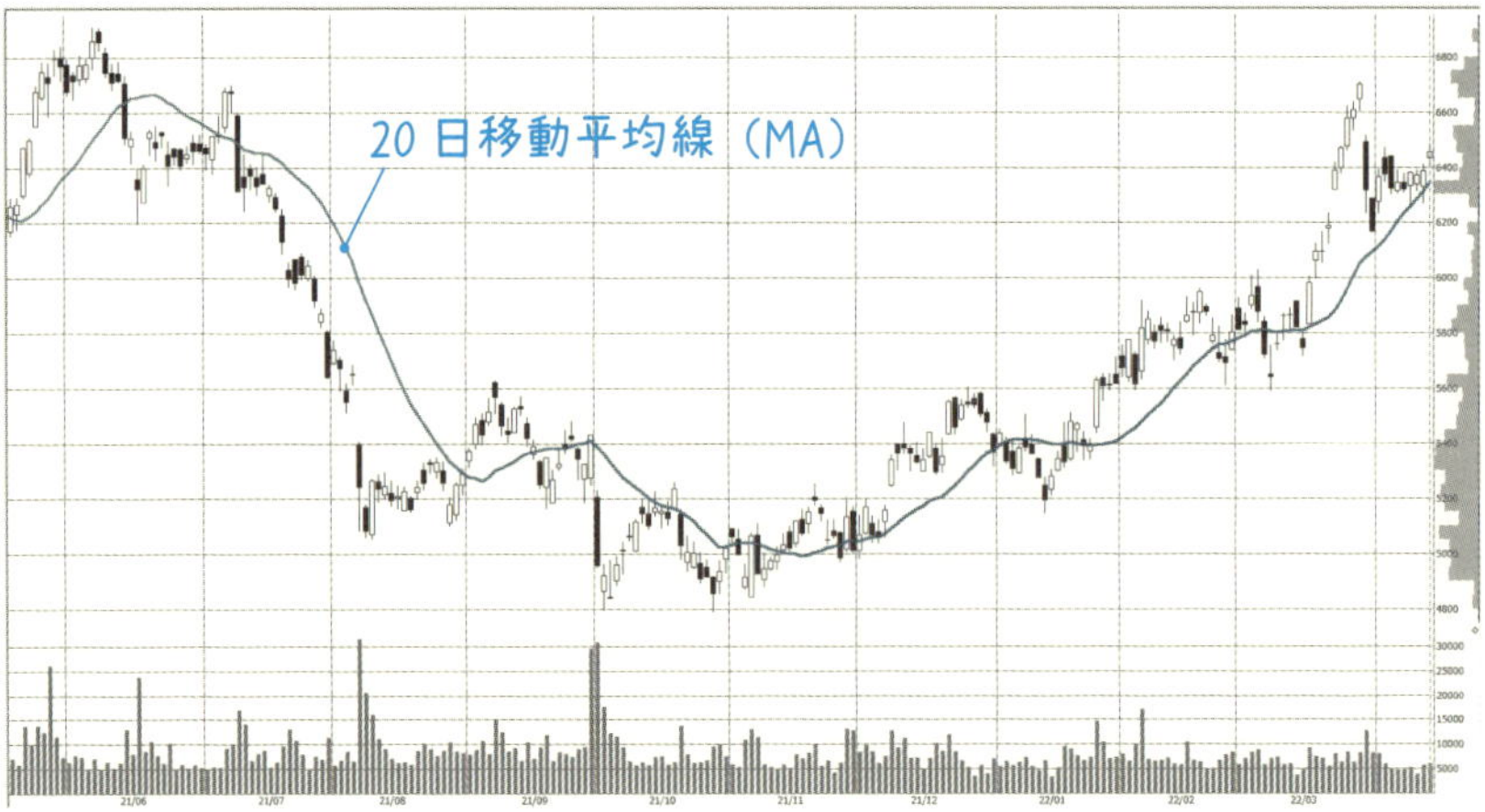

7974任天堂　日足チャート／2021年5月〜2022年3月

下のチャートでは、**株価と20日MAとの関係性に焦点**を当て、株価の動きの変化と特徴を記載してみました。

初心者がMAを軸に環境分析するのがいい理由は、**視覚的にわかりやすく、相場の基本サイクルに従った判断をしやすいから**です。

視覚的にわかりやすいことは、判断基準がぶれず、**エントリー基準を明確にできるというメリット**となります。また、反対に損切の基準も作りやすくなります。

20日MAの動きの流れ（向き）はどうなっているか、株価と20日MAの位置関係はどうなっているか（株価は20日MAの上か下か）という観点を身に着けましょう。

この視点だけでも、本質から大きく的を外れたトレードになることは防げます。

● 移動平均線とローソク足の関係から株価の動きの変化と特徴をひも解く

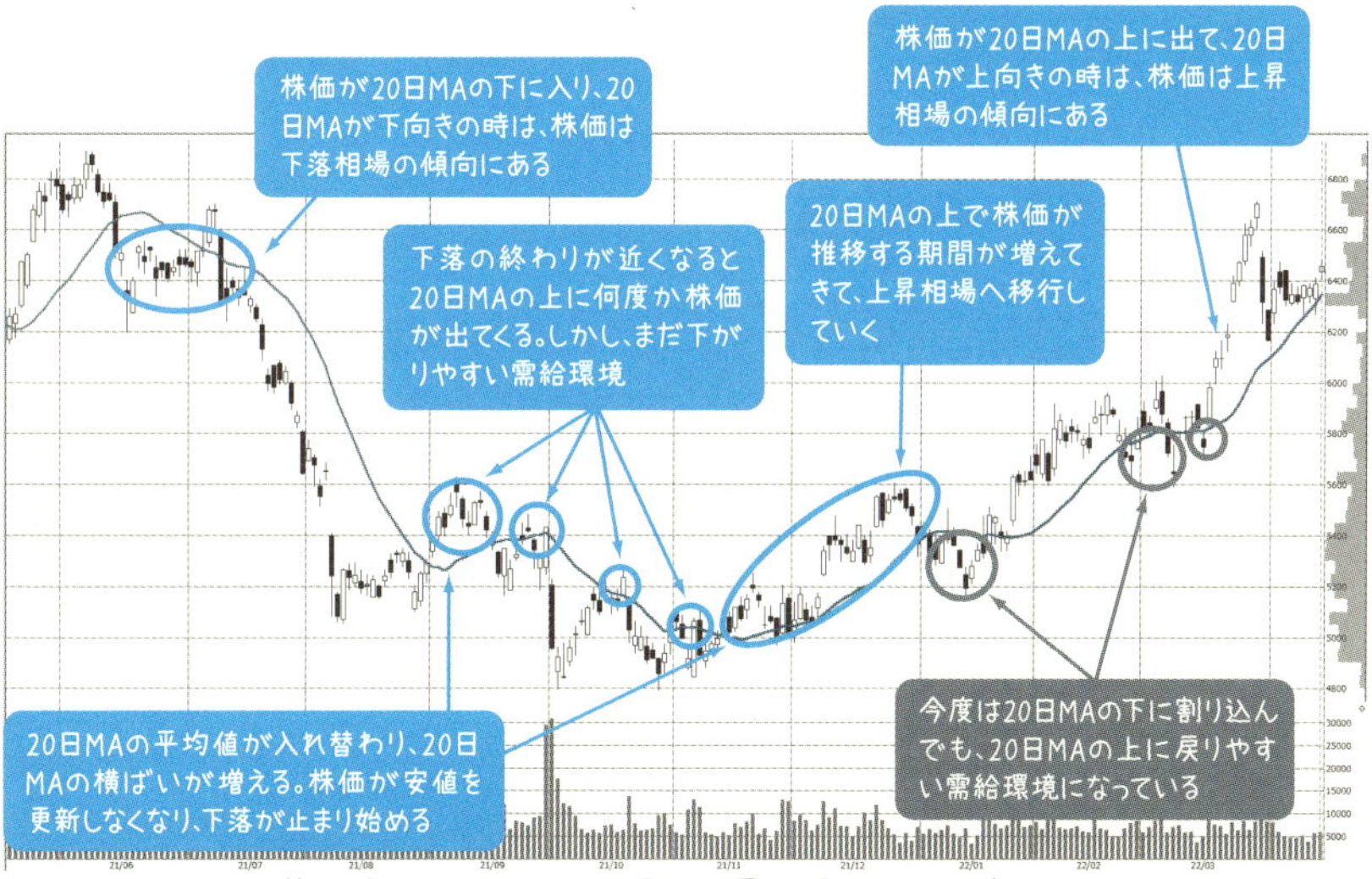

下落相場からボックス相場、上昇相場への移り変わりが、株価と20日MAの関係性にも反映されている。

7974任天堂　日足チャート／2021年5月～2022年3月

20日移動平均線とグランビルの法則でエントリーポイントを検討する

具体的な買いのタイミングはどこになるでしょうか。

2時限目で学んだ**グランビルの法則**をベースに買いのエントリーポイントになりそうな所を整理してみます。

下のチャートではPoint❶ Point❷ Point❸が**買いエントリーの候補**として良さそうです。

Point❶は株価の下落が落ち着いて、**20日MAの上に株価が数日間定着しています。**

株価が**一度20日MAを超え、その後サポートする形で下支え**になっています。

MAが株価のサポートラインとして機能する動きはそれまでの直近の株価の動きにはありませんでした。ここで、**株価の需給バランスの変化を感じる**ことができます。

また、Point❶の部分の反発はグランビルの法則の**買い②**の場面にも該当します。

Point❷やPoint❸も**20日MAを超えたタイミングでM**

● **移動平均線と株価の関係から探るエントリーポイント**

7974任天堂　日足チャート／2021年5月～2022年3月

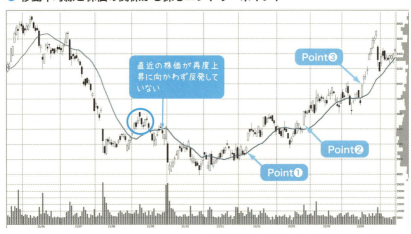

Aが上向きになり、株価を押し上げる準備が整っています。

一方、左側の○部分にも20日MAを株価が上に超えてから下落して再度20日MAに接近しているシーンがあります。

しかし、**ここで買いエントリーしてはいけません**。

その理由はグランビルの法則に従って、20日MAの向きが上向きに転換しかかっていますが、**直近の株価が再度上昇に向かわず反発していない**ことが確認できるからです。

結果的に株価は再度20MAの下へと推移しました。

20日MAを軸にエントリーポイントを判断する目を養うことで、トレード精度を高めることができます。

3 買いタイミングのトリガーに5日移動平均線を使用する

先ほどは環境認識をするために20日MAを使いましたが、エントリーポイントを探るために、より短期の**5日MA**を使ってみます。

次ページの任天堂のチャートを見てみましょう。

● ○部分で買いを狙う時のイメージ

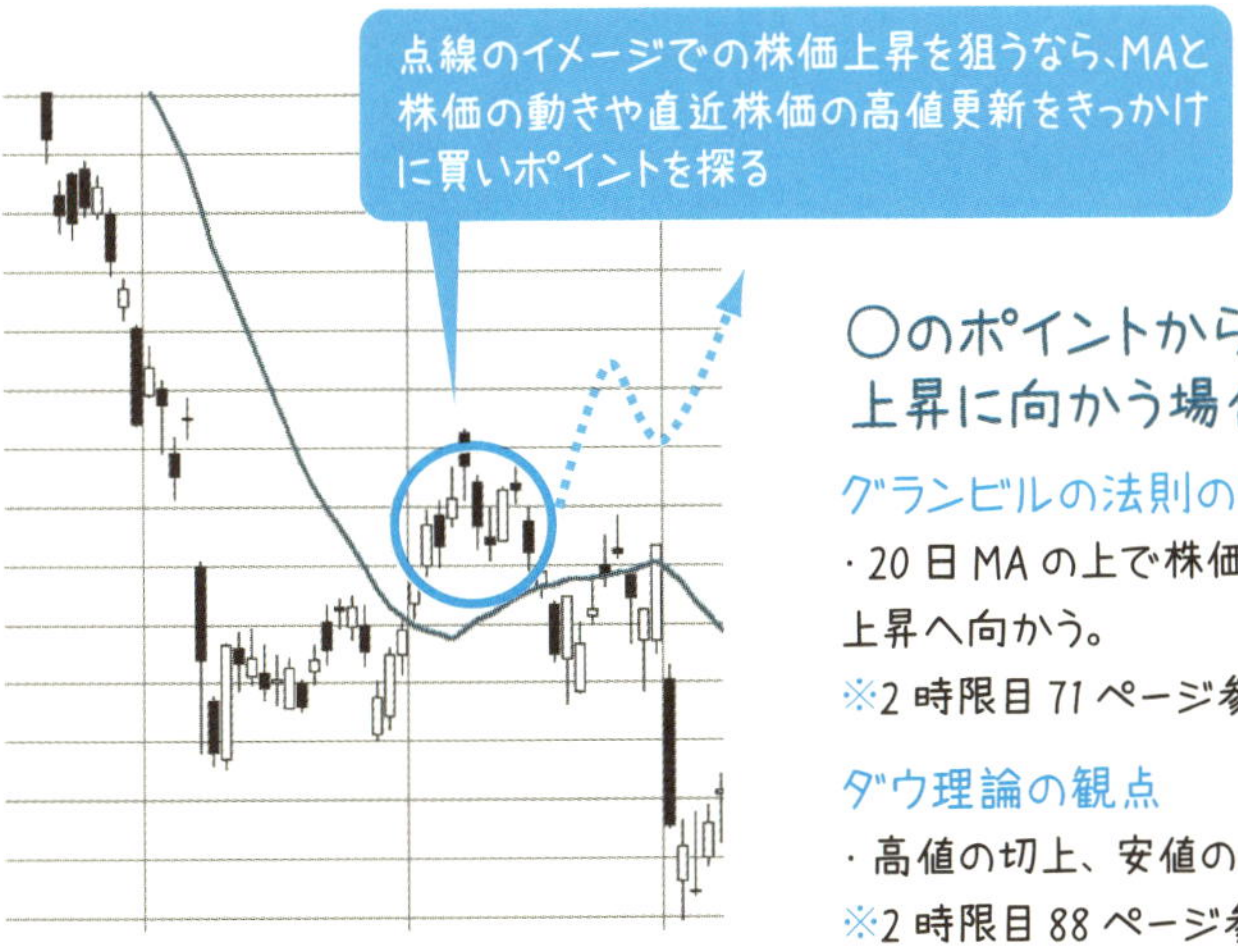
点線のイメージでの株価上昇を狙うなら、MAと株価の動きや直近株価の高値更新をきっかけに買いポイントを探る

○のポイントから株価が上昇に向かう場合の読み取り方

グランビルの法則の観点

・20日MAの上で株価の推移が継続し、上昇へ向かう。

※2時限目71ページ参照

ダウ理論の観点

・高値の切上、安値の切上が必要。

※2時限目88ページ参照

初心者の方は、**5日MAに対してローソク足が陽線の状態で上に出た時を買いのタイミング**として検討してください。

例えば、前の安値と並んで株価が下げないとか、安値を切り上げているなど、相場環境を読みながらトレードすることも重要です。

正しい環境認識ができている前提で、5日MAの流れや向きに着目して、エントリーのタイミングをはかるのが初めはシンプルでやりやすいでしょう。

慣れてくれば、陽線だけでなくコマや陰線の状態やローソク足の組合せを相場環境の強弱から判断して、買いを狙えるようになります。

5日MAを加えて買いポイントを判断

次ページのチャートは5日MAを基準にした買いのエントリーポイント（5日MAが**下向きから横向きになり、上向き始めた所を陽線が超えたポイント**）です。

エントリー後に上手く利益になりそうな買いポイン

● 5日MAを使った売買基準

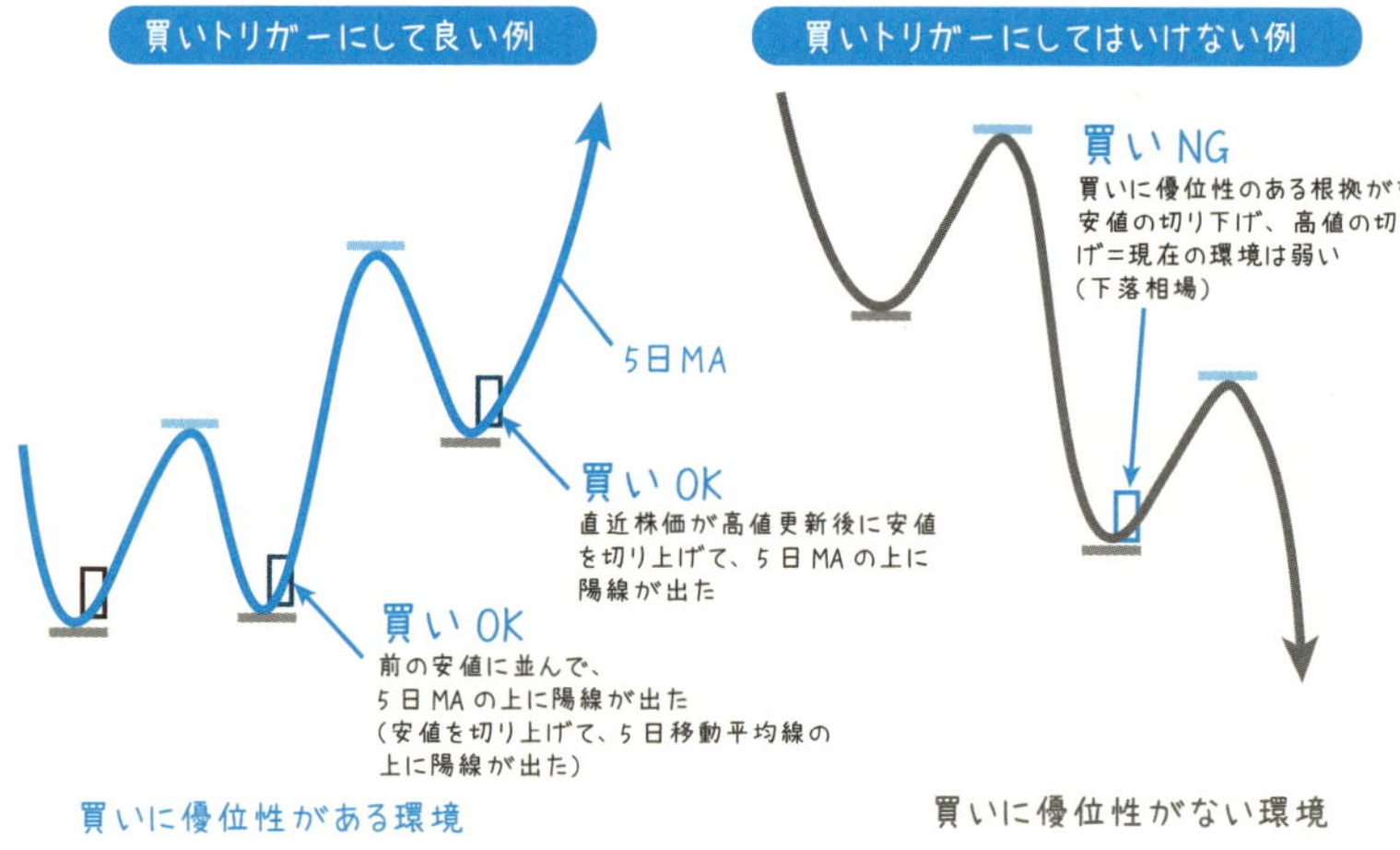

トは青い矢印の部分になります。グレーの矢印のポイントはあまり上手くいっていません。**相場の基本サイクルに従って買いパターンのゾーンでは5日MAを基準にした買い戦略がうまく利益になっています**。

株価が20日MAの上にある状態では株価が上昇しやすいことがわかります。

また反対に、**株価がサイクルから外れていたり、20日MAの下にある状態**であれば、5日MAから買いエントリーポイントを探っても、買いが優勢でないことがわかります。

こうして実際のチャートを確認してみると、利益が狙える売買チャンスはさほど多くないこともわかります。

正しい環境認識ができていれば、明らかに買いの状態でないのにエントリーしてしまうポジポジ病になることはないのです。

● 20日移動平均線に5日移動平均線を追加して分析する

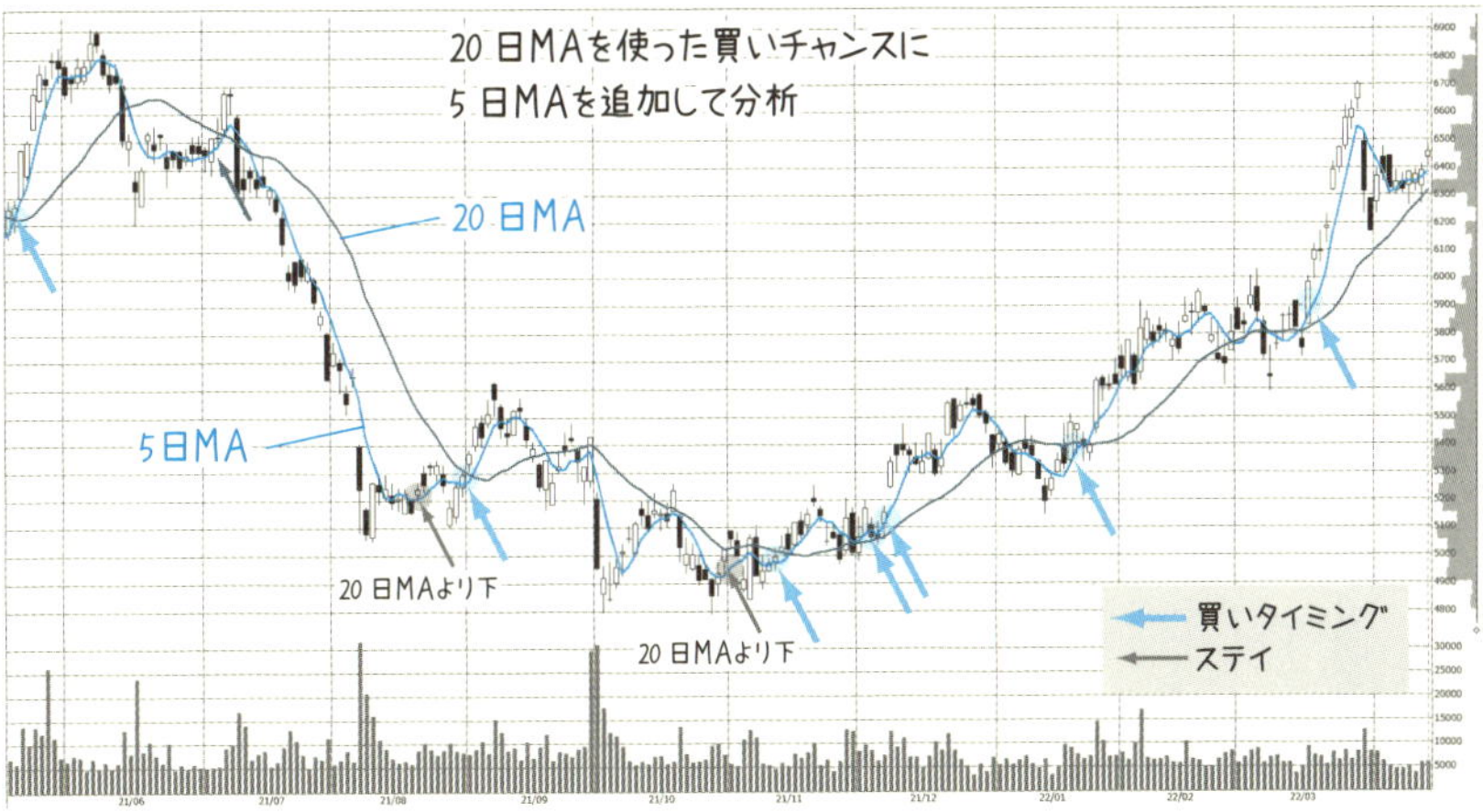

7974任天堂　日足チャート／2021年5月～2022年3月

03 変化の起きやすいポイントで買いタイミングを探せ

1 高値・安値を起点にチャートの強弱を捉える

過去の高値や安値は、他の投資家にも意識されやすく、そこを基準に株価動向の強弱を読み取ることができます。

過去の安値に並んで株価が下げ止まったから「これ以上売られることはなさそうだな」とか、**前回の高値を更新した後の下落が前回の安値まで下がらない**なら、「現在の株価は強い状況だな」といった推察をすることができます。

具体的にチャートを見て整理しましょう。

目立った高値に青線、安値にグレー線を引きました。

株価は上下しながら上昇相場の局面を迎えています。ここで、高

過去の高値や安値を基準にトレード戦略を練ってみましょう。
どの投資家も意識している基準です！

値と安値の切り上がりに注目しましょう。

高値更新後の安値が浅い場合、**株価は上昇相場に向かうだろう**という認識ができます。

安値が切り上がったポイント（Point❶、Point❷）や、高値更新後につけた安値が浅いポイント（Point❸、Point❹）は**買いタイミング**が来ています。

先ほど見た５日

● 高値更新と安値切上の捉え方

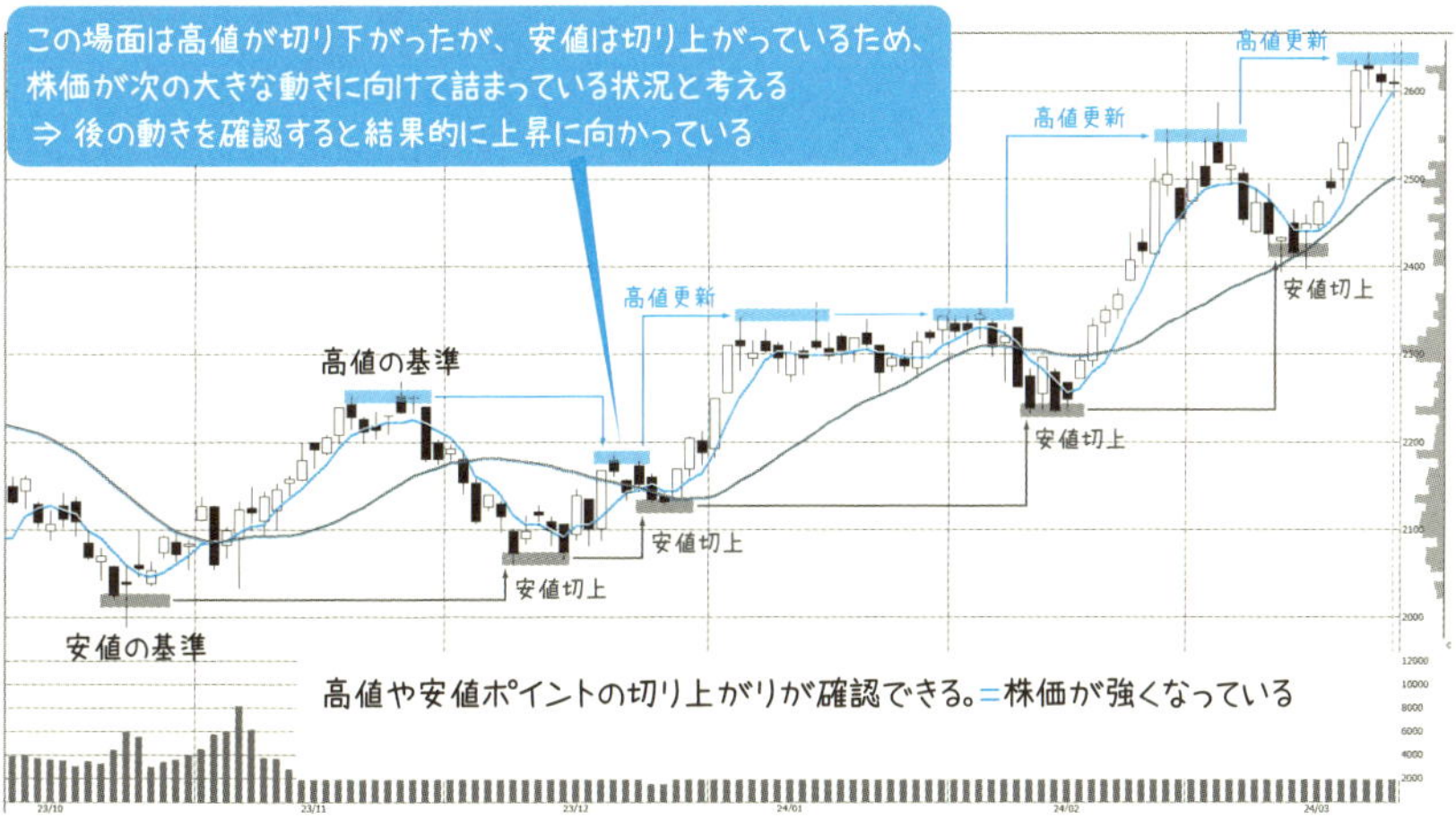

● 買いエントリーのポイントを整理

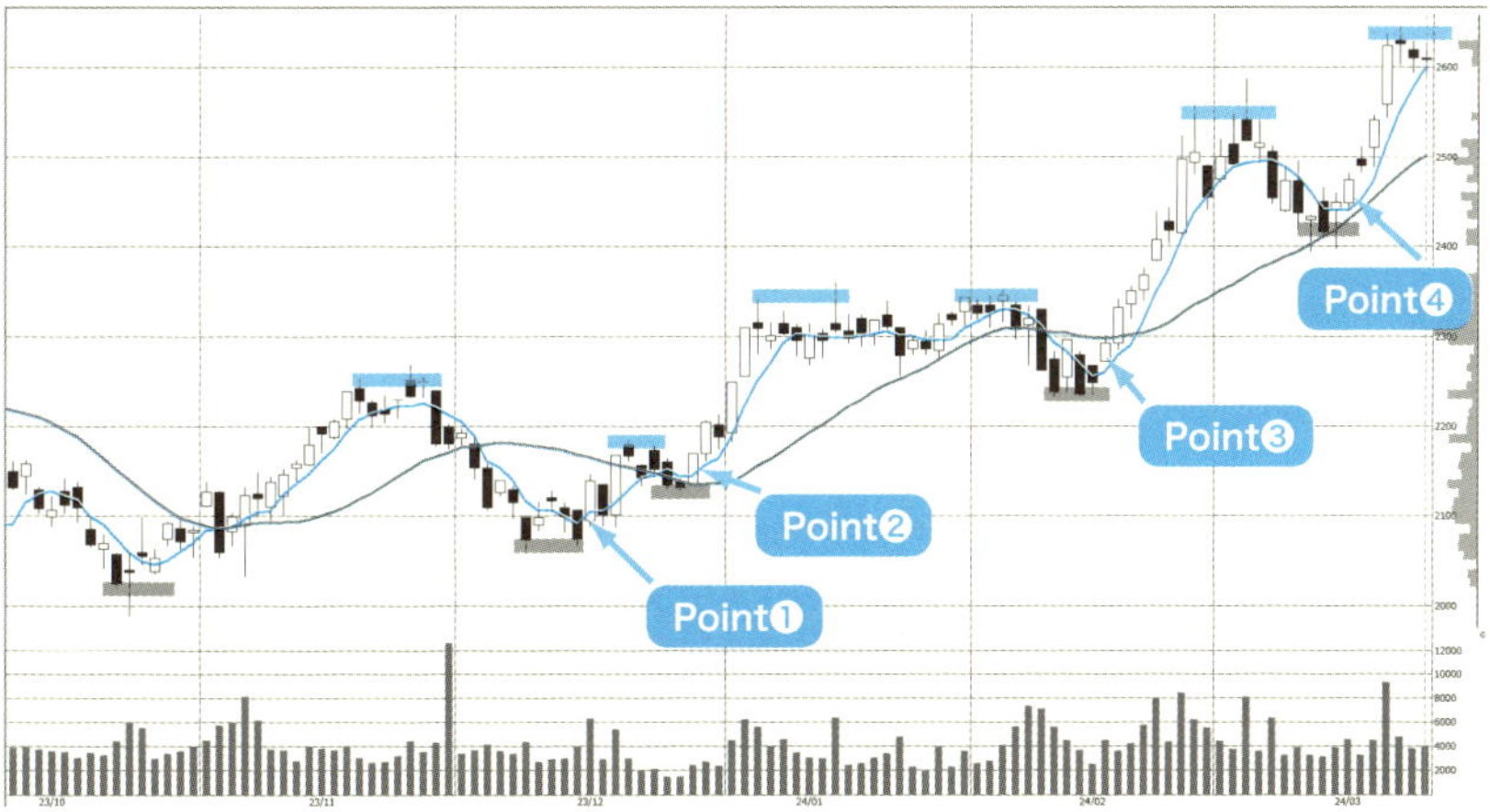

5411JFE HD 日足チャート／2023年8月～2024年3月

MAを陽線で超えたタイミングが機能しています。Point④では陽線前日の陽線のコマで買いを入れるのも面白そうです。

ボックスではサポートラインを頼りに買いポイントを探る

高値や安値のポイントが切り上がらずに平行に並ぶ**ボックス相場での買いポイント**を探ってみます。

2時限目のライン分析で解説をしましたが、安値が2点並んだ点を結んで**サポートラインを引く**ことができます。

このサポートライン付近に株価が近づくと、株価は下げ止まったり反発しやすくなります。

この時、チャート全体の高値の位置も確認すると、高値も概ね平行に並びボックス相場を形成しています。

ボックス相場では株価はレジスタンスラインからサポートラインの間を上下に行ったり来たりします。

この習性を使って、**サポートライン付近に株価が近づいたら買いタイミングを探ります。**

● ボックス相場ではサポートラインから買いポイントを探る

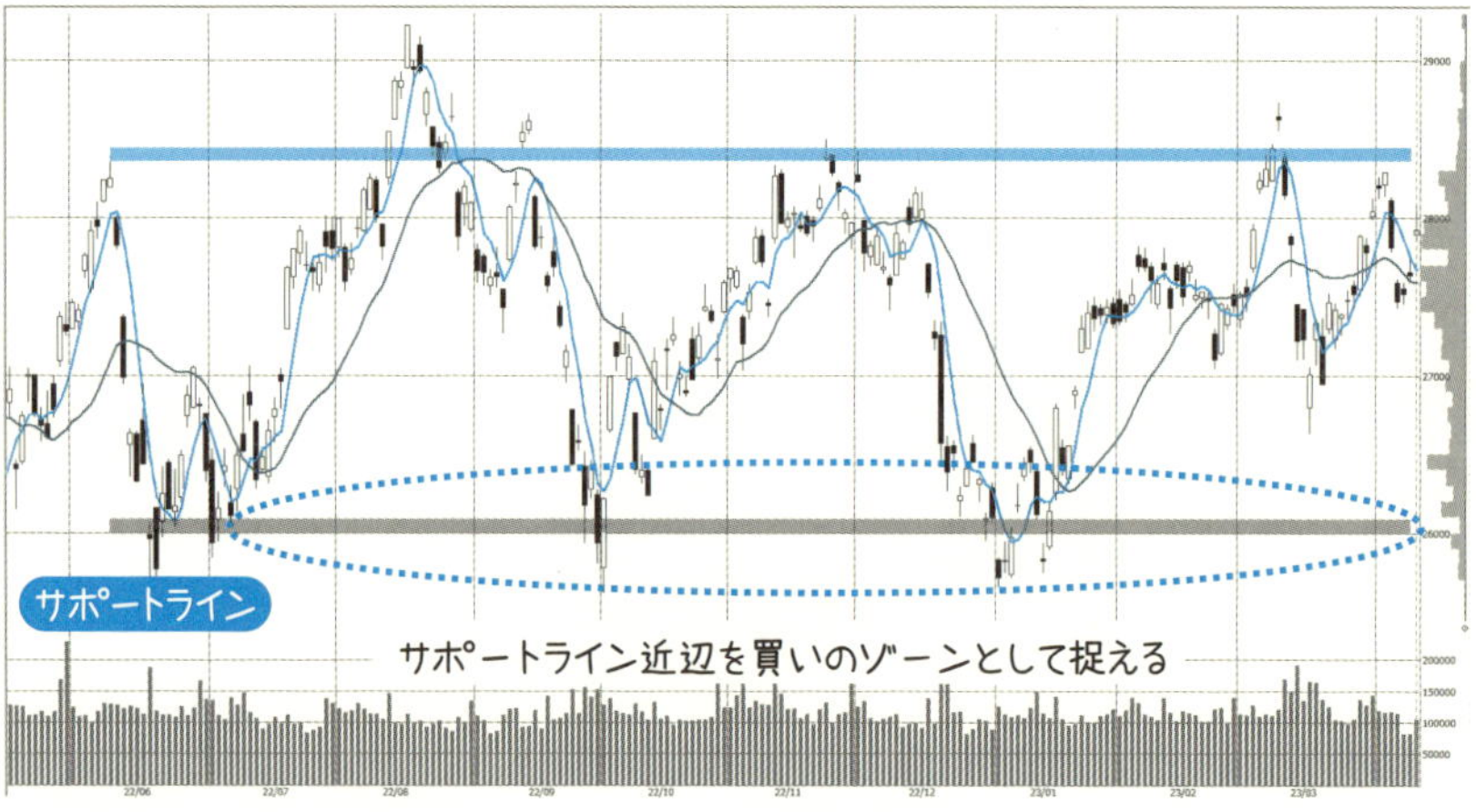

日経平均株価　日足チャート／2022年6月～2023年3月

サポートラインが引けた後のポイントからエントリーポイントを整理すると次のようになります。

買いタイミングのPoint❶❷❹❺は、株価が前の安値まで下落してから上昇を始め、**5日MAを株価が超えています**。

直近の安値位置から安値が切り上がっていることもポイントです。

Point❸は、株価が5日MAを超えていません。

しかし、ここは買いを狙っていいタイミングと言えます。

なぜなら、Point❸は株価反発の可能性の基準となる**サポートライン上で下ヒゲのついた大陽線**が出ています。

日柄の観点からも高値からの下落が3か月目を迎えていることから、下落→上昇への転換点を迎える可能性が高いと考えられ、仕掛けてみる価値は十分あります。

● サポートラインから反発した買いポイント

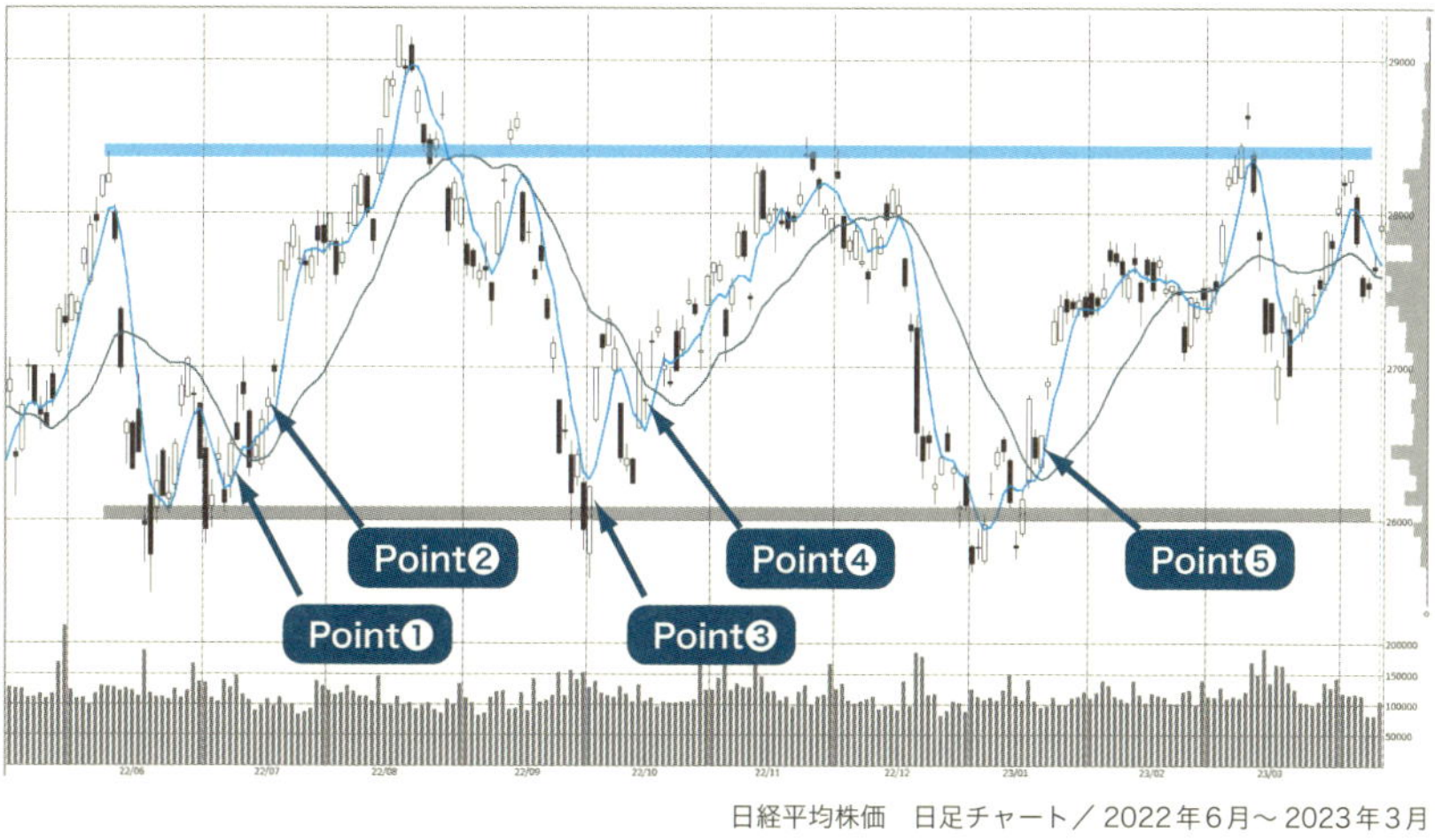

日経平均株価　日足チャート／2022年6月〜2023年3月

2 新高値で買い（ブレイクアウト）

次は**新高値での買いパターン**です。相場用語で高値や安値を超える（割る）ことをブレイクと言います。

新高値とは、**過去数か月〜1年間に付けた高値をさらに超えた値段**です。新高値を付けたということは過去で一番買いが入ったことを意味するので、株価は強いと判断できます。

長く続いたボックス相場も**新高値を起点に株価が上に抜けて上昇相場を形成**していきます。

下のチャートで確認しましょう。

Point❶〜❹まで過去の高値をローソク足が超えたところからさらに上昇していることが確認できます。

チャートを見てもわかりますが、新高値を更新した時にさらに上昇が見込めるかどうかは、過去の高値が近くにないことが重要です。

● 新高値を起点に上昇していく

日経平均株価　日足チャート／2022年12月〜2023年6月

高値更新後のサポートラインからの反発で買い

ブレイクアウト後は上昇相場に移っていきますが、ブレイク直後の勢いを保ったまま上昇相場に移行しないこともあります。

新高値をブレイクすると、**新高値がサポートラインとして機能する**ことが多くみられます。

レジサポ転換の項でも解説しましたが、実際の買い方としては新高値更新の直後に買いを入れるのではなく、**後の動きを見てから買いを入れる方が実戦的**であり、高値掴みの可能性を避けることができます。

例を確認しておきましょう。

高値更新により株価が上昇へ勢いがあることを確認してから、**サポートラインからの反発で買いを入れる**のが実戦的です。

買いタイミングの基準は**5日MAを株価が超えたタイミング**（Point❶〜❹）がわかりやすくていいでしょう。

● ブレイクアウト後のライン際での動きを狙った買い（レジサポ転換）

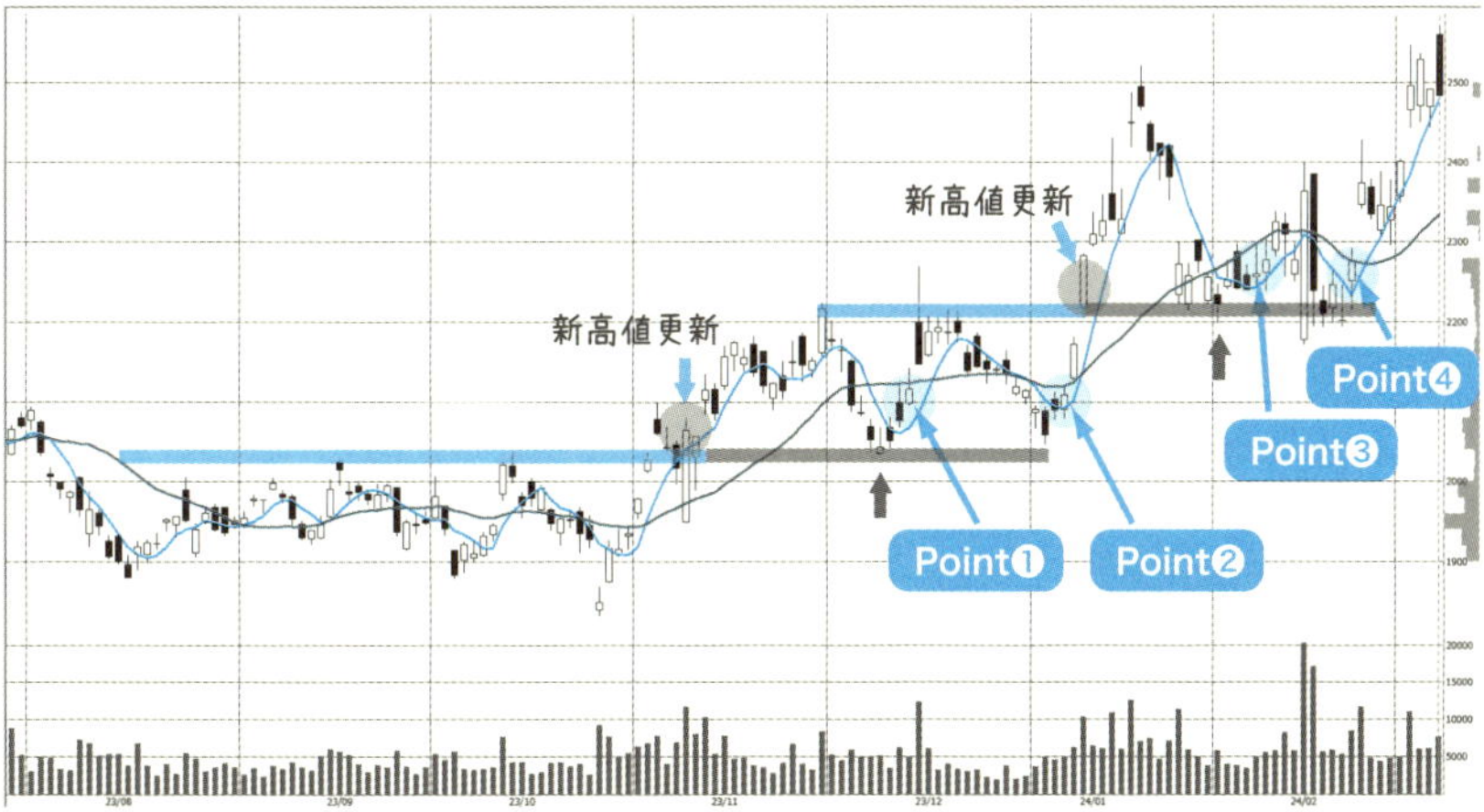

3436SUMCO　日足チャート／2023年8月〜2024年2月

3 上昇相場での買いポイント

上昇相場での買いパターンも整理しておきましょう。

上昇相場は、**株価が高値を更新しながら安値も切り上げていく**強い動きになります。

復習になりますが、上昇相場は次のような特徴をもちます。

- **高値更新が継続する**
- **いったん下落しても押し目となり上昇しやすい**
- **前回の安値を割り込まない**

エントリーが狙えるポイントを整理すると下のチャートのような場面になります。

中期・長期の移動平均線を使って、上昇相場の初動に乗る

● 上昇相場での買いイメージ

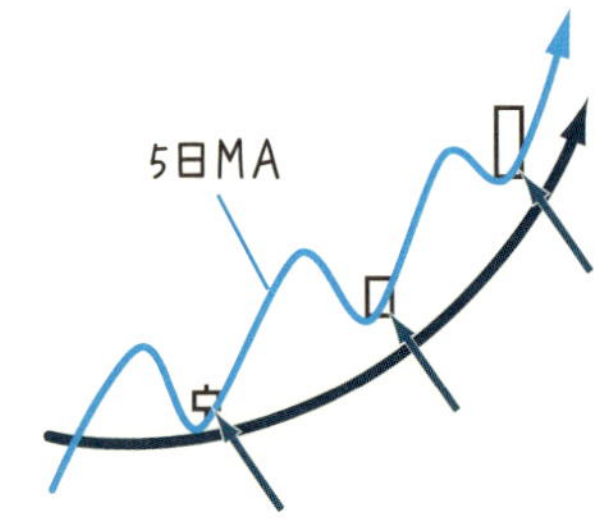

上昇トレンド中は、5日MAを超えたタイミングが株価上昇のトリガーになりやすい。中期線の上で動くこともポイント

実際のチャートイメージ

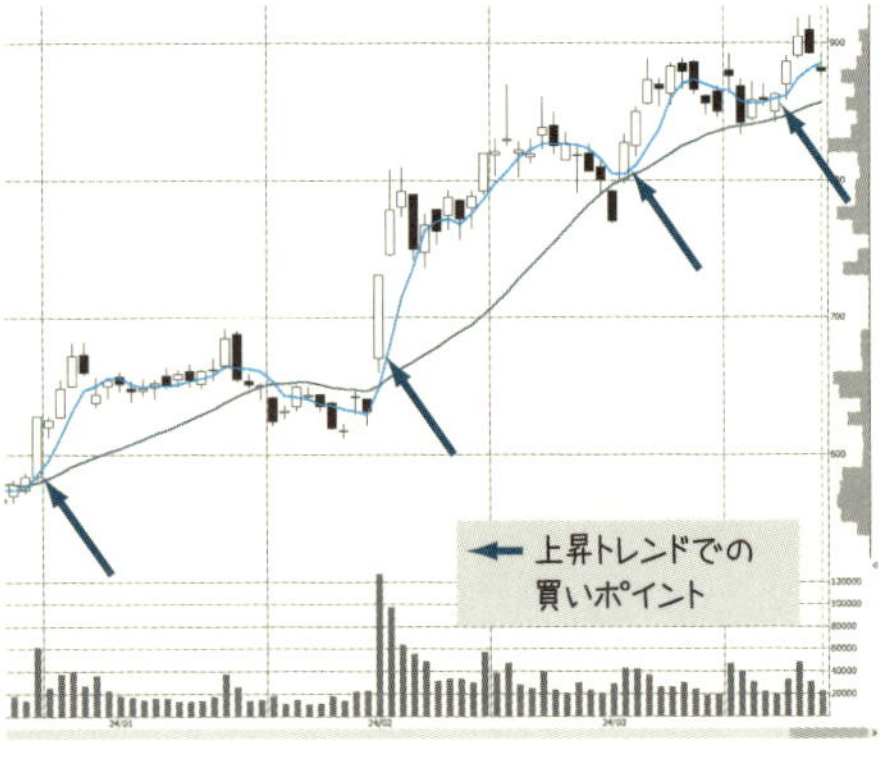

ボックス相場から上昇相場へ移行するタイミングを簡単に見つける方法があります。

それは、**長期の60日MAを組み合わせる**ことです。

上昇相場の初動ということは需給バランスで言い換えれば、**売りたい人より買いたい人が多くなってきた最初の場面**です。

60日MAは過去60日間の終値の平均値をつなぎ合わせた線ですから、方向感のなかった状態から**上を向き始めるタイミングは上昇相場への入り口**と考えられます。

パーフェクトオーダー完成後の買い

下図の Point❶ では上向きになった60日MAが株価を下支えしながら上昇しています。

その後株価は大きく上に抜けて、60日MAの上に20日MA、その上に5日MAの順番でMAが並びました。

MAの順番が上から短期・中期・長期の順になりすべてのMAが上向きになっている状態をパーフェクトオーダーと言います。

下から60・20・5日MAの順に並ぶパーフェクトオーダー

4755楽天　日足チャート／2023年9月～2024年3月

パーフェクトオーダーは需給バランスとして買いが優位な状態で、この状態へ移行すると安定的な上昇相場が見込まれ、買い戦略が立てやすくなります。（下落相場の場合は逆の並びになります。）

ただし、**パーフェクトオーダーの完成直後は高値で買いを掴むことも増えるので、完成前から想定を立てる**ことが大事です。

チャートを確認すると、パーフェクトオーダー完成直前に高値更新や安値の切上げもしっかりと出ています。

このように買い勢力が優位な状況での買いタイミングを探るために、**60日MAは上向きに転換する初動、上昇トレンドへの入り口で使う**というのが鉄則です。

基本に従わない場合は弱い

今回の例では定石通りのパターンを紹介しましたが、ここから**あなたがトレーダーとしての道を歩んでいく上で覚えておいてほしいことがあります。トレードに絶対はありません。**

当初は上昇に優位性のあったはずの状況であっても上昇しないこともあります。

本来上昇するような環境下で上昇しないということは、それだけ売り圧力があることや、弱い可能性を示唆しているということです。

ここで「狙った通りにならなかったけど仕方ない、実際の株価の動きに従おう」といった素早い頭の切り替えが、5時限目で解説する利確や損切の判断では大切です。

頭の切り替えをスムーズにできるようになるためには、**トレードする場面を絞ることが大切です。**

例えば、株価の基本サイクルに従った買いパターンの状況だけを狙うとか、株価が20日MAの上にある状況でない限り買いを狙わないと決めるなどです。

トレードにおいて**利益と損失はセット**です。

チャート上の**様々な場面で毎回利益を取ろうとすると、その分損失を防ぐための対処方法も準備しなければなりません。**

トレードで成功している人は、自分の得意パターンをもち、そのパターンに徹してトレードしています。

このパターンになったら利益を出す自信がある、そうした絶対的に得意なトレードパターンをもつトレーダーをめざしましょう。

● 基本の動きと逆行したら弱い

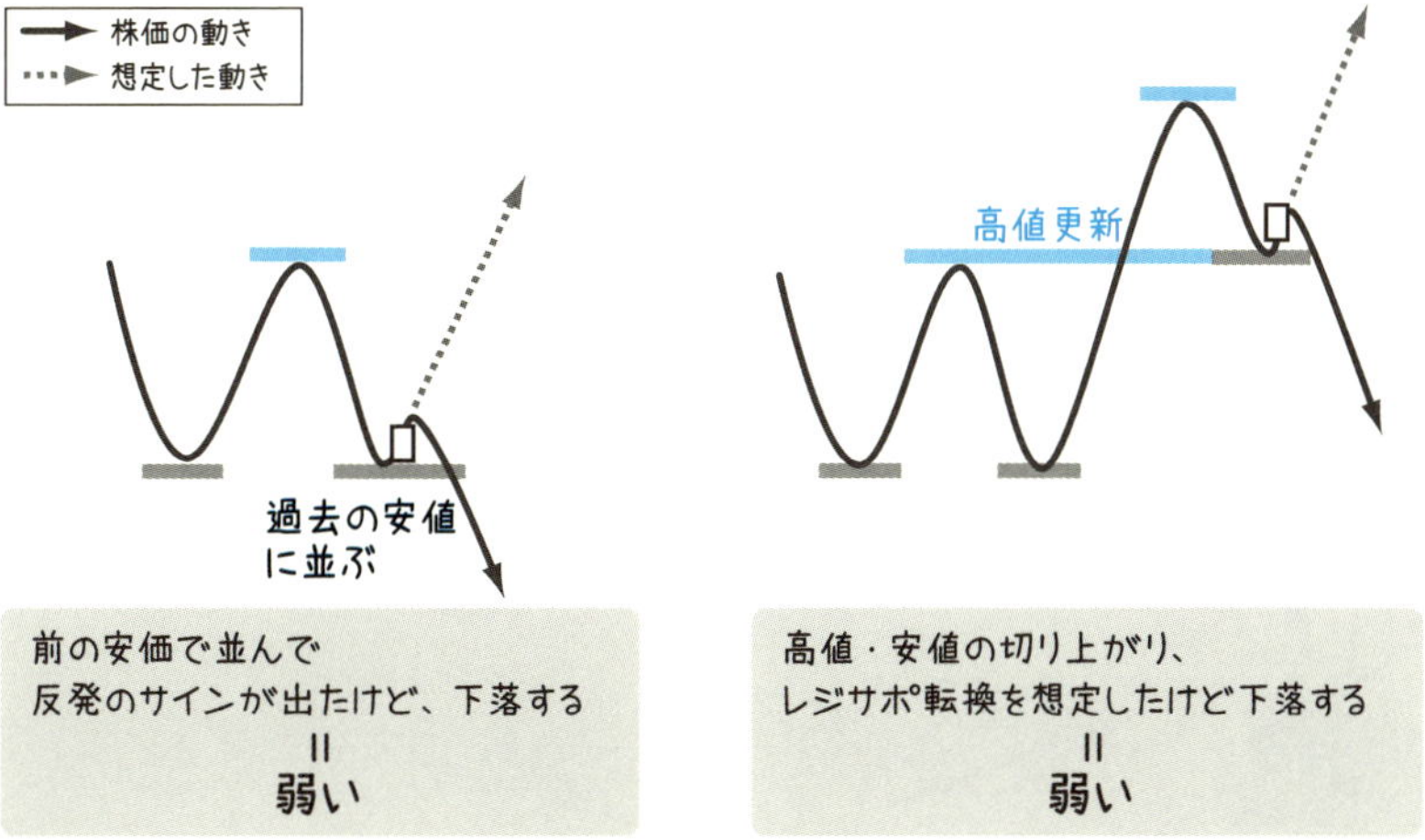
株価の動き
想定した動き
過去の安値
に並ぶ
前の安価で並んで
反発のサインが出たけど、下落する
=
弱い
高値更新
高値・安値の切り上がり、
レジサポ転換を想定したけど下落する
=
弱い

04 分割売買が基本、一度で大量に買わない！

1 分割売買でリスク分散をはかろう

ポジションを作る時に絶対に守るべきルールとして意識してほしいのが**分割売買**です。

買いチャンスが来ても一度にすべての資金を使って買わずに、**複数回に分割して買う**ことを徹底してください。

分割売買は**リスクを分散させる**目的で行います。

リスクの分散には、資産やポートフォリオの分散、地域の分散、時間の分散など様々な考え方があります。

買いたい株を一度に買わずに分散して買うことは、**時間の分散**になります。

買いポジションをつくる際には、一度に買うことはしません。
分割売買でリスクを分散させるのが基本になります！

株価に絶対的な動きはありません。買いサインを見て買いポジションを作ったとしても、株価が上がるとは限りません。

どれだけ成功確率の高いチャンスをとらえても、そこで**一回で資金のすべてを使って買わずに資金とタイミングを分割して買う**ようにします。

このような分割売買がリスクを分散させ、最終的なトレードの勝率を上げてくれます。

2 勝てるトレーダーは負けるリスクをコントロールする

勝ち組と負け組の違いは、このようなテクニックを頭で理解していても、現実に自分のトレード技術として使いこなせるかどうかにあります。

知識として知っていても、相場で使えなければ役に立ちません。

下図では1回で買うパターン、3回に分割して

● 分割売買のイメージ❶

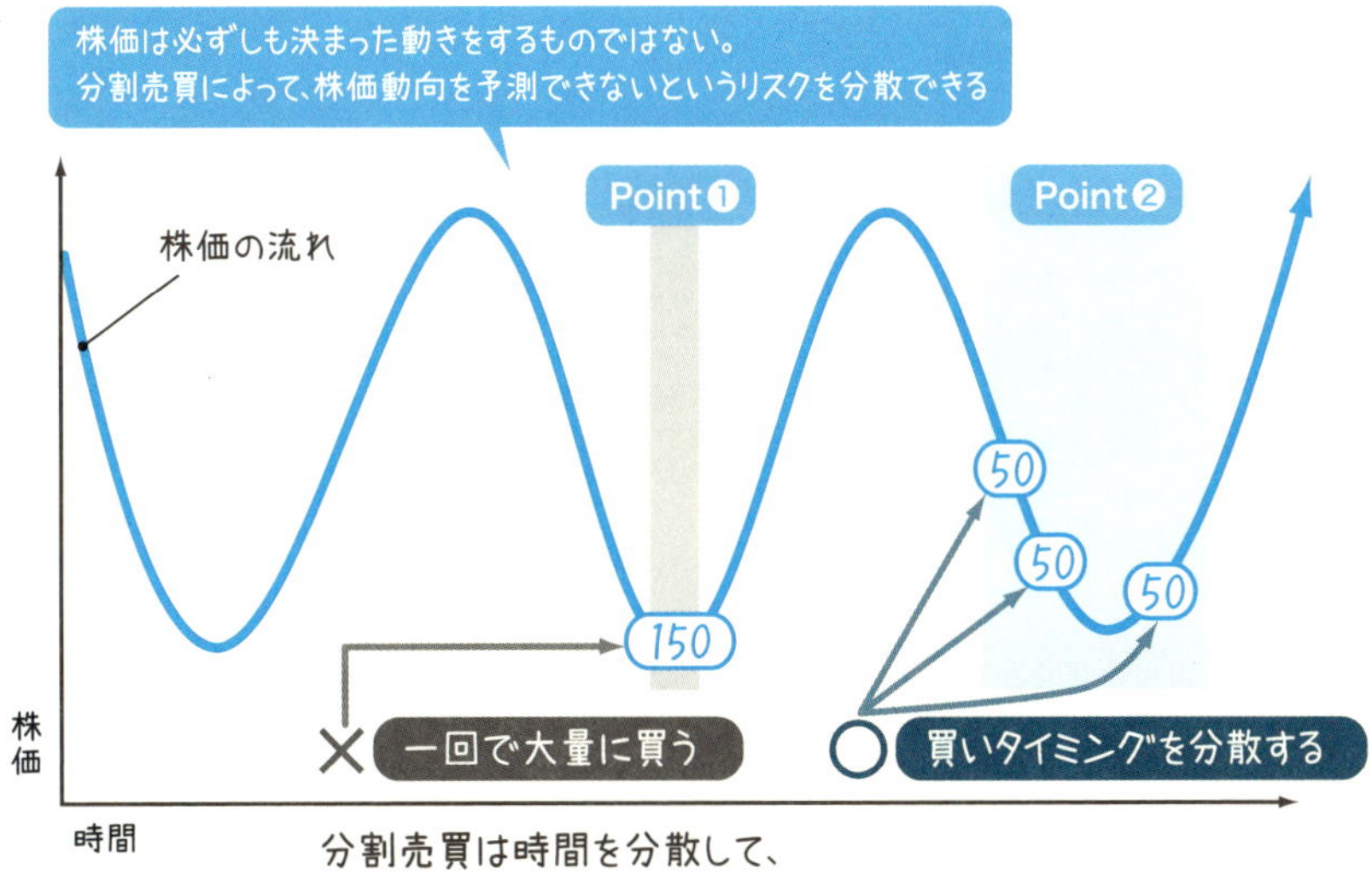

分割売買は時間を分散して、
株価の不確実性をカバーするためのテクニック

買うパターンを表現しました。

Point❶ ですべての資金で買った後の上昇をこの図では表現していますが、実際の相場では逆行して下がる可能性もあります。

例えば、ある銘柄を買うために準備した資金が１５０万円あり、一度に全額の１５０万分の株を買った場合、いきなり値下がりしたら手痛い損失を被ることになります。

資金を３分割して50万ずつ分割で買って、リスクを分散しようというのが **Point❷** の考え方です。

しかし、**実際の相場で分割売買の1回目の買いで上昇が始まってしまったとしましょう。**

その時に次も同じ場面を見た時にあなたは分割売買ができるでしょうか。

初心者ほど、「3回に分割して買うよりも、１回で１５０万分買っておけば、もっと儲かったかもしれない」と考えがちです。

しかし、それは大きな間違いです。

● 分割売買のイメージ❷

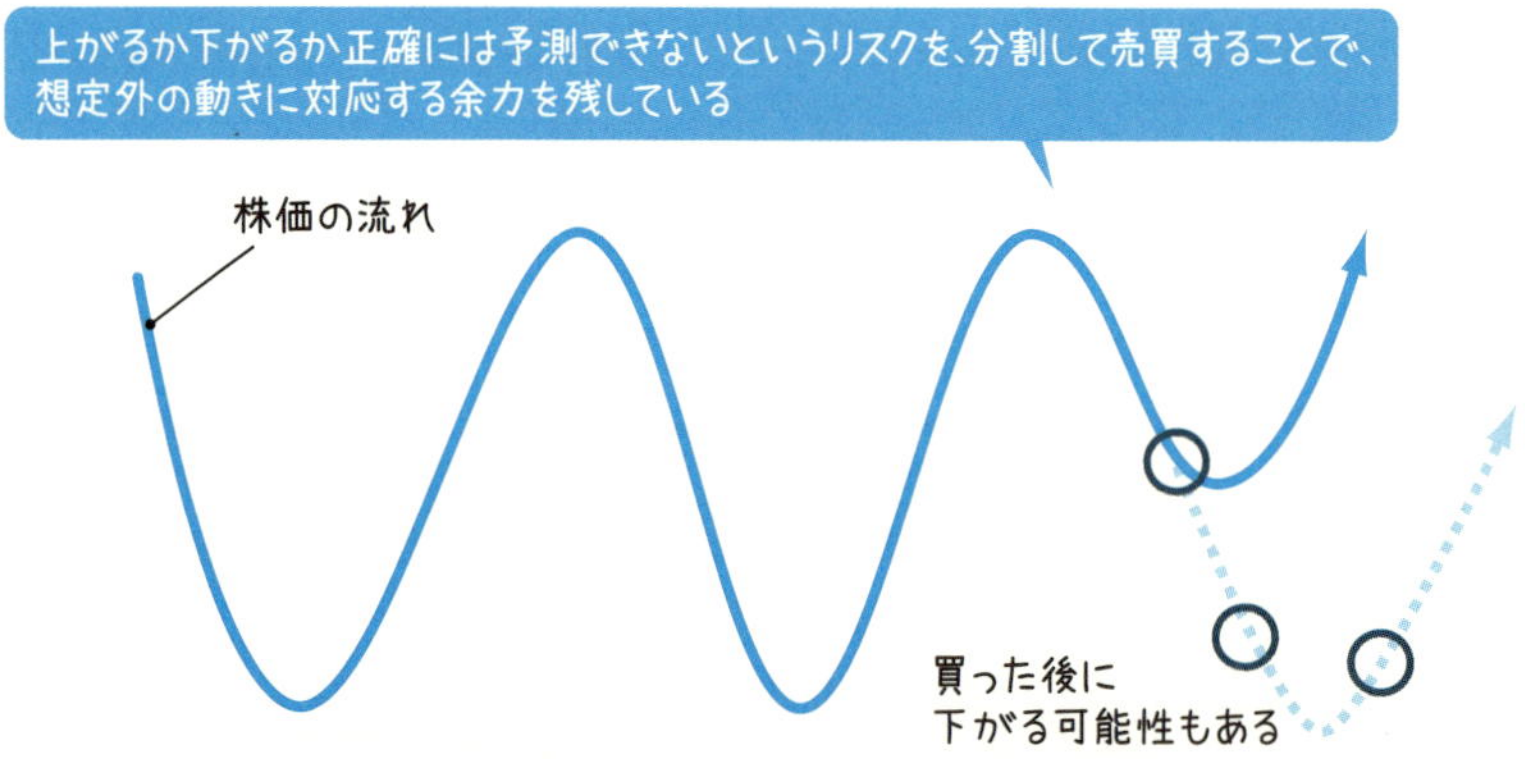

上がるか下がるか正確には予測できないというリスクを、分割して売買することで、想定外の動きに対応する余力を残している
株価の流れ
買った後に
下がる可能性もある

◎ 更に下がるリスクにも対応するために、資金を分割して残していた

どれだけチャンスを感じても相場に絶対はありません。欲が出て冷静な判断を失ったときほど失敗確率は高くなります。

トレードルールを守り**欲を抑えた冷静な判断こそ、安定的に利益を積み重ねるコツ**といえます。

資金を単純に3分割して50万円分買ってすぐに上昇した場合、利益は1回で大量に勝った時の3分の1です。

しかし**この勝ち方はリスクをコントロールするために、下がった場合の対処法を残しています。**

3 買い値を近づけすぎない

分割売買の際には、**買い値を近づけすぎない**ようにします。

株価は生き物ですから、想定外の動きにも対

● 建値管理のイメージ（平均取得単価の管理）

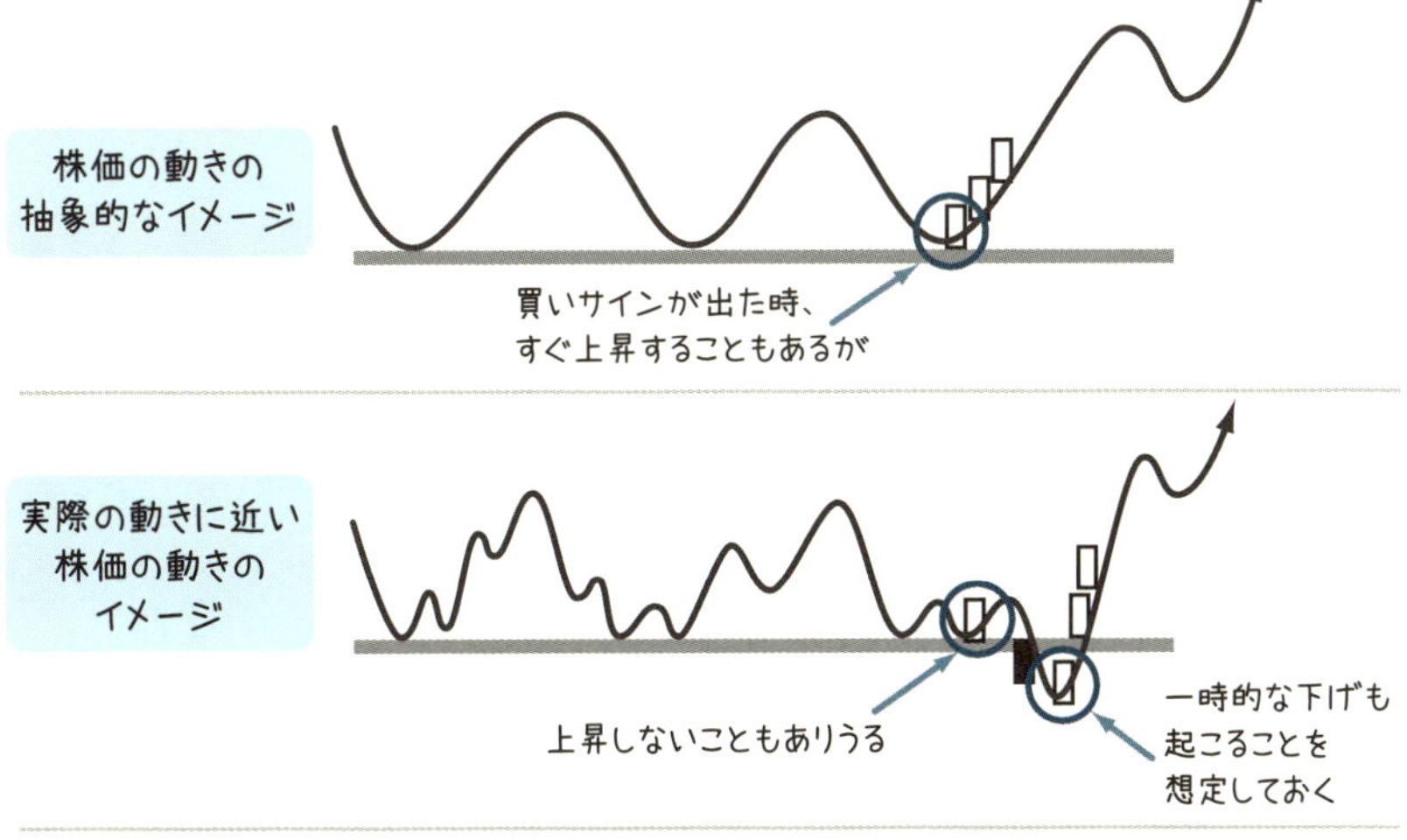
株価の動きの抽象的なイメージ
買いサインが出た時、すぐ上昇することもあるが
実際の動きに近い株価の動きのイメージ
上昇しないこともありうる
一時的な下げも起こることを想定しておく

株価の動きはイレギュラーも多い。
一発勝負ではなく余力を残しておくことで勝率を高めることができる！

応できるよう余力を残しておくことが大事です。

分割売買を実行したとしても、結果的に同じ価格帯でポジションを重ねすぎてしまうとリスクヘッジになりません。

逆行した時の損失を大きくしすぎないこと、対処法を残すことです。

基本的に**守り重視の意識の方がトレードは上手くいきます。**

● 勝負どころでは一時的な株価のブレは起こるものと想定する

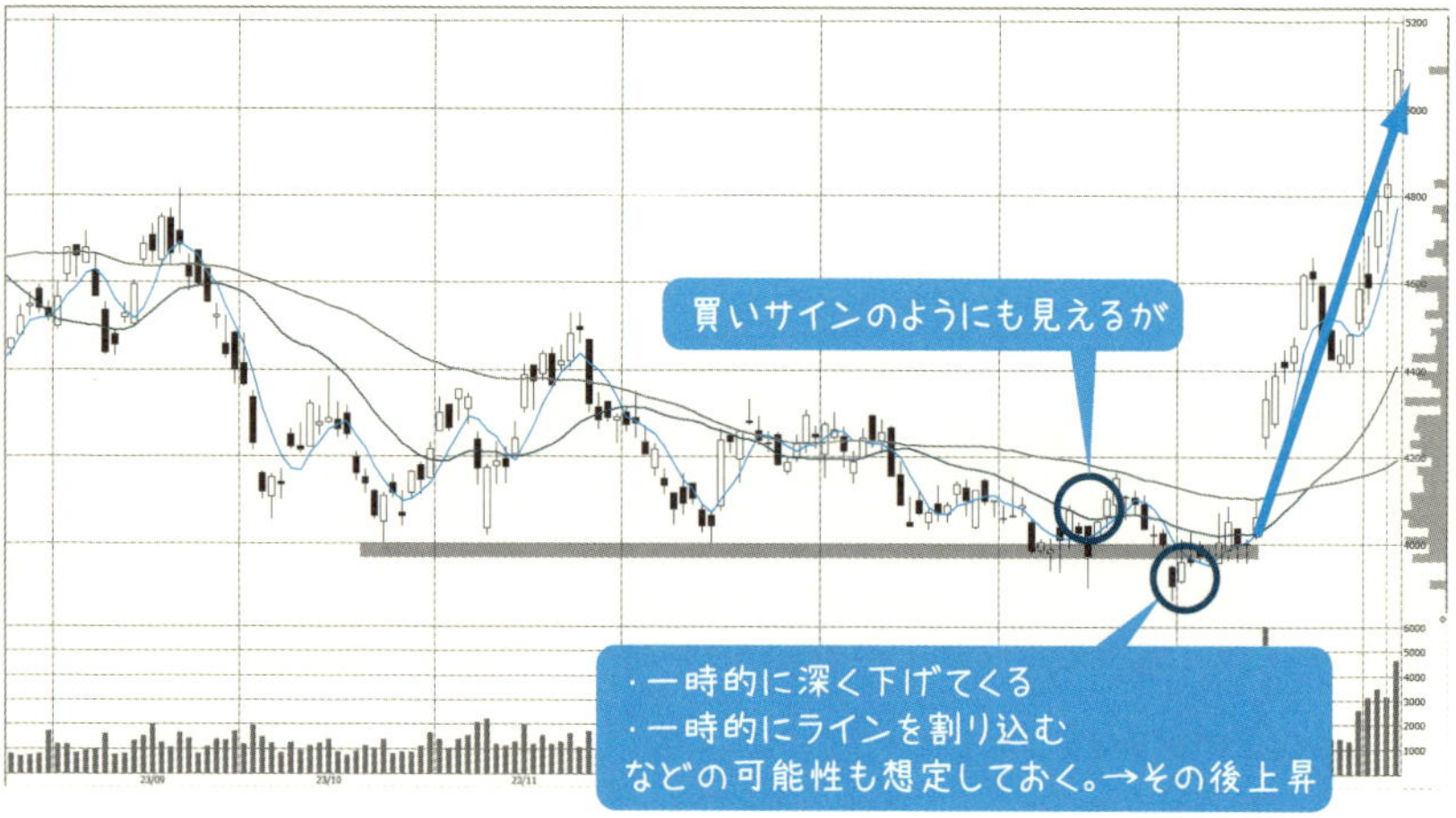

5713住友金属鉱山　日足チャート／2023年9月～2024年4月

05 正しい順張りと逆張りの使い方

1 順張り、逆張りとは

順張り、逆張りは、株の買い方やポジションの作り方を表した言葉です。

順張りとは、上昇相場の時に買いというように、株価のトレンドや現在の**流れの方向に従い取引をする**ことです。

反対に**逆張りとは、相場のトレンドや現在の流れに逆らって取引**することです。

下図でイメージを整理してみましょう。

❶の順張りは**株価が上がり始めてから買い**を入れています。

● 順張りと逆張り

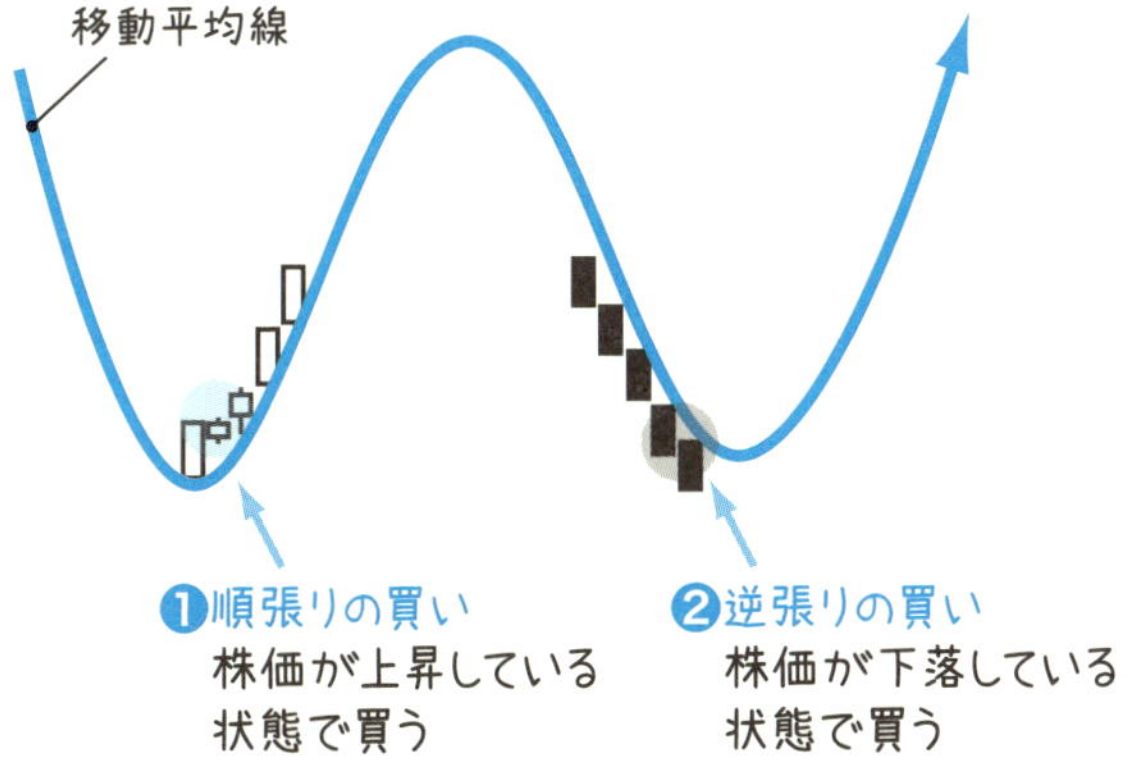
移動平均線
❶順張りの買い
株価が上昇している
状態で買う
❷逆張りの買い
株価が下落している
状態で買う

これまで確認した基本的な買い方です。

反対に❷の逆張りの買いは株価が下げている最中から買いを入れています。

❶の順張りは、株価が下げ止まり上げ始めたことが確認できてから買う慎重な買い方と言えます。

一般的にトレード初心者には順張りが推奨され逆張りは危険だとされます。確かに初心者が安易に逆張りをしてしまうのは危険だと思います。本書でも前半部分ではそう解説してきました。

この前図を見たあなたも、「確かに上昇に向かうことがわかった時に買った方が確実に勝てそう」と考えると思います。

しかし、本当にそれだけで順張りが有効、逆張りは使えないと決められる問題なのでしょうか。

2 順張りは安全、逆張りは危険という誤った認識

逆張りが危険だと言われる理由は、下がっている株を安くなったと思い買ってしまった後に、さらに株価が下がることがあるからです。

しかし、分割売買をベースにして最初から下がったら買い増しをする前提でトレード資金を計画的に分散していたらどうでしょうか。

順張りで買いを進めるよりも、逆張りで買いを入れた方が利益は大きくなります。

次図の丸点線の範囲を見て下さい。

株価が反転するタイミングで逆張りの仕込みが完了している状態であれば、順張りで買いを重ねるより大きな利益を上げることができます。

下のチャートで言いたいのは、**ただ単に下がっているところを分割売買で買い下がる逆張りが優位ということではありません。**

根拠と理由のない逆張りは危険です。

では、なぜこの場面での逆張りを紹介したかこれまで学んだ要素から検討してみましょう。

次ページ下のチャートを見てください。

株価が下げ止まって反発を想定するボックス相場で安値で反発するという根拠を記載しました。

ボックス相場なので、**過去の安値で反発する可能性**があり、**下落開始後26日目で日柄的にも安値と判断しやすい**ことが根拠として挙げられます。

根拠があれば逆張りで計画的に分割売買を進めることは有効です。

「危険な逆張り」というのは、戦略のない逆張りのこと

● **分割売買で逆張りのほうが利益が大きい**

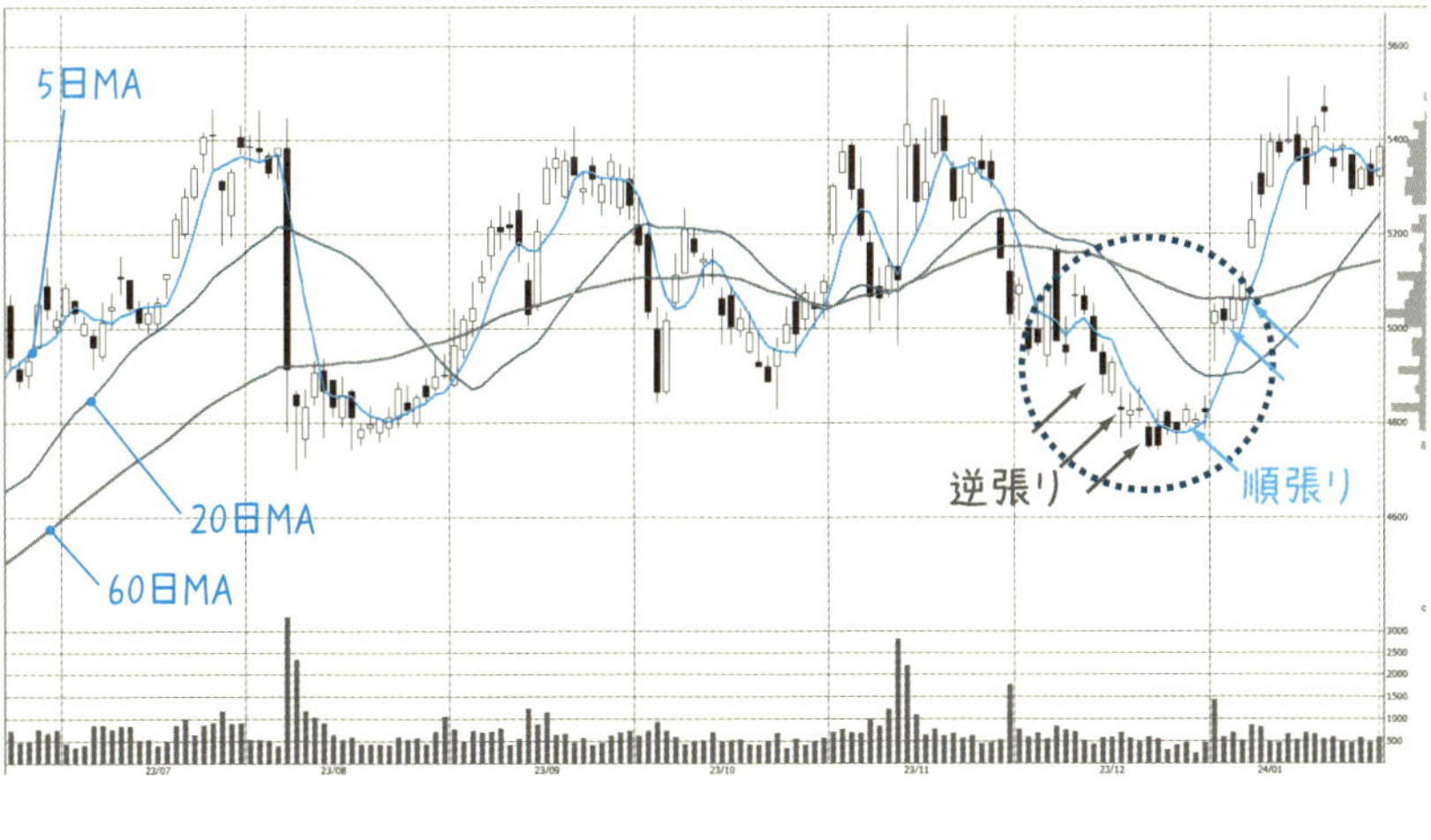

です。

例えば、大きな利益を狙って一度に大量の株を買い、その後株価が下落してしまいました。

ここで、損失を挽回しようとして、押し目でさらに無計画に資金の限界まで買いを入れたが、さらに株価は下がってしまったような状態です。

こうした**危険な逆張りは典型的な負けのパターン**です。

3 順張りと逆張りを組み合わせる

有効な逆張りと危険な逆張りについて説明しましたが、安全に利益を狙うことができそうなら順張りをしても良いし、戦略を持って利益を狙えそうなら逆張りをしても良いのです。

そのポイントを実際のチャート（次ページ）で見てみましょう。

Point❶は**逆張り**になっています。

● ボックス相場のため過去の安値で反発しやすく、日柄的にも安値と判断しやすい

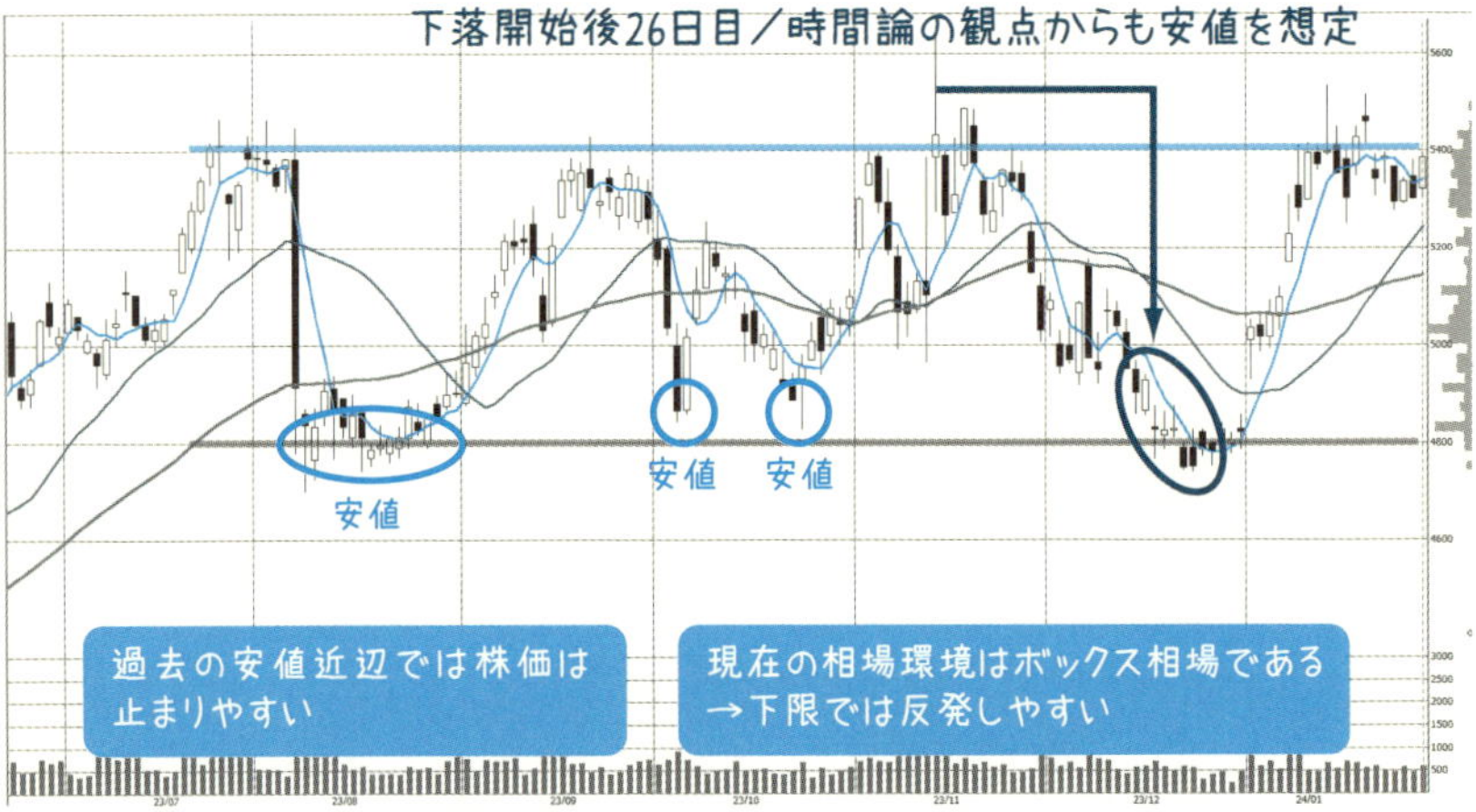

よって青丸近辺で分割売買で逆張りを仕掛けて反発を狙う戦略が立てられる

1801大成建設　日足チャート／2023年7月～2024年1月

★の位置が起点となり下落がスタートしたとすると、17日目のローソク足になります。

時間論の観点からそろそろ株価が下げ止まって反発する可能性を見越して買い始めるのは逆張りの買い戦略の1つとしてありです。

Point❷❸❹❺以降は**5日MAをトリガーとした順張り**の買いになっています。

初心者にとってはこちらの方が少し安心感があります。

Point❷は★のポイントから下落の日数を17日を消化した後、5日MAを陽線で超えました。

Point❸はPoint❷で反転した後に株価が下げ止まり、下値を切り上げながら20日MAの上に出ている状況で、5日MAを超えました。

株価が強くなっている状況です。

Point❹は直前の株価の高値・安値の切り上がりに注目しましょう。ここで次の高値が切り上がると、ダウ理論の観点からも（88ページ）、上昇相場

● エントリーを狙う5つのポイント

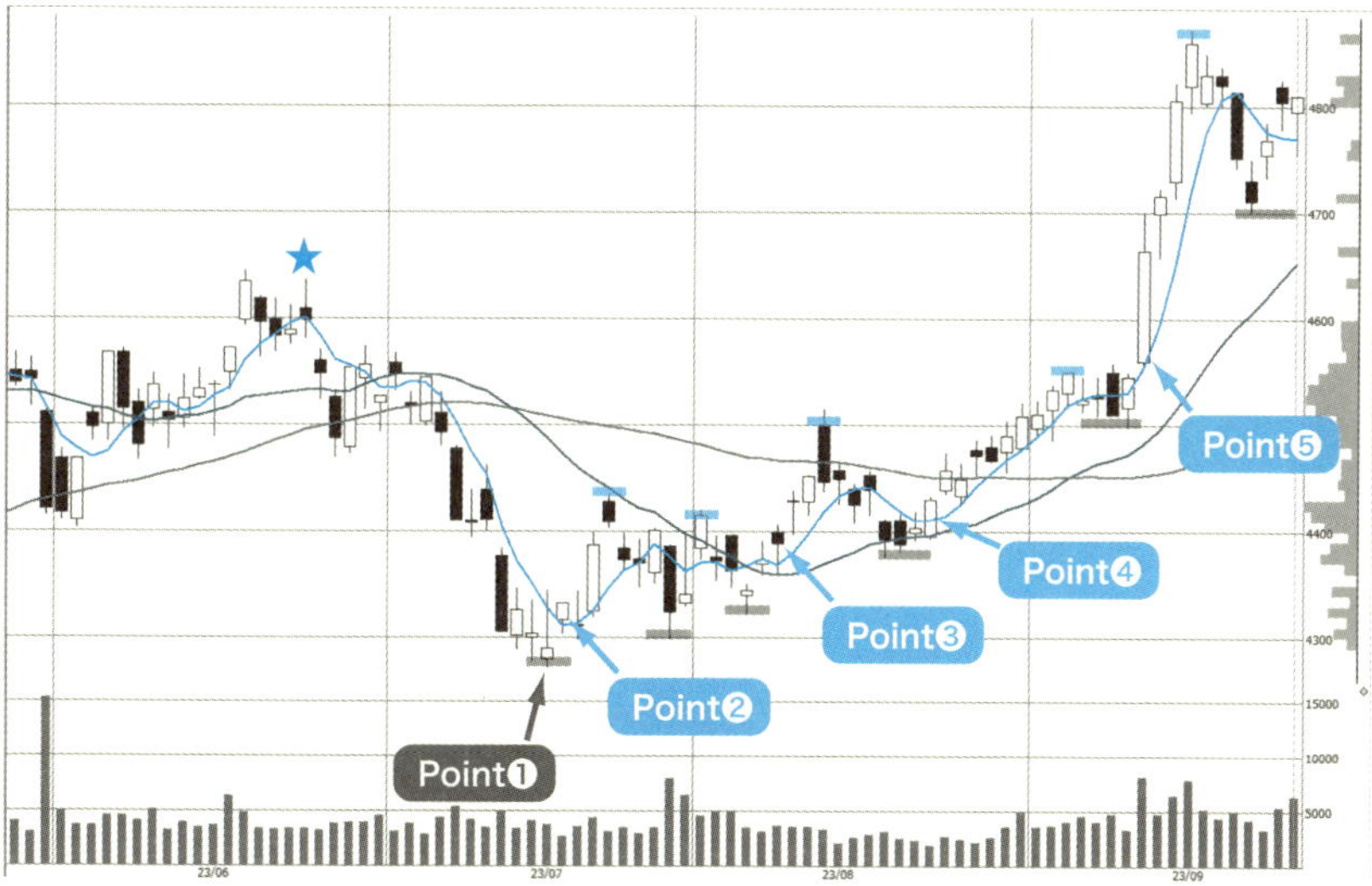

4502武田薬品　日足チャート／2023年6月〜2023年9月

の可能性が出てきます。

そしてこの陽線のポイントはグランビルの法則でも買いポイントになる非常に重要な場面です。

先の20日ＭＡを軸に判断する方法で対応できます。

Point⑤も高値・安値の切り上がりを維持しながら、上昇相場に入り上値を伸ばしていきました。

移動平均線の流れを見てもパーフェクトオーダー、需給の移り変わりを確認できます。

ここでの買いは陽線が大きいですから、本番では高値掴みになる可能性にも注意した方が良いと思います。チャートを読み解くことができるとさまざまな戦略が考えられるようになります。

このシーンで逆張りしかダメ、順張りしかダメ、というスタンスで臨んでしまっては戦略の幅は狭まり利益も少なくなります。

重要なのは**裏付けと根拠のある戦略を持った上で相場の流れに合わせてポジションを作ることです**。

5時限目
利確と損切をマスターしよう

投資成績の良し悪しは、利確と損切に大きく左右されます！
しっかりマスターしましょう！

01 利確のルールは？

5時限目からは買った**株を売る（決済する）利益確定（利確）**や、買った株が下落した場合の**損切**《そんぎり》のタイミングについて説明します。

1 エントリー後の利確はどこでするか？

エントリー後は、利確ポイントを決め、利確ポイントに到達したら躊躇《ちゅうちょ》せずに決済することが必要です。**どのような根拠により利確ポイントを設定していくか**を説明します。

例えば、次ページの図の❸で買ったとします。

矢印のポイントは**ボックス相場が約6か月経由**しており❶、間もなく相場環境が変わりそうなタイミングです。

買った株は、買値より
高値で売ることで利
益が出ます。
そのタイミングはいつ
がいいのでしょうか？

その環境で**直近の株価がボックス下限（サポートライン）付近で下値を切り上げ**ました❷。

大局的にはボックス相場から上昇相場へ向かい、株価が上昇していく可能性を感じます。

ボックス相場から上昇相場への移行可能性がある状況で**サポートライン付近から、20日MAの上にローソク足が陽線で超えています❸**。**同時に5日MAを陽線で超えている**ため買いを検討すべき場面です。

❸のエントリー後、株価は上昇し直近の株価の高値（▮）を超えていきましたが、チャート右端の◯の部分で一度上昇が止まり下落しています。

矢印のポイントの終値でエントリーしていたとすると、◯のあたりで12%～13%程度の上昇が確認できますが、**スイングトレードであれば10%前後では一度利益確定を検討して良い水準**です。

この時、利益確定する理由を**値幅の観点以外からも判断**できそうでしょうか。

相場環境、移動平均線からエントリー理由を探る

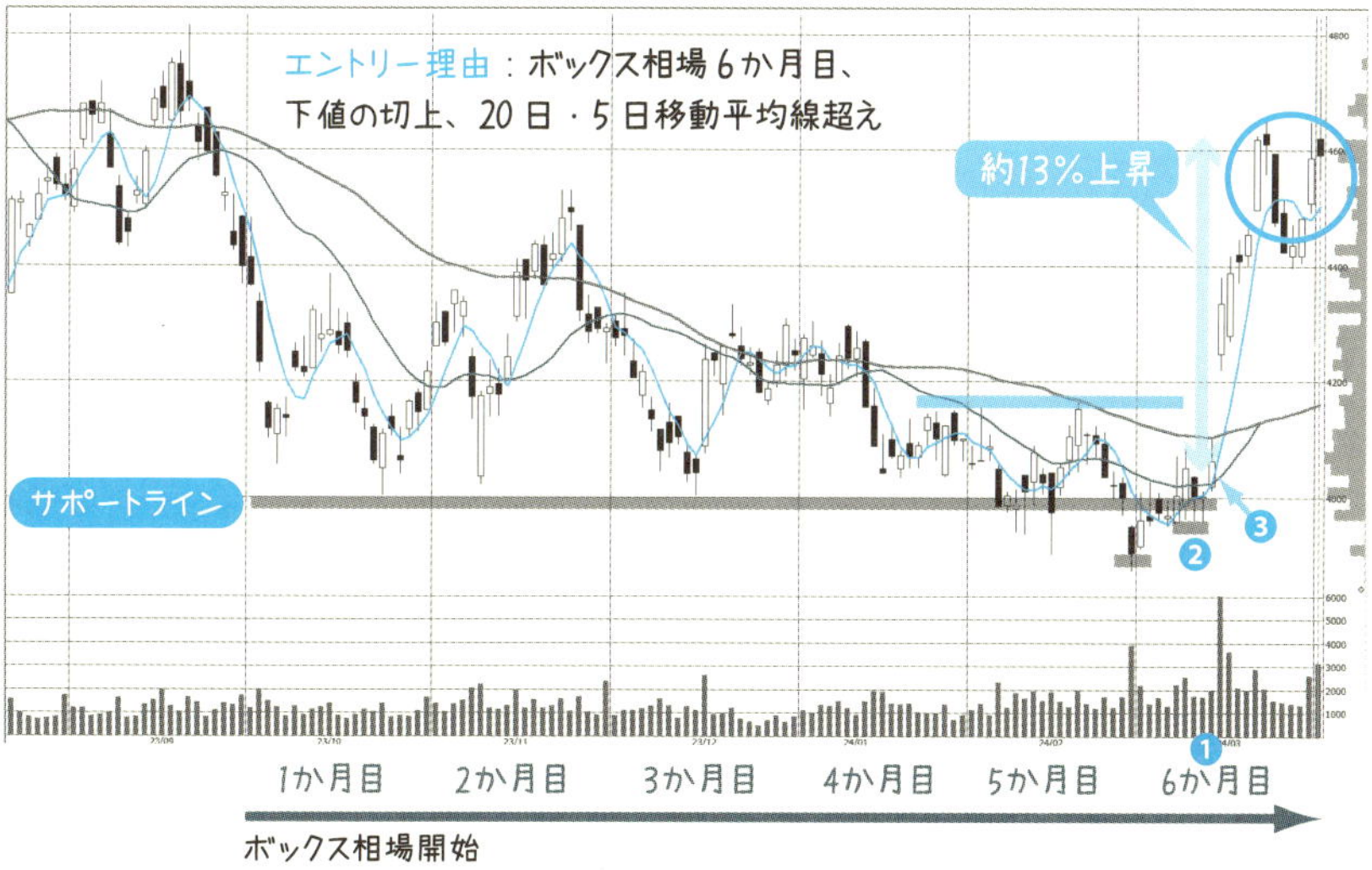

5713住友金属鉱山　日足チャート／2023年9月～2024年4月

チャート上からも利確の基準が整理できていれば、株価が下落する前により多くの利益を確保することができます。これまで習ったチャート理論を思い出しながら、考えてみてください。

2 利確を検討する時のチャート上の根拠の捉え方

単純に○％上昇したら利確という形の値幅で利確ルールを決めるのもありですが、これまで学んだ**チャート分析から考えられる根拠**を組み合わせるとさらに上手に決済（利確）ができます。

例えば、次ページのチャートで今回の利確パターンとして考えられる根拠を3つ挙げてみます。

1つ目は、●の左の方には目立った過去の高値が2つ（◌）あります。**過去の高値・安値は株価の今後の動きを考察する起点として重要**です。

今回も過去の高値近辺に株価が並んできたタイミングで、株価の上昇の勢いは小休止し陰線で下がっています（●部分）。

過去の高値で膠着したり下落を示唆した場合

株価上昇後に**過去の高値に並んで株価の動きが膠着**したり、**ローソク足が下落を示唆**すると転換点となる可能性がある（高値を抜けた場合には上昇相場につながる可能性がある）というヒントをベースに利確を検討できます（**根拠❶**）。

今回は日足チャートをベースに過去の高値を認識していますが、月足や週足などの上位足でも確認するとより精度が高くなります。

日柄の観点も踏まえてみる

2つ目は**日柄の観点**です。

中長期のサイクルでは、1つの相場環境が3か月～6か月続くと流れが転換することや、次の相場環境に移っていくことを想定します。

一目均衡表（95ページ）の日数ベースでの時間論の基本数値（9・17・26日）も適用しながら株価の直近の流れを想定することができます。（**根拠❷**）

移動平均線分析で捉える

最後の3つ目は移動平均線分析で捉えると、移動平均線を超えて株価の上昇が始まった後は移動平均線（今回は5日MA）を**陰線で割りこむタイミングまでホールド**し、そこで利確タイミングをはかることもできます。（**根拠❸**）

● 利確基準の探り方❶～❸

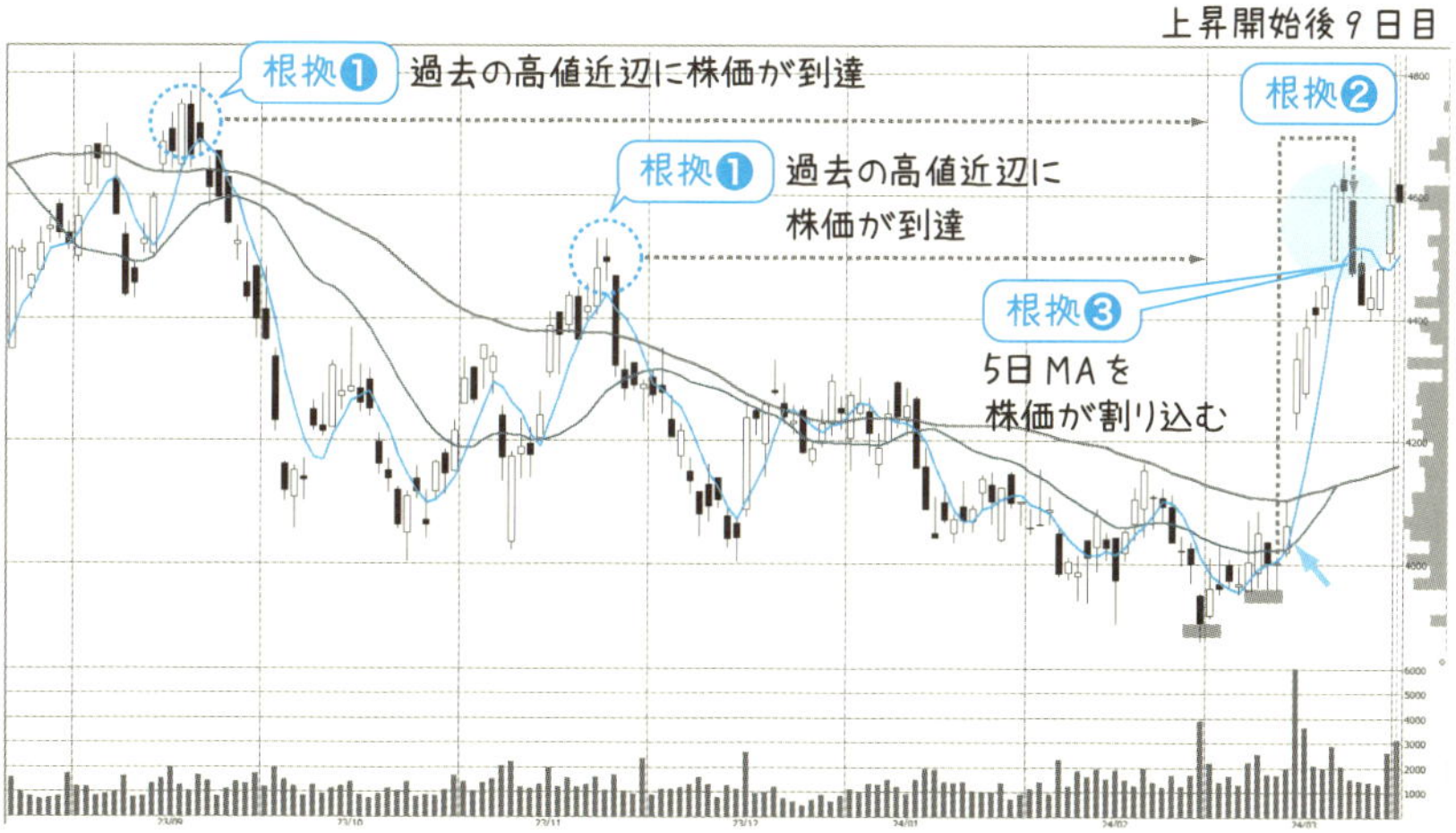

矢印のポイントでエントリーし、狙い通り上昇したら、❶～❸の根拠を参考に利確ポイントを検討する

5713住友金属鉱山　日足チャート／2023年9月～2024年4月

このように値幅以外のチャート上の複数の根拠から利確タイミングを探ることができます。

3 買いの利確基準を押さえて、根拠に裏付けされた売買行動をとる

先の例では買いエントリー後の利確ポイントはチャート上の次の指標をベースに検討しました。

❶過去の高値
❷上昇の日数
❸移動平均線（5日）の割り込み

❶～❸の利確基準は多くの短期トレーダーが参考にしていたため、この基準で多くのトレーダーが利確に動く可能性があります。改めて、❶～❸それぞれの観点から、利確の例を挙げてみます。

- **過去の高値に並んだ状態で陰線が出たから利確を検討する**
- **上昇開始後7～9日目に、陰線が出たから利確する**
- **上昇開始後に移動平均線を割り込んだから利確する**

これらはすべて、需給バランスの変化のタイミングを捉えた合理的な判断指標です。

上昇後に過去の高値に並び❶、短い日数ベースでの上昇トレンドの一旦の限界点（変化日）である日数（9日）を経過し❷、直近株価（ローソク足）が移動平均線も終値ベースで割り込んでいます❸。

上記❶～❸から、一度下落することも考えて利確しておくという、チャート上の根拠に裏付けされた売買行動ができるようになります。

4 弱いローソク足パターン

具体的な利確ポイントとしては、**ローソク足の形状パターン**を参考にするトレーダーもいます。

例えば、株価の上昇の強さに陰りが見えるポイントとして認識されたり、利確ポイントとして活用されやすいシグナルとして、**包み足**というローソク足の組合せパターンがあります。

他にも前日が陽線にも関わらず、翌日、**より大きな陰線**が出て、前日の上昇目線が否定されると相場

● 否定陰線の例

例①

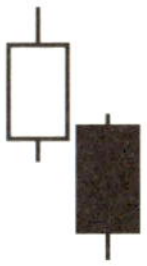

前日の陽線での上昇を否定し、下落する。前日終値より低く始まり、前日安値より低く終了するのが特徴

例②

前日がコマの時も同様に下げ圧力があると読む

陽線が出て強さを示したのに、翌日陰線で下げる。前回の高値や日柄等と組み合わせると転換点として機能しやすい

● 包み足の例

例①

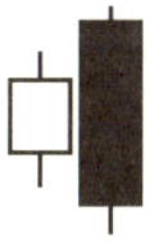

前日の陽線を完全に包むパターンが理想。（一般的には包み足と言う）

例②

この場合のコマは陰線であっても同様に捉える

前日の動きを否定するローソク足や包み足は相場の転換点として認識されやすい

の上昇に陰りが見えたと認識されます。

上昇トレンド発生後の**トレンド終着点付近（天井）で陽線からの大きな陰線が出現**すると、その後のボックス相場の起点やトレンド転換（下落）につながることがあるため注意が必要です。

否定陰線　ローソク足３本パターン

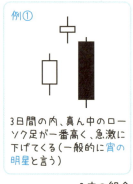

例①

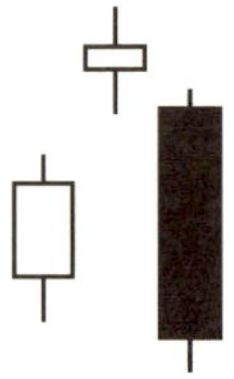

3日間の内、真ん中のローソク足が一番高く、急激に下げてくる（一般的に宵の明星と言う）

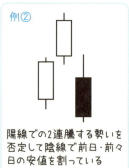

例②

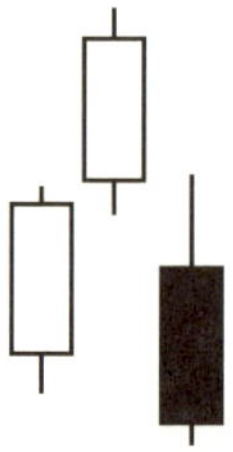

陽線での2連騰する勢いを否定して陰線で前日・前々日の安値を割っている

例③

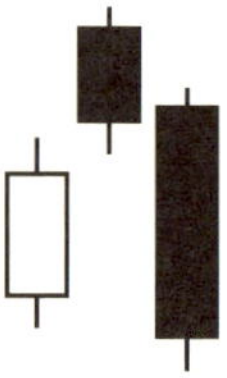

真ん中が高く寄り付いた陰線でも発想は同じ

3本の組合せでより強い動きをとらえる
出現率は低いが、出ると相場の転換点になりやすい

上昇相場後の否定陰線や包み足の発生

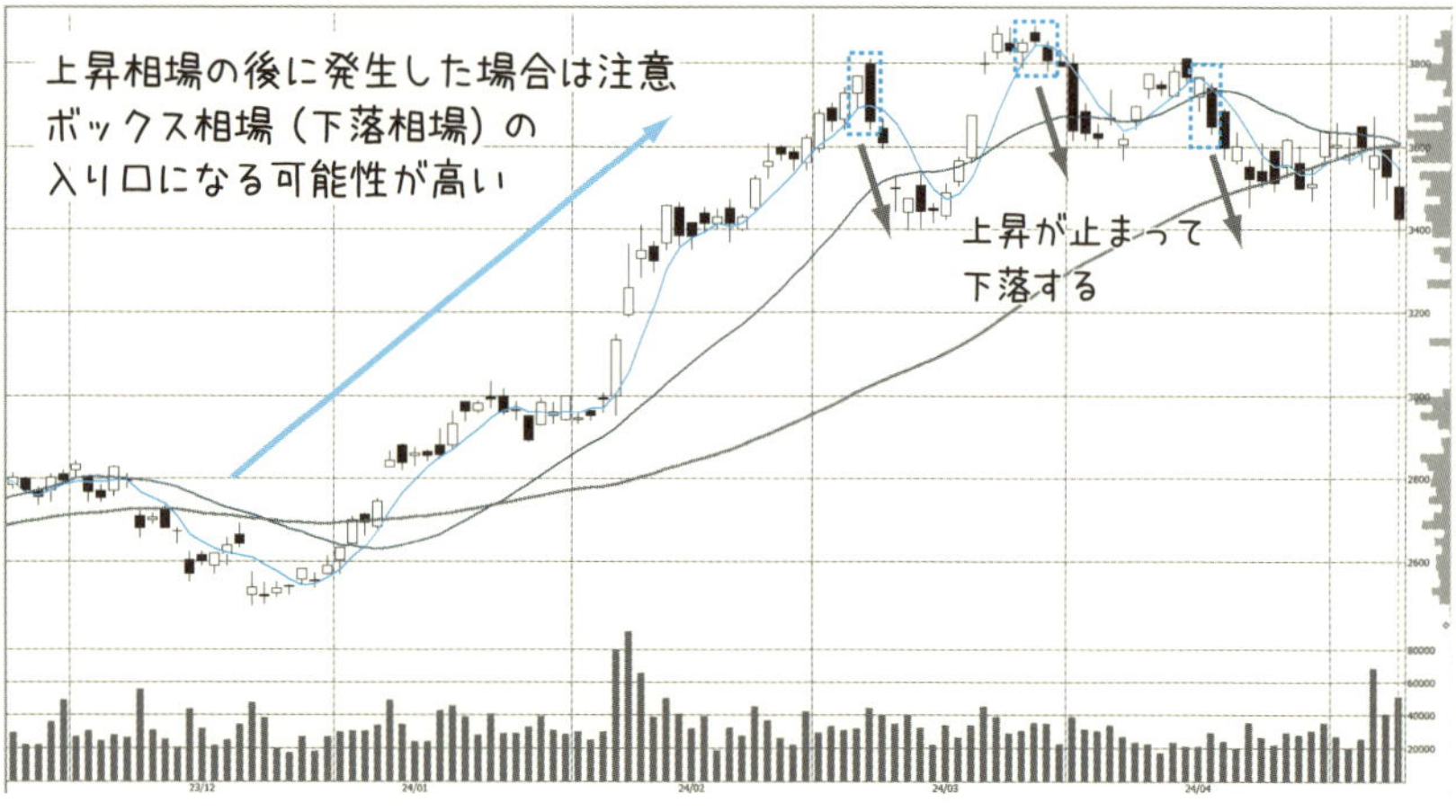
上昇相場の後に発生した場合は注意
ボックス相場（下落相場）の
入り口になる可能性が高い
上昇が止まって
下落する
23/12
24/01
24/02
24/03
24/04

7203トヨタ自動車　日足チャート／2023年12月～2024年4月

5 「頂点で利確した」はただの結果論！

株価上昇の頂点で利確を狙う必要はありません。

相場に絶対はないという前提に立つと、相場に起こるすべての事象は結果論になります。最初から株価がわかっていれば、誰もが予想を100％的中させて勝てますが、現実的にあり得ません。

株価はその時の※**地合いから受ける影響**にも左右されます。

自分でコントロールできないことには意識を向けず、**自分でコントロールできることに意識を集中させるべき**です。

コントロールできることとは、チャート上からトレード判断の根拠を探し、淡々と利益の積み上げができる正しいエントリー・利確・損切のルールを守ることです。そして、それを実行し続ける実戦力を身に付けることです。

トレードルールを守り淡々と利益を上げることが大切であり、**株価の頂点で利確できなかったことを悔やむ必要は一切ありません。**

※地合い：相場環境や経済状況の良し悪しを評価する時に使われる。地合いが良い時は株価が上昇しやすく、地合いが悪い時は株価が下落しやすいとされる。

02 損《そん》切《ぎり》のルールとは？

1 損切を決断する条件とは？

当初狙った通りに株価が動かず、泣く泣く損切せざるをえない場合もあります。

利益を大きく得て損失は小さく抑える、あるいは**利益と損失の比率をコントロール**することが、勝てるトレードルールの構築につながります（次節03を参照）。

損失が出たことを素直に認められず放置し、損切ができずに損失を抱えたままになる**「塩漬け」だけは避ける**ようにしてください。

損切を判断すべき条件は次のような場合です。

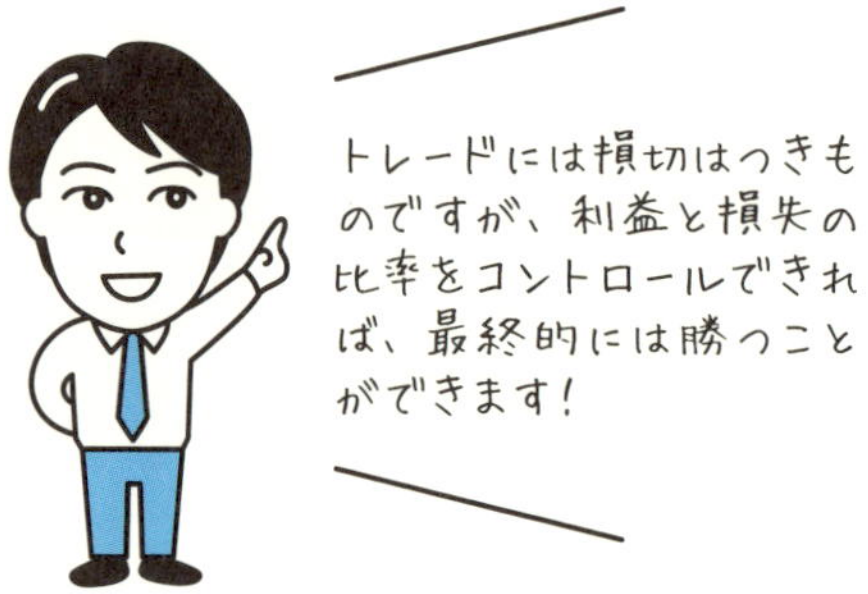
トレードには損切はつきものですが、利益と損失の比率をコントロールできれば、最終的には勝つことができます！

エントリー時に読み取った相場の優位性が消えたら損切をする

下図のC地点はエントリーポイントにふさわしいと考えられます。

チャートを読む時は例によって最初に相場環境を確認します。

ライン分析の観点から下図の相場環境を確認すると、レジスタンスラインとして機能していた高値をA点で超えて、その後はB地点、C地点では反発が確認できるため、サポートラインとして機能していることがわかります（レジサポ転換）。

これは上昇相場に向かう可能性のある場面です。

このサポートラインは大多数のトレーダーが注目している価格です。

ここでトレンドに変化が起こるかどうかが、今後の株価を判断するポイントになります。

また、移動平均線分析の観点からも株価は長期線（60日

エントリーの例

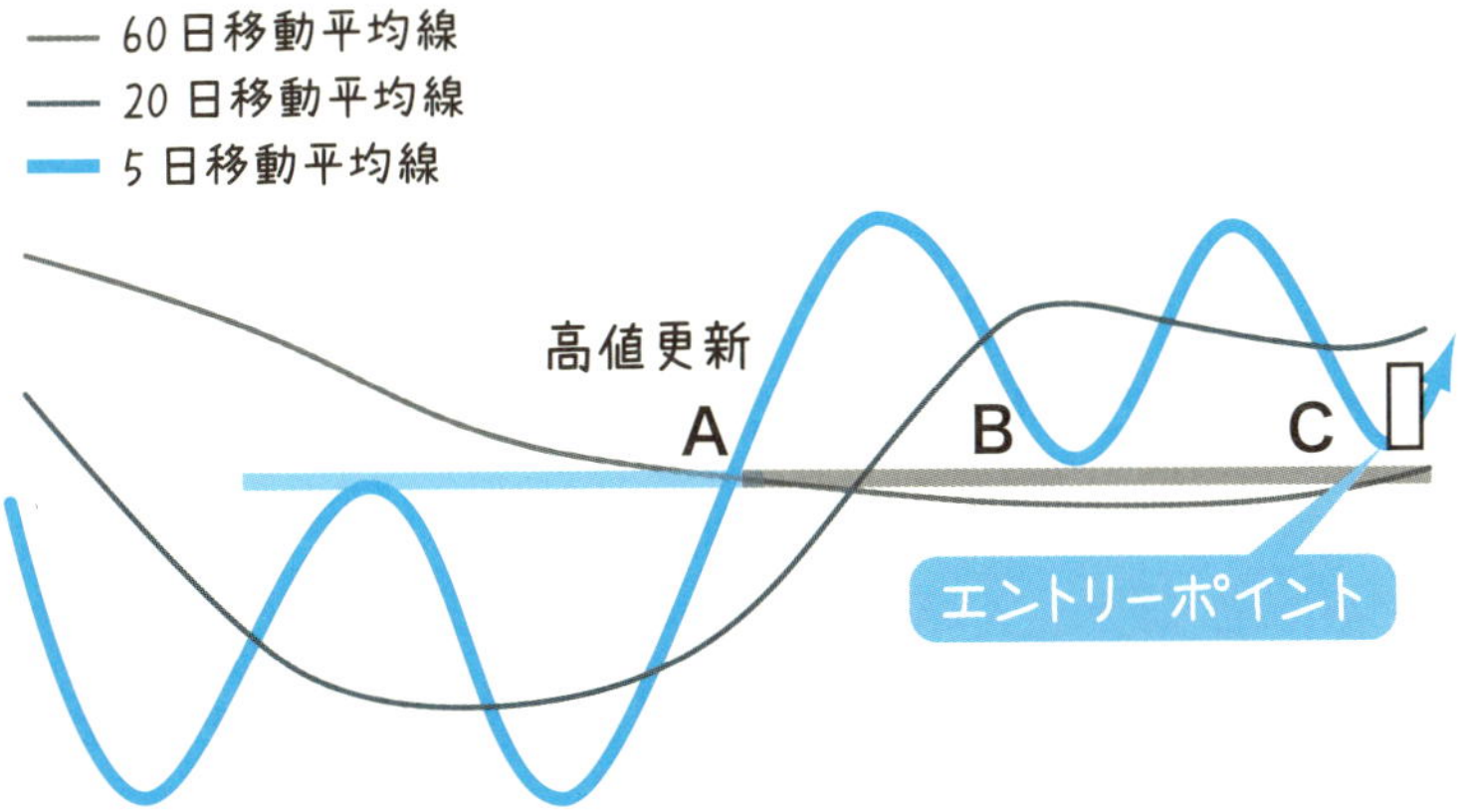
60日移動平均線
20日移動平均線
5日移動平均線
高値更新
A
B
C
エントリーポイント

ＭＡ）の上に出ており、Ｃ地点では長期線が株価をサポートする形で、**株価が5日MAの上に出ました**。

理論上はこの後上昇に向かいやすく、買いに優位性のあるエントリーポイントと言えます。

このエントリーが上手くいくパターンの想定イメージは下図になります。

うまく上昇パターンに乗るとエントリー後に株価は上昇していきます。

過去の高値がある水準や**重要な節目**（キリの良い株価）、**日数の基準**（9―17―26日）に向かって上昇は継続していきます。

5日MAを割ることなく推移していくパターンが多いでしょう。

2 相場の優位性が消えた損切パターン

一方、買いエントリー時の優位性が崩れ損切となる場合、次のパターンが想定できます。

● エントリー後に利確を検討できる場合

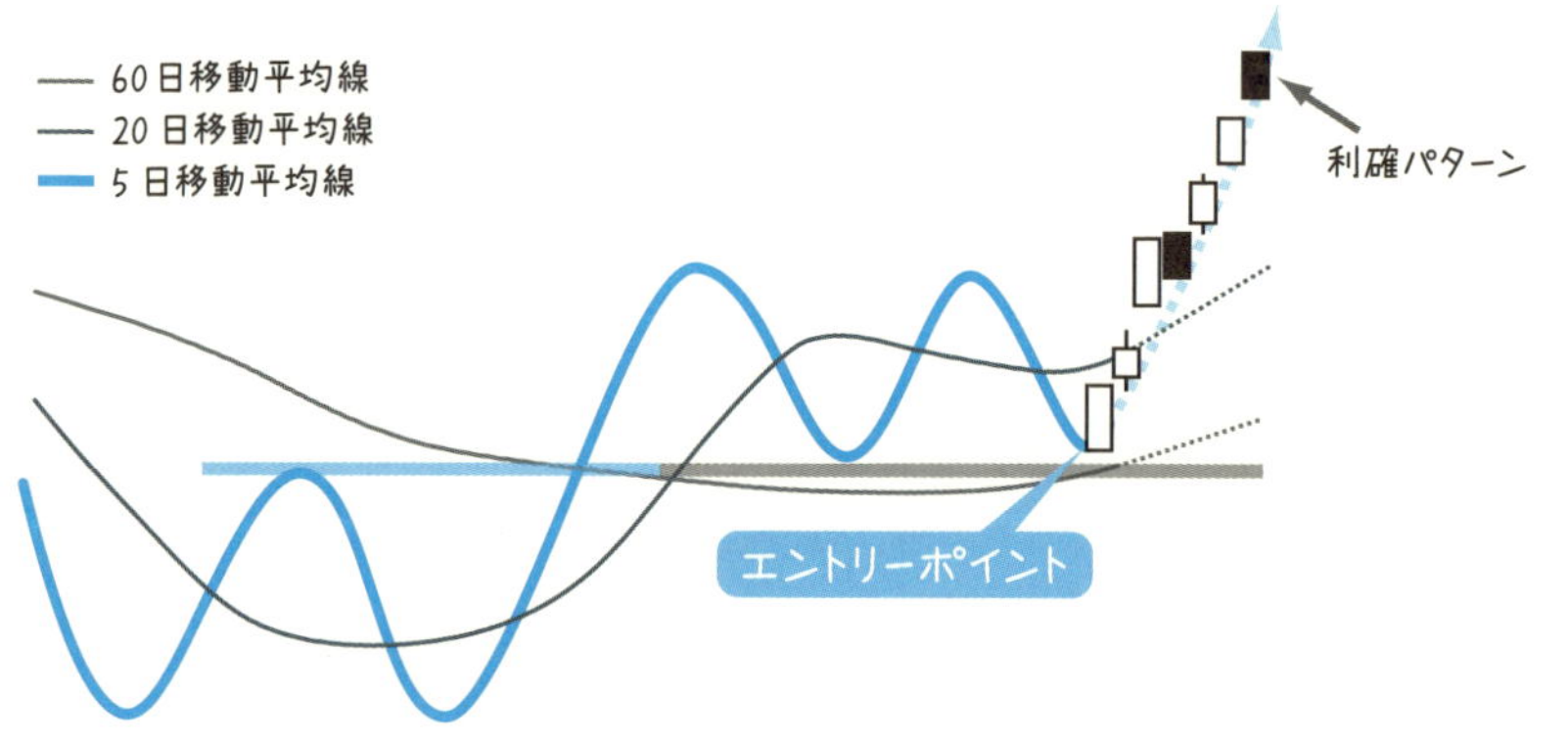

上昇パターンなら、5日MAの上を株価は推移していく。上昇の日数は短ければ9日、長ければ17-26日を目安に引っ張る（スイングする）ことを狙う

ラインと移動平均線の組合せから判断する

下図では、上昇の想定からズレが生じているポイントを★注意として記載しました。

注意❶のポイントでは株価が上昇方向への動きが強ければ、移動平均線を割らずに上昇していくはずですが、早くも株価が**5日MAを割り込んでいます**。

しかしライン分析の観点では、まだ安値（サポートライン）を完全に割り込んだわけでなく、まだ**サポートラインの上で株価は推移**しており、上昇の余地は残されていると考えられます。

トレード中はこのように複数の観点から現在の相場環境（優位性）を確認していきます。初心者にとってはライン分析と移動平均線分析の組合せがシンプルかつ強力なのでおすすめです。

同時に注意❷のポイントでは**直近の安値を割り込んでいます**。サポートラインも割っており、60日MAも株価が割り込んでいます。

● エントリー後に損切になる場合

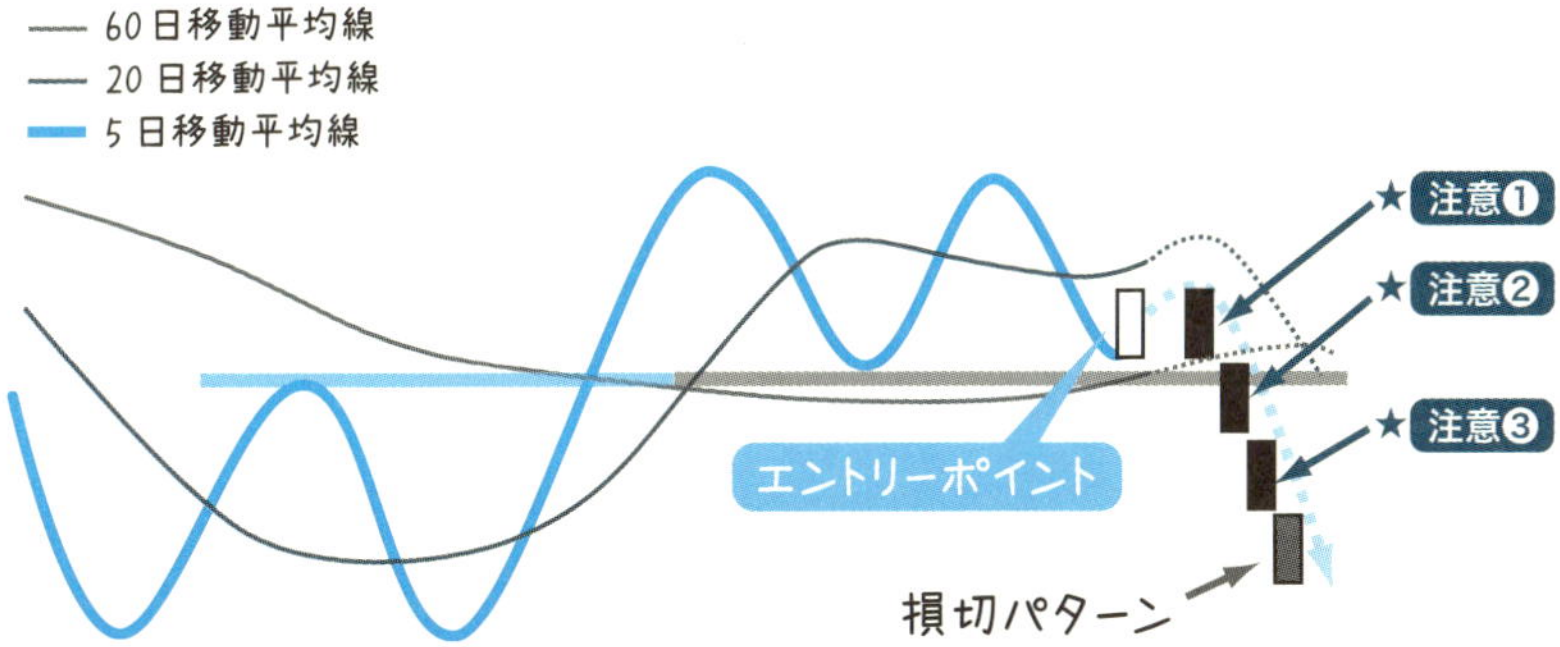

上昇しない場合、エントリー時の優位性は崩れる。5日MAを株価が割り込んでしまうとか、エントリー基準にしたサポートライン（過去の安値）を割り込む

この時、**株価はエントリー時に優位性の根拠として押さえた、**

- **レジサポ転換**
- **株価が長期線（60日MA）にサポートされる形で、5日MAを陽線で超えた**

という**条件が崩れていることが明らか**です。

この後、即日に株価が回復しない場合、下落方向へ株価は進むことが想定できます。

翌日に 注意❸ までいってしまうと、株価の需給バランスはかなり売りに偏り、当分は下落方向に株価が動くことが想定できます。

注意❶～注意❸ の流れのように株価の優位性が崩れていくには順序があります。

その推移を確認しながら、上昇の**優位性が崩れ始めたら、もしくは完全に崩れたら損切**に動くべきです。

まずは初心者のうちは 注意❷ のパターンでは一度撤退してしまうのがおすすめです。

次のチャンスで勝負を仕掛ける資金を残しておくためにも、**想定とズレた場合は潔く損切**し、仕切り直して次の良いエントリーに集中する癖をつけてください。

3 売り（決済）がむずかしいワケとは

損切せずに**根拠なく粘ると良いことはありません**。損失を受け入れられずに粘ったり、リベンジトレードで無謀な取引を繰り返して資金を減らしてしまう人も少なくありません。トレードにおいて、心理的バイアスの影響を受けず冷静にトレードを実行するのは難しいものです。

その理由をトレードの世界でよく表現される**心理学の観点からも理解**しておきましょう。

プロスペクト理論に打ち勝つ

「**人間は得することより、損することの方を嫌い、その結果、合理的な判断ができなくなる**」という行動経済学で提唱される**プロスペクト理論**があります。得した時の喜びより、**損した時の失望状態の時の方が人間は感情的になりやすいという理論**です。

例えば、トレードを実戦して100万円の**利益を得る時**よりも、100万円を**失った時の方が感情的になり心理的なダメージを負いやすい**ということです。

この傾向がきっかけになり、トレードにおいて損失が重なった時は「早く取り返そう」という気持ちになり、負けた後のトレードで大きなリスクを取ったり、「もう損はしたくない」という心理から損切が遅れたりできなかったりします。

人間は元々失敗を認めたり、損することを受け入れるのが下手なのです。

どんなトレーダーでも最初は同じような苦い経験をしています。

しかし、**成功しているトレーダーはこの人間の行動特性や心理を理解し、トレードルールを言**

語化して守ることでメンタル面の対策を立てています。

トレーダーとして勝つためには損切は早く、利益は伸ばすことが必要な事実は変わりませんから、ある意味人間らしい欲望は捨てる必要があります。

そのためにトレードルールを明確にし、トレードルールを守ることに集中することが必要です。

4 どこで売るかを決めておこう

損切を自動で設定し感情を入れない

慣れるまではエントリーの優位性を確認することに集中し、損切については値幅（％）を決めて逆指値注文（117ページ参照）を出しておくことも間違いではありません。

自動で損切設定されるようにルール化しておくことで、含み損を抱えた時の動揺や損したくない、取り返したいという感情的な隙《すき》をつくらずにトレードを実行できます。

損切幅を限定しておくことで、冷静にトレードに取り組むことができ、継続的にルールに従い運用することで実際に機能しているかどうかの判断もしやすくなります。

また、突発的な市場の変化による大きな下落が来ても、先に決済注文（逆指値）を出しておけば安心感があります。

トレードに慣れ冷静なメンタルが保てるようになったら、チャートの状況に応じて臨機応変に

対応した方がパフォーマンスは向上するといえます。

売りは一括で発注する

売り注文を出す時は、株数に応じ分割して売ることも可能ですが、相場に慣れるまでは一括売りでいいでしょう。

上昇時と下落時は一見チャートをひっくり返しただけ、上下の動きが反転しただけ、とみてしまう人もいますが、**上昇と下落の動きは性質が異なります**。後に解説しますが、上昇と比較して下落時は速く大きく、そして短期間で下がることが多いのです（225ページ）。

一瞬の迷いが含み益を消してしまったり、含み損の拡大につながってしまうこともあるので、一括で売ってしまうのがシンプルでやりやすいといえます。

まずは明確な売買の基準を作って、ルール通りにトレードを完結させてみる、この繰り返しの中でトレードに慣れながら軌道修正していくと、自分に合ったトレードルールが固まってきます。

03 損小利大につなげるリスクコントロールとは

1 損小利大のトレードを（リスクリワードの設定）

スイングトレードで勝つためには、**損小利大のトレード**を徹底することが大切です。

損小利大のトレードルールを作る時に重要なのは、**リスクリワードの設定**です。

リスクリワードとは「どれだけのリスクで、どれほどの利益を得ることができるか」という考え方で、トレード時に想定される**損失と利益の比率の設定**を意味します。

例えば、損失が1万円で利益が2万円の結果が期待できるトレー

損失と利益の比率は、リスクリワードと言われます。
この比率を損小利大に設定して利確、損切を実行していきましょう！

ドを狙う場合はリスクリワードは『損失1：利益2』となります。

損小利大のトレードを実現するためにはリスクリワードで利益の比率が優位な時にトレードを繰り返す必要があります。

リスクリワードは1：2以上に設定していくのが基本です。

例えば、エントリーポイントから下落した方向と上昇した方向にそれぞれ決済ポイントを置き、損切2％：利確4％や損切3％：利確6％のように目標を決めます。

値幅の％の差が開くほど、トレードスパンが長くなり、トレード回数も減少するでしょう。

初心者がトレード回数を増やすことはあまりおすすめできません。

まずは1：2の形を作りながら値幅は広めに設定して、ゆったりトレードを実戦できるようにしましょう。

リスクリワードは1：2の設定を目指す

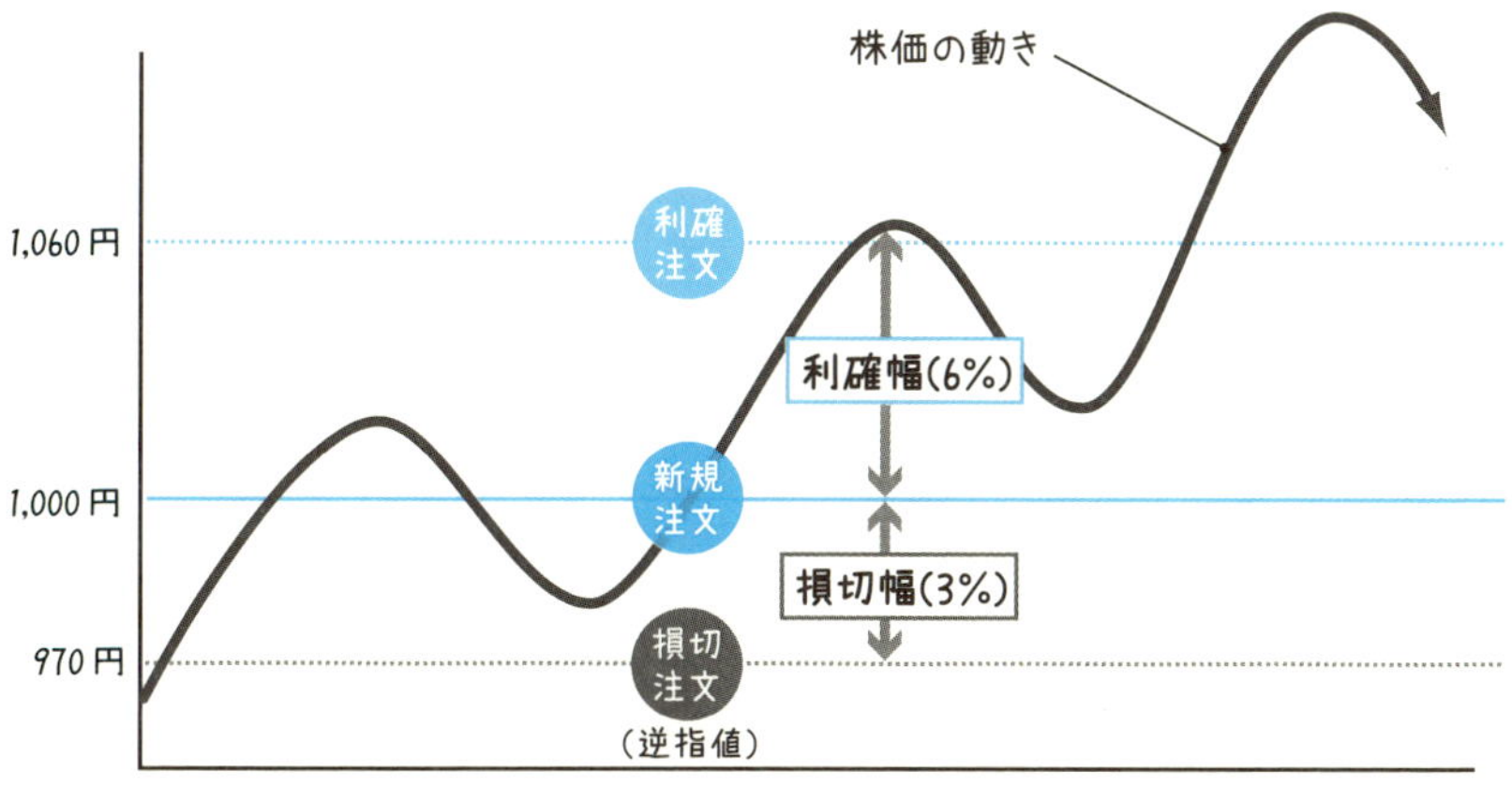

エントリー時点から、利確・損切目標（リスクリワード）を決める

2 勝ち負けだけでなく、期待値を意識して利益を重ねる

株式投資、特にスイングトレードなどの短期・中期のトレードでは、高い勝率で勝ちを重ねることだけが重要なのではありません。

リスクリワードはトレードにおける損失と利益の比率を指す指標ですが、他に**1度のトレードで発生する利益（損失）の平均値を表す「期待値」**という考え方があります。

例えば、10回トレードを行い、合計50万円の利益が出た場合は1回あたりのトレードの期待値が5万円となります。

逆に10回トレードを行い、合計50万円の損失を出してしまった場合には1回あたりのトレードの期待値が－5万円となります。

この試行回数が多ければ多いほど、期待値の精度は高くなります。

トレードは目先の利益でなく、期待値がプラスの状況が見込めるときにトレードを繰り返してトータルで勝ちを積み重ねるものです。

期待値の高いトレードパターンを把握することで、目先の損益に翻弄されず淡々とトレードをすることができます。

期待値の求め方

期待値は次の計算式で求められます。

（勝率 × 平均利益）－（負け率 × 平均損失）＝ 期待値

例えば、勝率50％で平均利益幅が100,000円、負ける確率が50％で平均損失幅が50,000円の場合の期待値は、

（50％×100,000円）－（50％×50,000円）＝＋25,000円

で＋25,000円となります。

前述の例では理論上、1回のトレードで平均25,000円分の利益を獲得することができ、期待値もプラス水準に設定できています。

期待値がマイナスのパターンも確認しましょう。

勝率が80％で平均利益が20,000円、負ける確率が20％で平均損失が100,000円の場合の期待値は、

（80％×20,000円）－（20％×100,000円）

で期待値は−4,000円となります。

初心者は高勝率であればあるほど良いトレードと勘違いしがちですが、**高勝率でも「損大利小」の形でトレードすればするほど、トータルでは損失を被ってしまう**ので注意が必要です。

エントリー時点から期待値を意識しておけば、「10回や20回トレードした時に利益が積み上がるトレードポイントを探す」という癖が身に付きます。

また、期待値がない状況と認識できれば「チャンスを待つ」とか「トレードを休む」という判断もできるので、自分の資金を守ることにつながります。

期待値を考えるうえでの注意点は、相場状況やトレーダー自身の技術によって期待値が変動する可能性があることです。

一度、期待値を確認した後に、手法やルールの精度の確認や相場の環境分析を怠ったり、トレードの振り返りや反省をせずに続けていると、知らない間に期待値がマイナスのトレードに変わっている可能性もあります。

現在の相場と自分の手法のズレを認識し、軌道修正して期待値をコントロールしていくことがトレーダーの仕事です。期待値の高いトレードができたとしても慢心せず、日々の相場分析は決して怠らないようにすることが安定した利益獲得につながります。

3 期待値の高い利確・損切ルールを設計するために

具体的に**どのような場面で利確・損切ルールを設定するか**について説明します。

必ず現在のトレンドを分析して環境認識から始めましょう。

例えば、下図のような値動きがあったとします。

レジスタンスラインを突破しサポートラインに変わる場面です。

ボックス相場から上昇相場に移行するタイミングでよく出現する動きです。

レジスタンスライン突破後の値動きを観察して、**反発ポイントでエントリー**を狙った時の利確と損切の設定の仕方を検討してみましょう。

リスクリワードを1：2で検討するとこうなります。

損切設定の位置は、まずは**重要なラインから※2〜5ティック程度離した価格帯に置く**ことを基準にするのが良いです。

● 利確・損切の設定位置を検討する

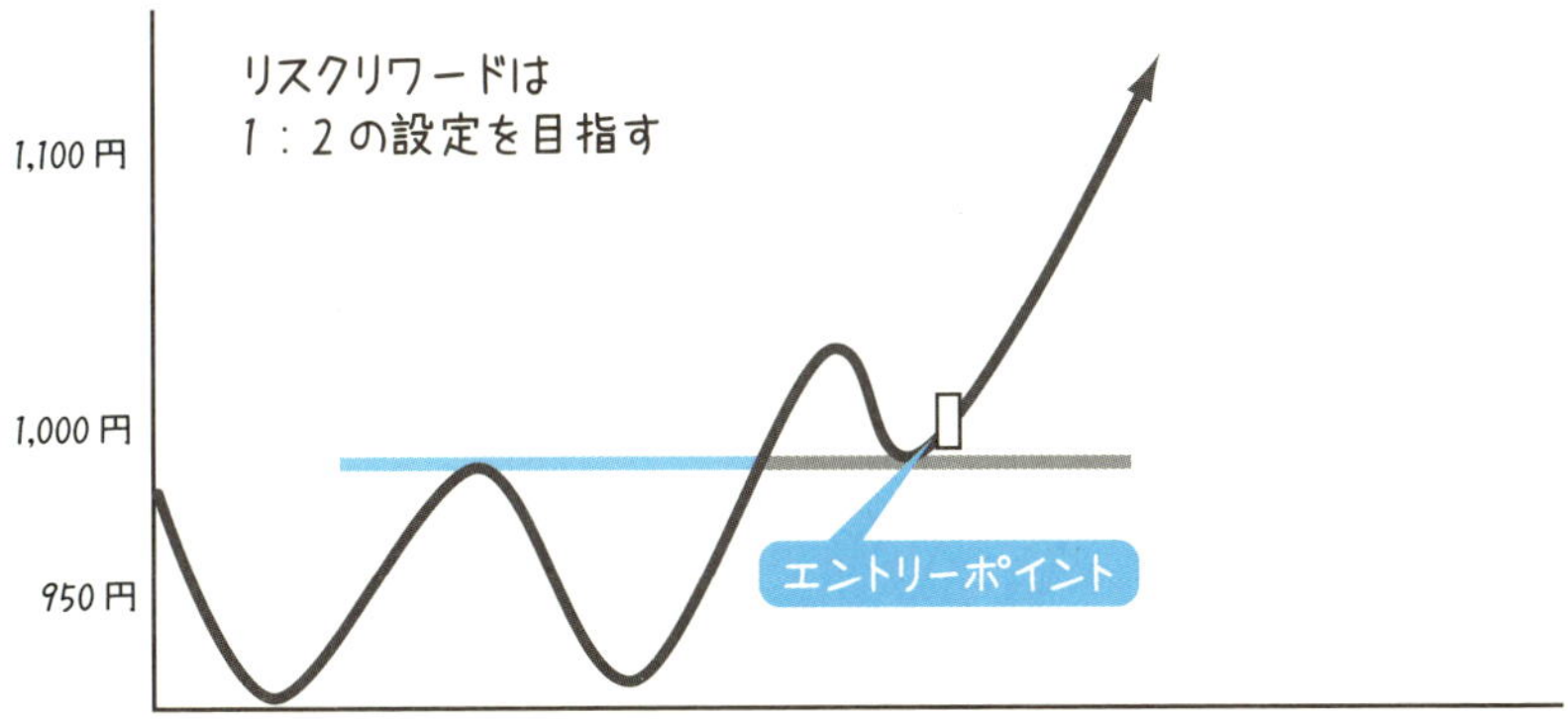

重要なラインぴったりに損切ポイントを置くと、ザラ場中の動き（日足のヒゲの動き）などに巻き込まれてロスカットされたり、一時的な動きで損切されたが結局狙った通りの方向感に株価は動いた、というようなケースも増えるからです。銘柄のボラティリティ（価格変動の度合い）や特徴にもよりますが、最低**2～5**※**ティックほど離しておく**のが良いです。

この時、自身のエントリーポイントの近くに損切ラインを設定できると損切幅も小さくなるため、エントリー時はできるだけサポートライン付近まで引き付けましょう。**損切時のリスクを抑えることで、その後のリターンも心理的に狙いやすくなります。**

損切ラインを決めて、リスクリワードが1：2とすると、利益目標（利確位置）は、損切ラインまでの距離の2倍の位置です。リスクリワードが1：3なら3倍反対の位置に利確位置を置きます。

※**ティック**：株価の価格変動の最小単位のこと。株価の価格の大小によって、1円や5円単位、10円単位と変化する。

利確・損切の設定位置を検討する

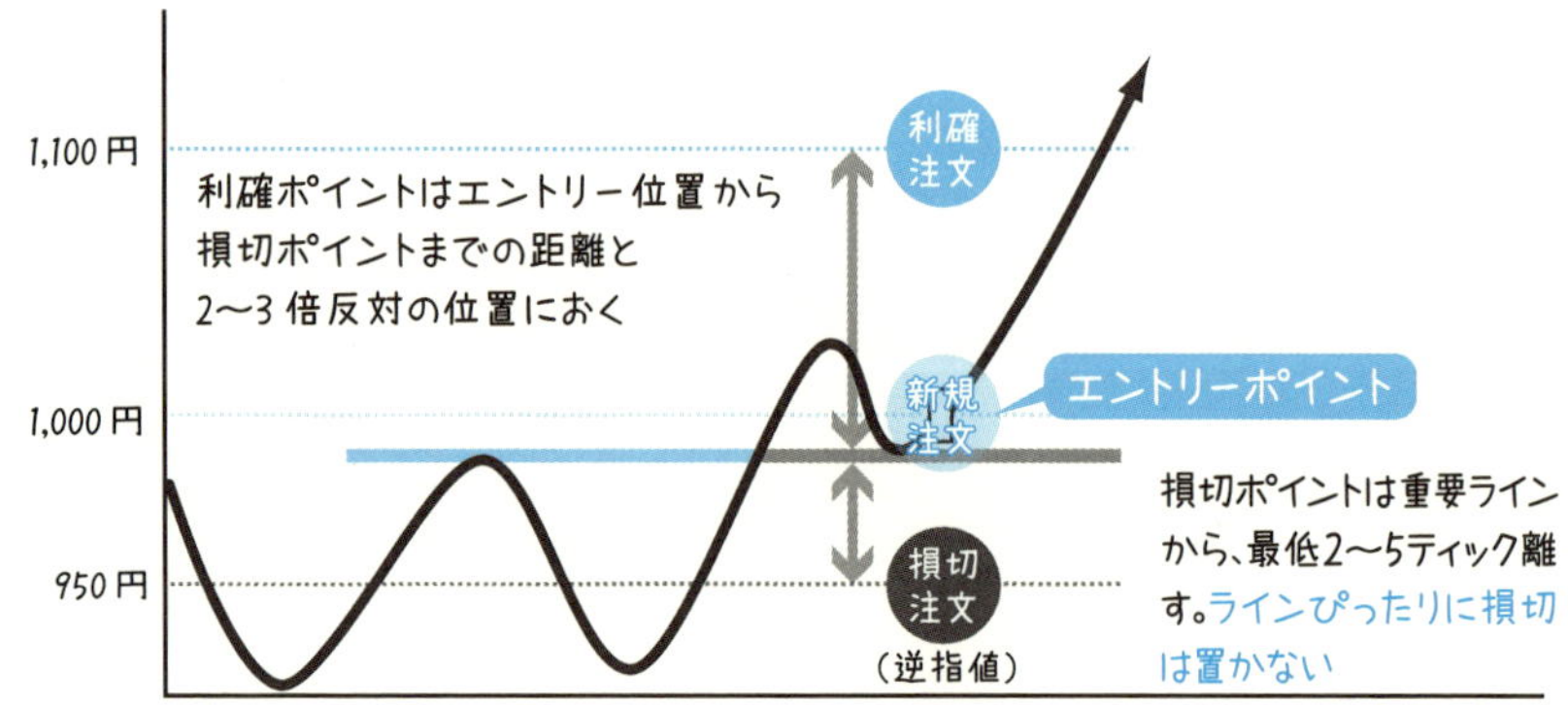
1,100円
1,000円
950円
利確注文
利確ポイントはエントリー位置から
損切ポイントまでの距離と
2～3倍反対の位置におく
新規注文
エントリーポイント
損切ポイントは重要ラインから、最低2～5ティック離す。ラインぴったりに損切は置かない
損切注文
（逆指値）

決めた損切位置は動かさない

エントリーの時点で決めた利確や損切の出口のルールは簡単に変更せずに実行することが大切です。**決めた設定を都度動かしてしまうと、トレードルールが機能しているのかがわからなくなります**。

これは勝てないトレーダーの典型的な行動パターンです。

大損に巻き込まれるのはルールを守らなかった人が圧倒的に多いですから、特にトレード初心者は**損切位置だけは絶対に動かさない**ようにしてください。

スイングトレードでは「利益は伸びる所まで伸ばす」という考え方が大切です。

「損切については限定的にしておく」のが鉄則ですから、損切ルールについてはエントリー時点での設定を必ず守るようにしてください。

また、株価が上昇し利益が伸びている時は、**含み益を守るために当初の損切決済位置を引き上げていく**こ

● **トレーリングストップを使う(逆指値)**

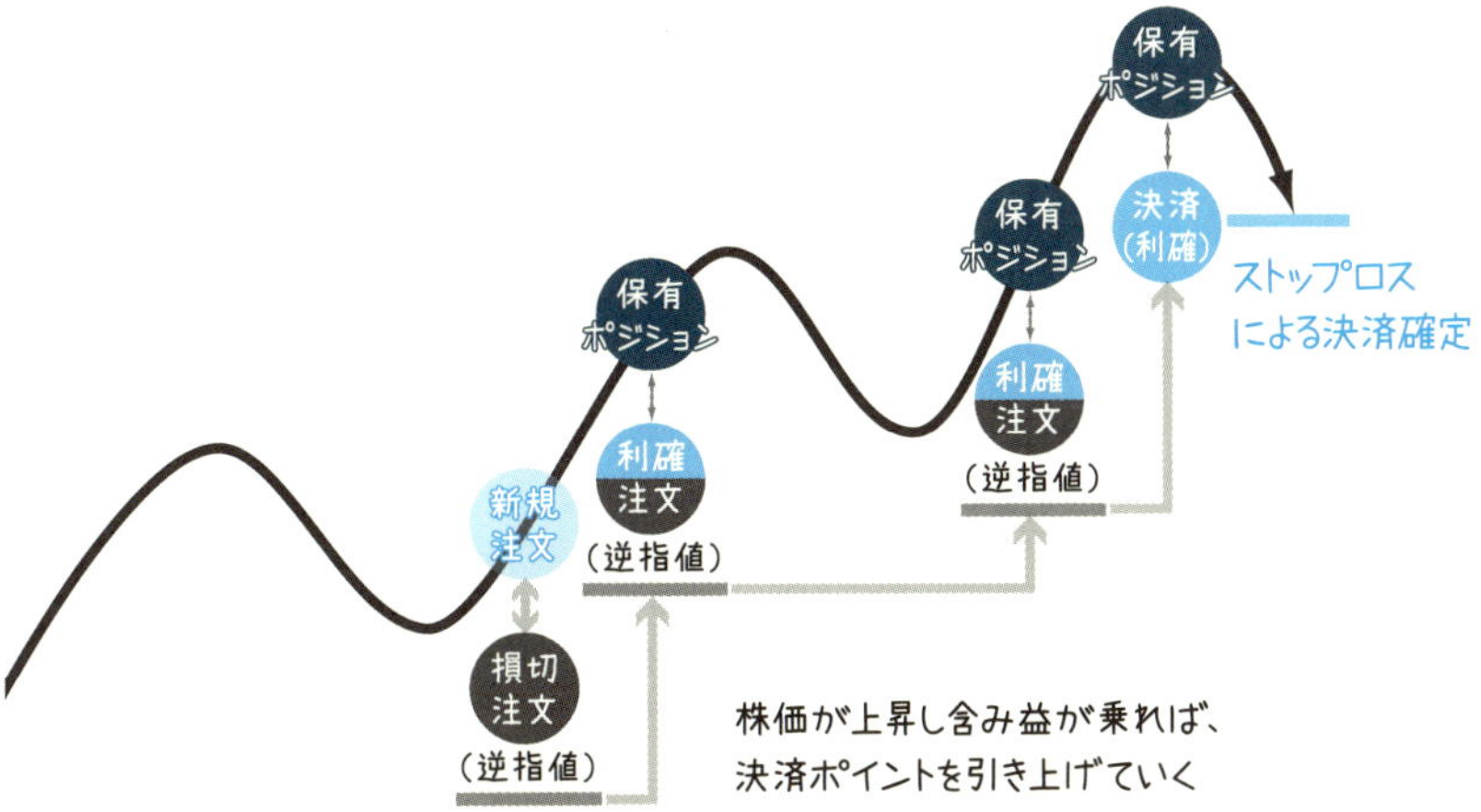

ともおすすめです。

やっていいのは決済位置の引き上げだけ

価格の上昇に応じて損切ライン（利確ライン）を引き上げていく方法を**トレーリングストップ**といい、発生した含み益を守るための方法です。

反対にやってはいけないことは、下がった時に損切したくないという理由で損切ラインも引き下げてしまうことです。

エントリーした時に決めた損切ラインより損切ラインを引き下げている時点で、エントリー時より形勢が悪くなったことの証明ですから、潔く損切すべきです。

まずは初心者がやっていいのは、**含み益が出た後の決済位置の引き上げだけ**と心得て下さい。

自動車に乗る時は安全のためにまずはブレーキを覚えること、それと同様にトレードの場合は損切ルールを守ることが自分の身を守ることにつながります。

チャート上の根拠を組み合わせた決済例

値幅や価格の観点以外での決済基準は、2時限目で学んだ移動平均線分析や日柄分析を組み合わせて、株価が上昇の「**優位性を失った時**」や「**先行きがわからなくなった時**」が基本です。

移動平均線分析であれば、「移動平均線を超えて株価がその上を上昇していたのに株価が割り込んでしまう」とか、日柄分析では日数ベースで「7～9日間上昇が続いたら変化日を迎える可能性があるから、いったん決済しておこう」という基準に沿って対応します。

これらの決済シグナルが発生しても、さらに株価は上昇を続けることがありますが、まずは**明確な根拠を持ってトレードルールを守ることを徹底**していきましょう。

優位性が確認できる局面での勝負を徹底することで、イレギュラーな局面のミスを減らすことができます。

利益より安全さを重視する

スイングトレードを実践する上で重視すべきは、いかにして「**大きな損失を抱えないポジションを作れるか**」です。

トレードの世界では、多くの人がどれだけ儲かりそうか、どれだけ株価が上がるかを中心に考えますが、その発想の逆でどれだけ「大きな損失を抱えないか」を重視して戦略を作ることが大切です。

大きな損失さえ抱えなければ、また次のチャンスで

● チャート上からの決済根拠整理

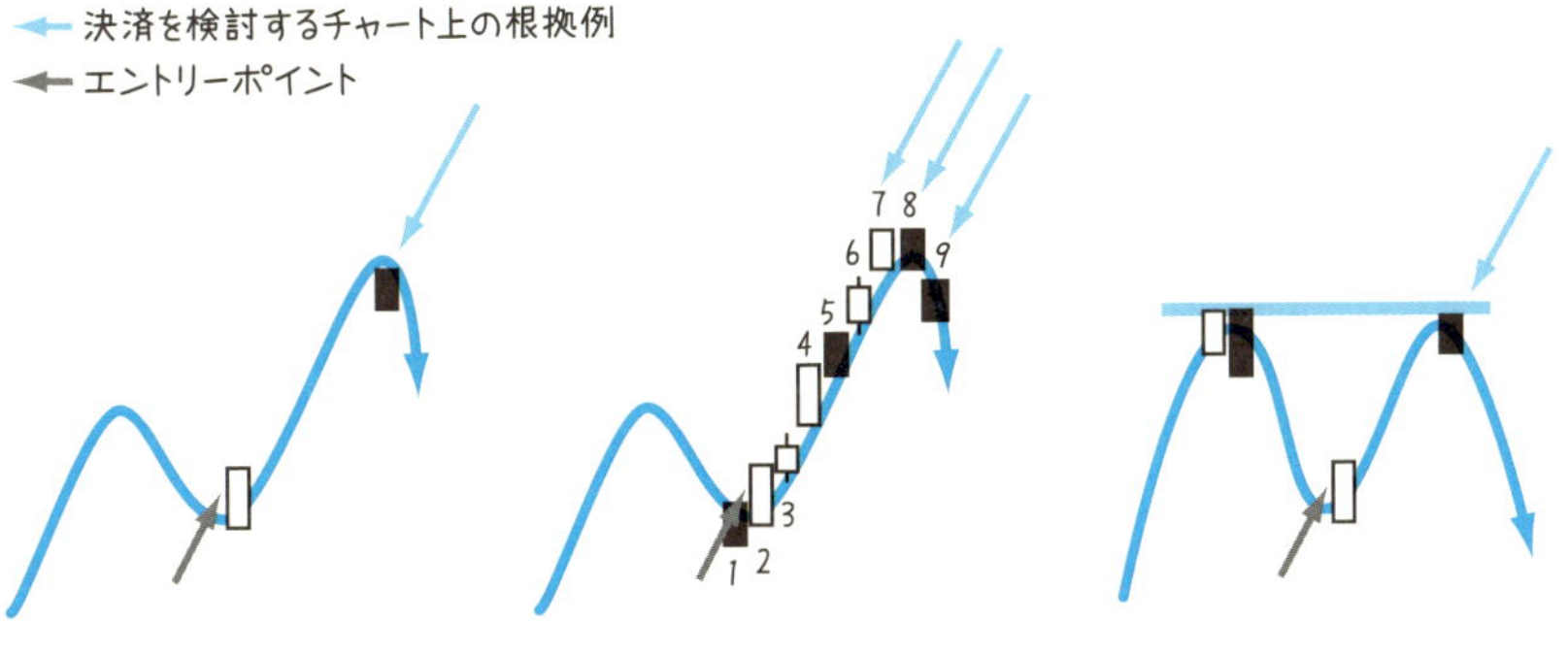

上昇後、ローソク足が移動平均線を割った（移動平均線分析）

上昇後、日数が7〜9日（時間論の基本数値）

上昇後、前の高値に並んで反落のシグナル（過去の高値）

勝負を仕掛けることができます。その結果、保有してから損切になることがあっても、プラスのトレードが再現できた時に一発で細かい損切を解消してくれることにつながります。

6時限目 スイングトレードの銘柄選び

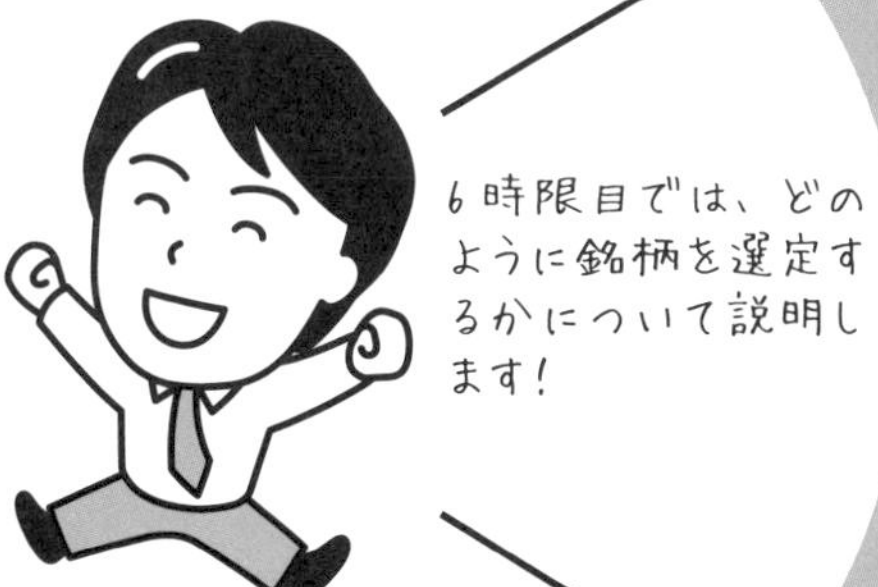
6時限目では、どのように銘柄を選定するかについて説明します！

01 スイングトレードの銘柄選び

スイングトレードを実戦する上では、どのような銘柄を選んだらよいでしょうか？　銘柄選定については、株式市場で常に**売買が活発な銘柄を選ぶ**ことが前提になります。日々の**出来高**（売買が成立した株数）や**売買代金**（売買が成立した取引の金額）が豊富な銘柄を選ぶこと、反対に出来高や売買代金が少ない銘柄を避けることです。

1 日々の出来高や売買代金の大きい銘柄を選ぼう

チャート分析がより効果的に働くのは、日々の売買量が多い流動性が高い銘柄です。出来高や売買代金が多い銘柄ほど、反対売買も多く値動きは重くなります。また、トレンドには規則性が生まれやすく、**チャート分析に沿った動きが出現しやすくなります。**

出来高が常時50万株以上の銘柄を

1つの基準として、大型株の中でも出来高が**常時50万株以上の銘柄を選択**することです。おすすめは東証プライム市場に上場している銘柄群、中でも日経225やJPX400に採用されている優良銘柄の中から、**出来高が50万株以上ある銘柄**を選定することです。日経225やJPX400に採用されている銘柄は財務的に健全な銘柄が多く、市場内での流動性も高いため投資家の思惑と逆行するような財務情報や報道が出たとしても、暴落や過剰な値動きへの耐性が比較的あると考えていいでしょう。

出来高の少ない株を避ける理由

日をまたぐスイングトレードでは、値動きの振れが大きい銘柄よりも、リスク管理がしやすい安定した値動きをする取引量の多い銘柄が向いています。**出来高の少ない株に大きく資金を投入するトレードは特に初心者は避けて下さい**。出来高の少ない株は値動きが軽く、1日で10％前後の値動きや、1年で2倍3倍といった大きなリターンも得られる可能性が魅力的ですが、反面、リスク管理が難しくなります。出来高の少ない株は多くの投資家が買いや売りを入れると、反対売買が少ないので**価格が一方向に大きく動きます**。

また、売買注文が希望の価格で成立しなかったり、売買自体ができないという**流動性リスク**もあります。

次ページのチャートは、6867リーダー電子の日足チャートです。

スタンダード市場に上場している会社ですが、売買の出来高という観点からチャートを見てみましょう。

出来高は500株から目立って多い日でも5万株程度で推移しています。

出来高が少ない流動性の低い銘柄は値動きが軽く、突如長いヒゲが出現したり、ほとんど売買がなく値動きが出ない日もあります。

チャートは参加者が多いほど、買いたい人、売りたい人の両者が多く、どちらか一辺倒な動きやイレギュラーな動きが少なくなります。

出来高が豊富な銘柄のチャートも確認しておきましょう。次ページは伊藤忠商事の日足チャートです。

先ほどのリーダー電子のチャートと比較して、ローソクの形や株価全体の流れが綺麗です。

この期間の伊藤忠商事は出来高が常時200万株以上あり、日々大量に売買されていることがわかります。

多くの株数、多くの資金で売買された結果の値動きには、投資家の総意が反映され、チャート分析のルー

● 流動性の低い銘柄は値動きが軽い

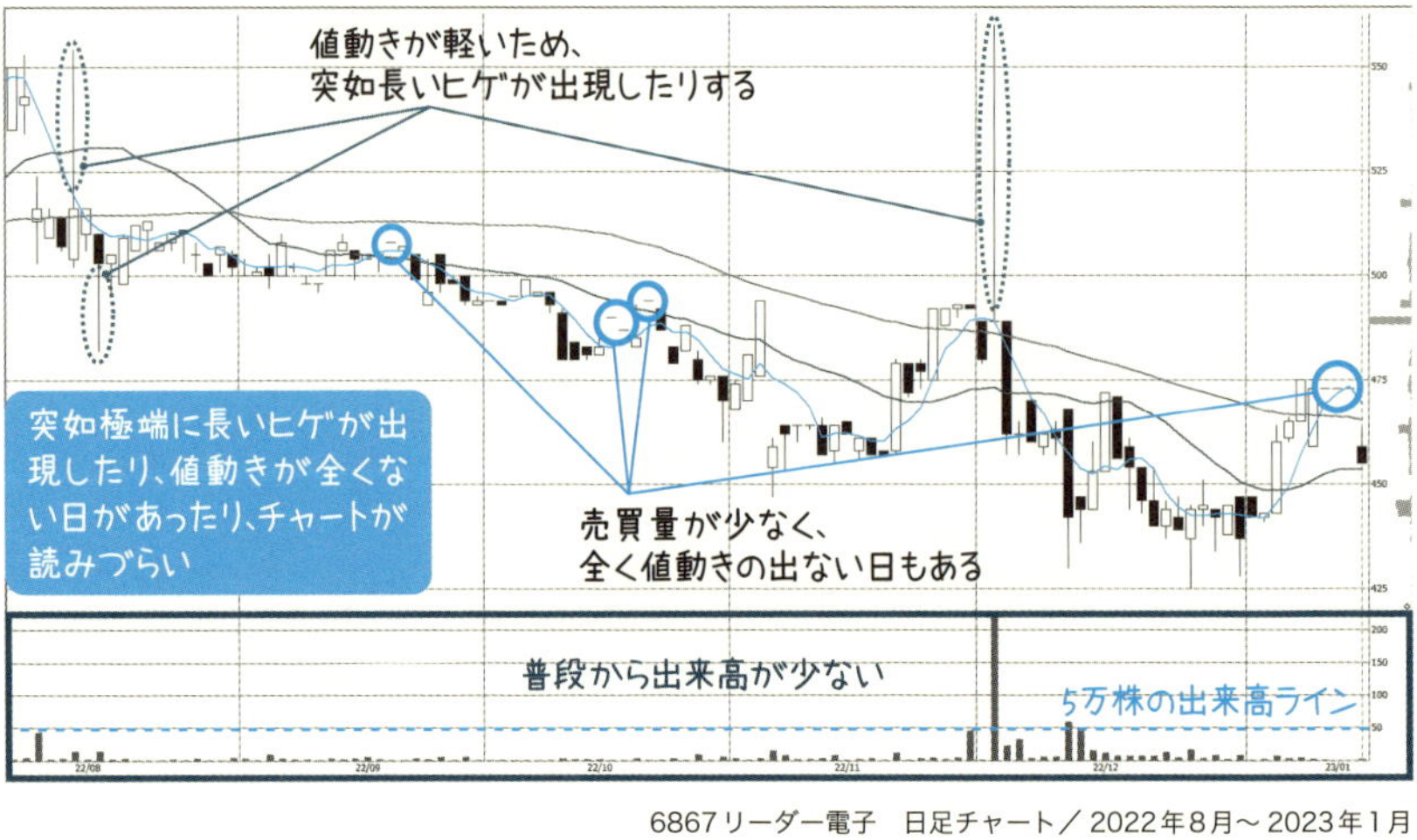

6867リーダー電子　日足チャート／2022年8月～2023年1月

ルや法則が反映されやすくなります。

チャート上のローソク足を確認しても**陰線や陽線がしっかり確認できることが多く、移動平均線分析やライン分析などのチャート分析も機能していることが確認できます。**

また、常に出来高が多いということは、活発に取引が行われ、売り・買いのどちらも多い状態なので、突然の不祥事やリスクにさらされた時も値段がつかなくなるほどの下落リスクも避けることができます。

2 出来高の多い大型株ならリスクも少なくメンタル面も安定

安定したメンタルでトレードできるかどうかも、勝つための大事なポイントです。

出来高は銘柄選定の際、**リスク管理の指標**にもなります。

● 出来高が多い銘柄はチャート分析が反映されやすい

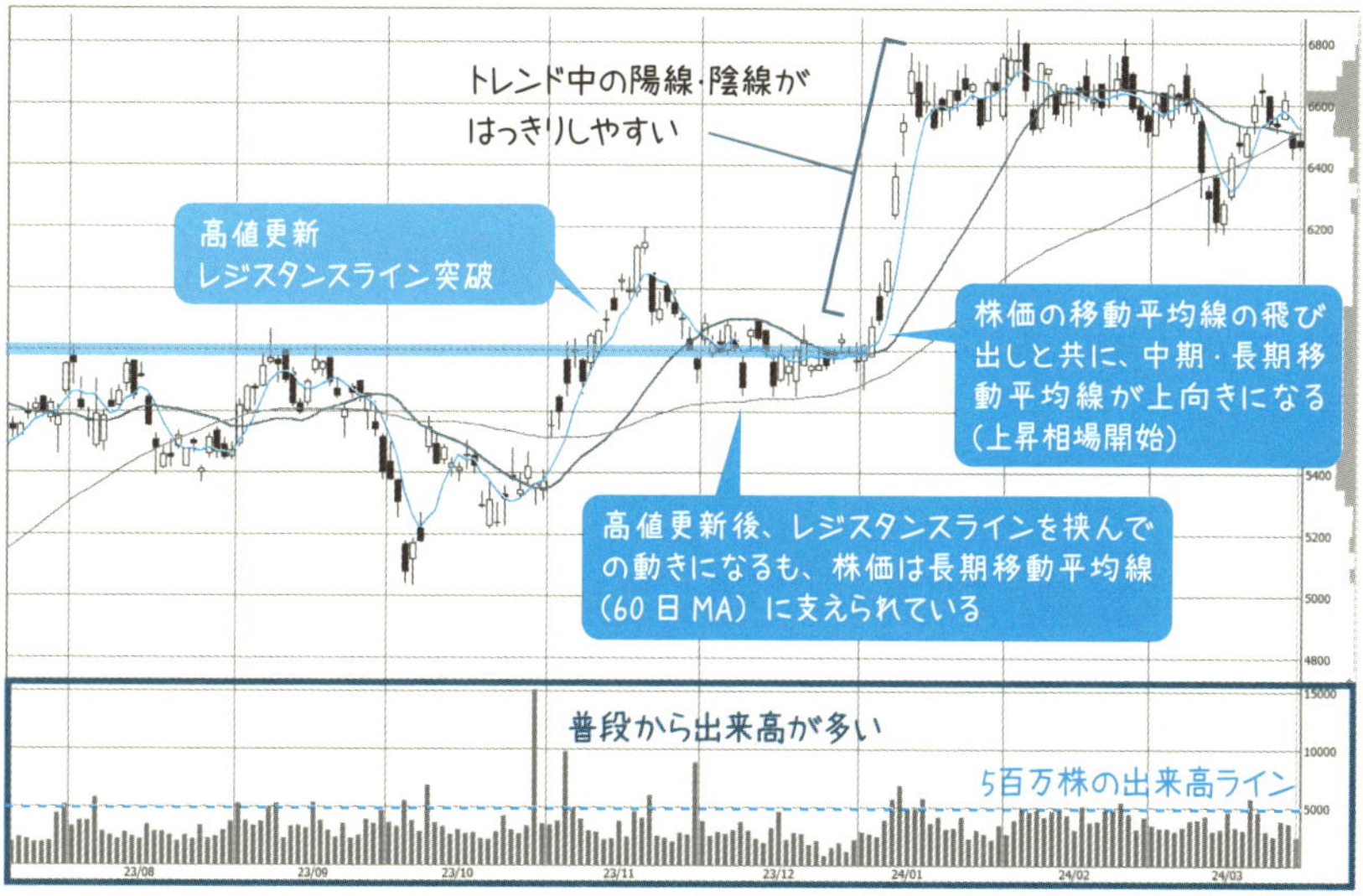

出来高が豊富な銘柄は陽線や陰線がはっきりしやすく、チャート全体からの相場の流れが読みやすい

8001 伊藤忠商事　日足チャート／2023年8月～2024年3月

暴落の可能性のある銘柄を保有すると、不安で心が揺れ動きやすくなります。

株で一攫千金を得た！という美味しい話や、反対に大損したり破産して退場したという怖い話を聞いたことがあるでしょう。

このような話は、**値動きの軽い出来高を伴わない株で起こっていることがほとんど**です。

運よく利益が出た時は良いですが、出来高が少なく流動性の低い銘柄は、信用不安が起こると一気に買い手がつかなくなり暴落につながるリスクがあります。

スイングトレードで**利益を積み重ねるためには、ギャンブル的な要素は排除する**ことが大事です。

大型株なら仮に大きな不祥事ニュースがあっても日々の株の売買量も安定しているため、**利確や損切で一時的に株を手放すための逃げ場が残されています。**

「値動きに安定感があっていざという時に逃げることができる」という安心感を持ってトレードをするのと、「何かあれば決済できなくなるリスクもあるかもしれない」と考えながらトレードを続けるのでは、心理的な負担に大きな差があります。

リスクヘッジの観点からもトレード対象は大型株、そして出来高も50万株以上の株を1つの基準とするのが初心者の方にはおすすめです。

02 監視リストを頭に入れてトレードチャンスを待とう

1 銘柄一覧からトレードの優先度を決める

スイングトレードで実際にトレードするための**監視銘柄のリスト**を作成します。監視銘柄とは**トレードするための候補として監視しておく銘柄**のことです。

このリストを監視しながら実際のトレード銘柄を決め、タイミングをはかり注文を出します。

チャート分析によりトレードタイミングが近い銘柄を事前に整理し頭に入れ、トレードチャンスを逃さない準備をしておくことが監視銘柄リスト作成の目的です。

今後の値動きが読みやすい銘柄や、大きな動きが発生しそうで買い

銘柄選定のための監視リスト(お気に入り)をつくり、いつでもすぐにチェックしてトレードできる体勢をつくっておきましょう!

を入れたい銘柄を事前に整理しておくことが大事です。

ここからはチャートを見て**スイングトレードの"勝負所"が近づいている銘柄**を自分で整理できるように、**選定基準**についていくつかの例を解説しておきます。

2 移動平均線でチャートの先を読む

下のチャートを移動平均線の観点から分析してみましょう。

上昇相場からボックスを認識

チャートの左から株価は上昇が続いてきました。

相場の方向感（トレンド）を示す20日MA、長期線の60日MAともに上向きの方向感を示し、**相場は上昇トレンド**と認識することができます。

2023年9月のタイミングで株価（ローソク足）はいったんの天井をつけました。

移動平均線分析の観点から、2023年9月が天井

● チャートの右端を見て、今後を予測してみよう！

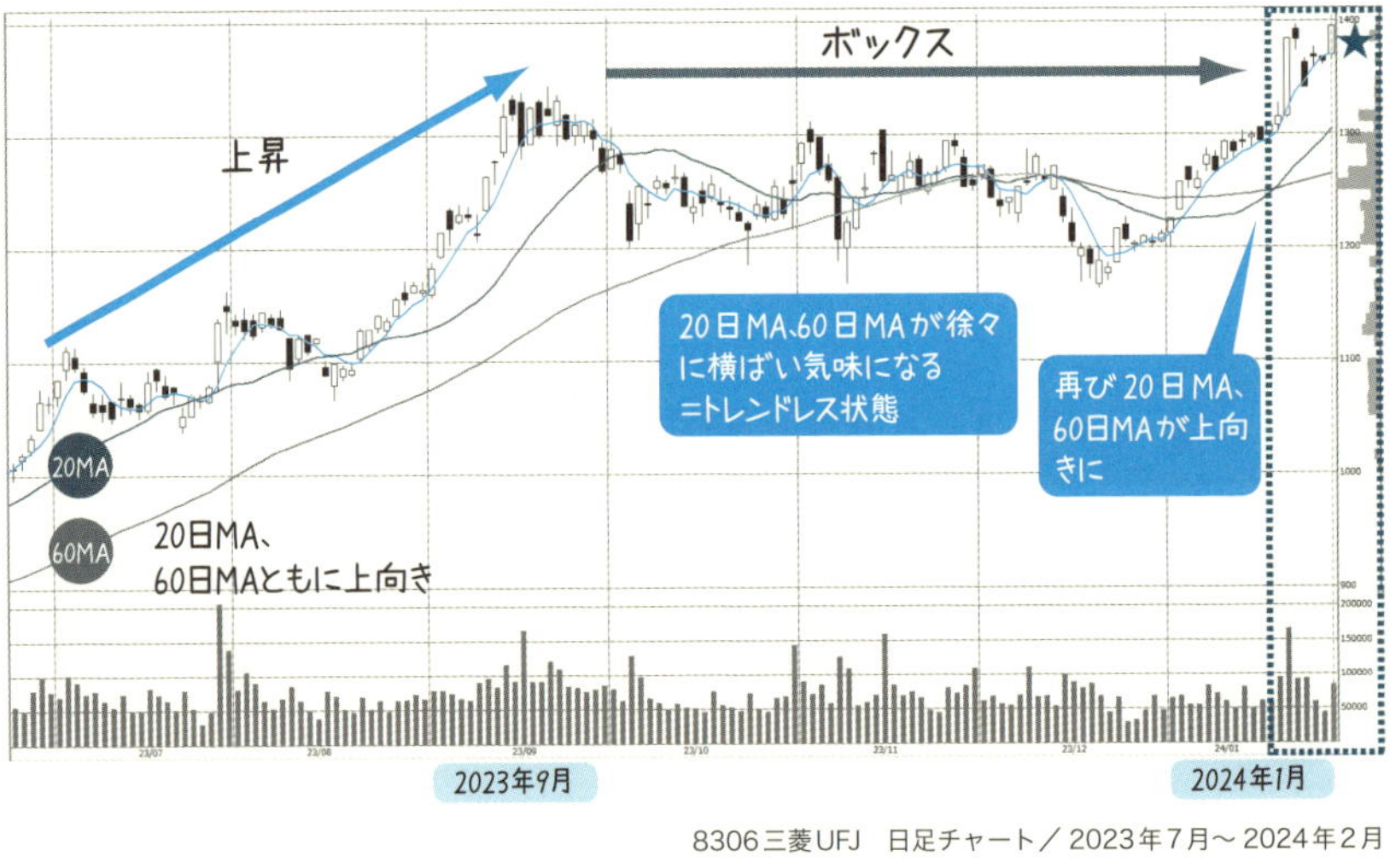

8306三菱UFJ　日足チャート／2023年7月～2024年2月

（上げどまり）と判断できるタイミングは２０２３年10月以降に株価が20日ＭＡを割り込んで、20日ＭＡが横ばい～下向きの方向を示すようになってからです。

それまで20日ＭＡ、60日ＭＡの上で推移していた株価が、20日ＭＡ、60日ＭＡを上下に跨いだ範囲で動くようになり、60日ＭＡも方向感を示さなくなっていきます。つまり、**相場環境はボックス相場**に入ったと認識できます。

その後、チャート右端の２０２４年1月には株価が２０２３年9月時点でつけた高値を超えブレイクし、20日ＭＡ、60日ＭＡともに再び上向きの方向感を示し始めました（右端の★の位置）。

ボックスから先は上昇相場？

20日ＭＡ、60日ＭＡの方向感が上向きを示し始めたので、株価は**再び上昇相場へ復帰**すると分析するのが基本です。

ここからはチャートの左側と同じように株価20日ＭＡに近づいては再上昇し、その動きが弱るまで、上昇相場は継続すると考えられ、基本的に**買いチャンスを狙っていくシーン**となります。

買いのトリガーとしては、上昇相場での下値の切上が確認できるローソク足や、4時限目（１３８ページ）で解説をした5日ＭＡを超えたローソク足を軸に仕込むと、右端の★の時点から戦略を立てることができます。

実際にその約2週間後に買いチャンスが来ました。（次ページチャート➡ポイント）

移動平均線分析の観点から買い目線を持って銘柄整理ができていれば、この日を**見逃さずに買**

いを入れることができます。

補足ですが、この場面の上昇は2時限目で学んだ**グランビルの法則の買い③（買い乗せ）**と同様の考え方になります。

このようにトレンド分析から**現在の環境を認識でき、後の動きを想定できる状況にある銘柄**を監視リストに入れていきます。

エントリーの後の動きは前のチャートと同じく、2024年3月のタイミングで株価（ローソク足）はいったんの天井をついて、ボックス相場に入っている状態が認識できます。

理由は、株価が20日MAを割り込んで、20日MAは横ばい～下向きの方向を示すようになってからです。

そして前の動きと同じように**上昇相場の後にはボックス相場**が出現しています。

相場は似たような動きを繰り返します。

中期線と長期線の向きと株価の位置を照らし合わ

● **後の動きはこうなった**

8306三菱UFJ　日足チャート／2023年10月～2024年5月

せながら、この後は再び上昇に向かうのか、下落に向かうのかを見極めていくことになります。

ボックス相場がトレンド相場に移行する瞬間やトレンド相場に移行した直後は大きく動くチャンスと考えられます。

まもなく**ボックスを抜けるタイミング**や、**ボックスを抜けた直後**のチャートを確認できればリスト入りさせるのがおすすめです。

3 ライン分析から環境認識してチャートの先を読む

次ページのチャートでは**ライン分析**を使って検討してみましょう。移動平均線はそのまま表示しておきます。

チャートを確認すると、左側からボックス相場が継続しているように見えます。目立った高値・安値付近にラインを引くと、はっきりとボックス相場が認識できます。

チャートの左端から右側に向かって、5～6か月目地点である2020年11月に過去の高値を結んだレジスタンスラインを少し突破しました（**高値更新①**）。**高値更新はチャートの強弱を読む上で重要なポイント**です。

そのまま上昇とはなりませんでしたが、株価が高値を更新し始めたということはボックス相場から上昇相場へ移行していく足がかりを探している状況です。

ここから下値の切り上がりが発生すると、2時限目（88ページ）で解説した**ダウ理論の観点か**

らも上昇相場への移行が想定できます。（ダウ理論によるトレンドの定義：**①上昇相場**＝高値が切り上がり、安値も切り上がっている状態）

高値更新の2か月後の2021年1月に株価は明確にレジスタンスラインを突破しました（**高値更新②**）

レジスタンスライン突破後、高値をつけて反落し、再度前回のレジスタンスライン付近まで下落してきています（右端の★）。

ライン分析の観点から、レジスタンスライン突破（高値更新）後の**レジサポ転換の動き**が想定できるので、想定が立てやすそうです。

2時限目（85ページ）で解説をしましたが、ラインは抜けると逆の意味を持つようになります。

次ページチャートの右側グレー部分で上昇の兆しが見えれば反転することを想定して、監視リストに入れておこうという考えになります。

この後、レジサポ転換が成立して株価が上昇していくなら、**株価はブレイクしたライン近辺で下げ止まり**

● **チャートの右端を見て、今後の動きの想定と狙いはどうか？**

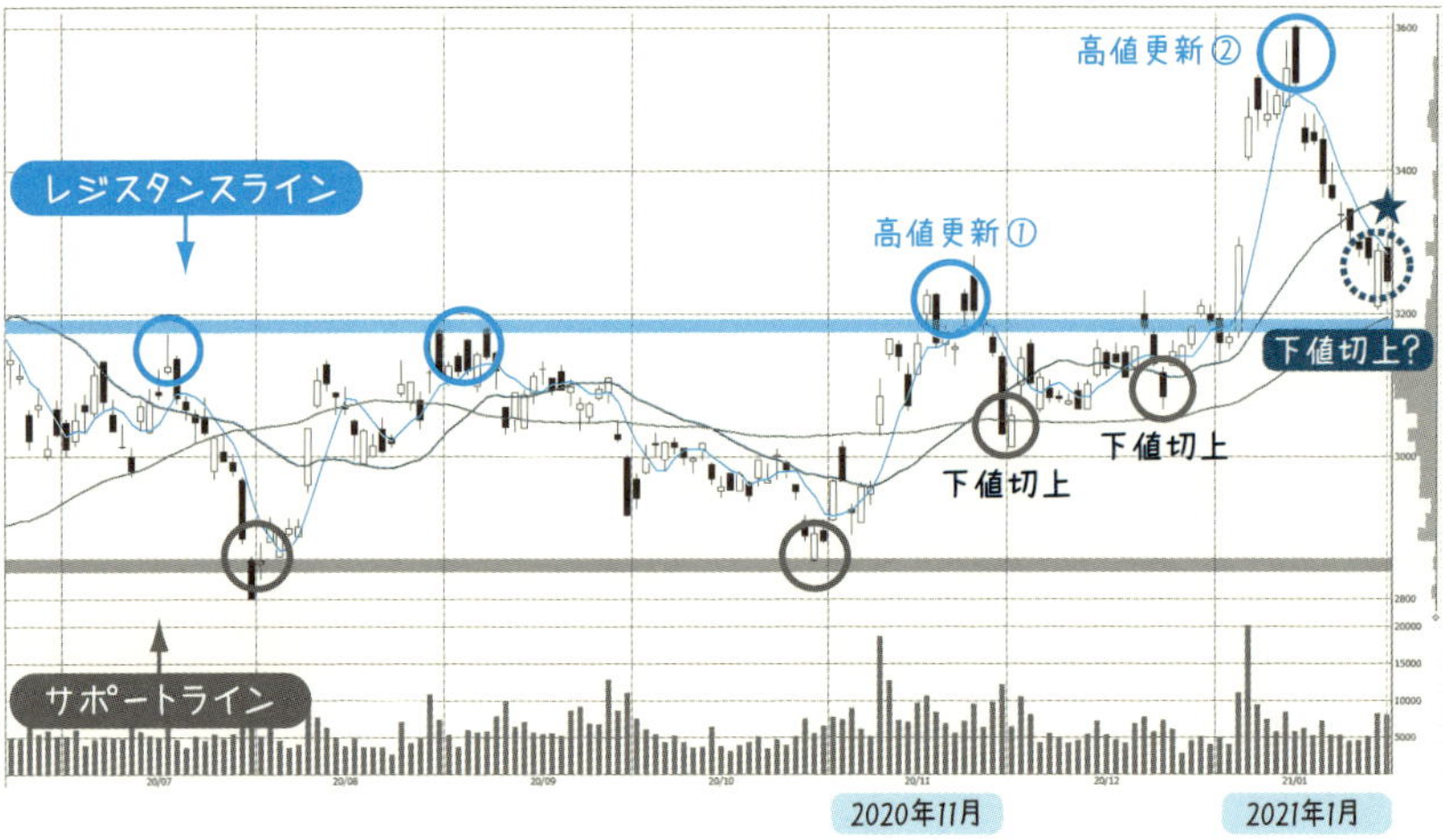

8316三井住友　日足チャート／2020年7月～2021年1月

（もしくはラインの上下に跨いで下げ止まり）、再度上昇に向かうシグナルを発生させると想定します。

すなわち、**方針は買い**、買いチャンスを狙っていくシーンです。

この後のチャート（次ページ）を確認しておきましょう。

想定通りレジサポ転換が機能し、**上昇相場へ移行**しています。

買いのトリガーは、ここでも**5日MAを軸に超えたタイミングのローソク足を基準**にしてもいいでしょう。

また、移動平均線分析の観点からトレンドを分析しても、60日MAが株価の下支えになっています。

ライン分析の観点と移動平均線分析のどちらの観点でも上昇の想定を立てられるということはより上昇相場につながる可能性が高いことが想定できます。

ライン分析も移動平均線分析も多くの投資家・トレーダーが採用している方法論です。

大多数のトレーダーの認識が一致する時にこそ大相

● **レジサポ転換から上昇が想定できる**

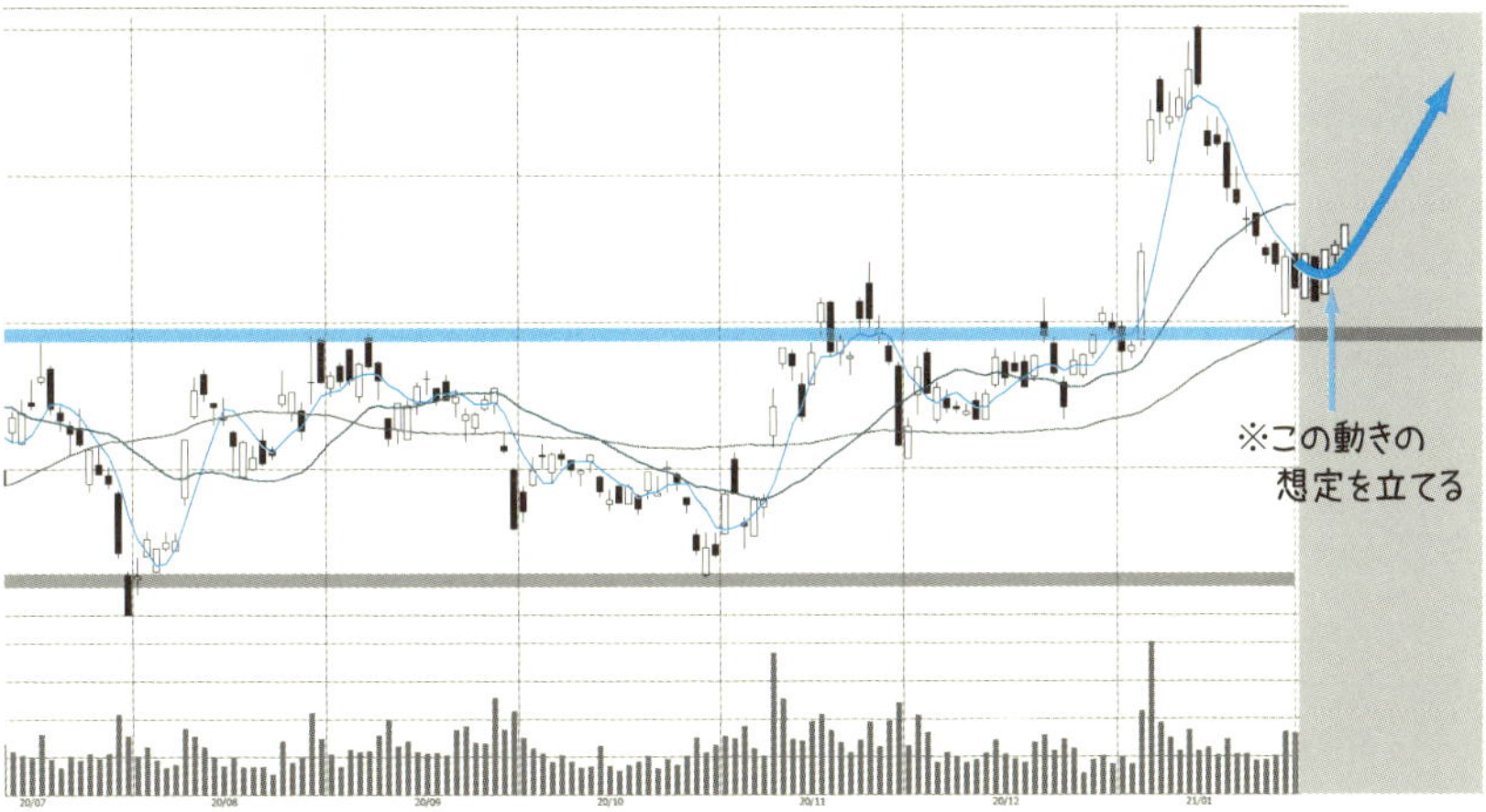

8316三井住友　日足チャート／2020年7月〜2021年1月

場が生まれるので、ここは勝負所と認識して監視リストに入れておくべきです。

繰り返しますが、大事なのは相場環境の認識をして、後のトレンドの発生が見込める勝負所を察知できるようになることです。

本書で紹介する売買のトリガーや買いサインも、株価が上がる環境下でこそ重要な意味を持ちます。

つまり**トレンド分析や環境認識がうまくできなければ、監視銘柄リストを作成しても役立たないものとなってしまいます**。

そのためには本書で紹介している相場理論を何度も繰り返し復習し、実際のチャートと照らし合わせて確認するようにしてください。

特に移動平均線分析、ライン分析のマスターは必須です。

後の動きはこうなった

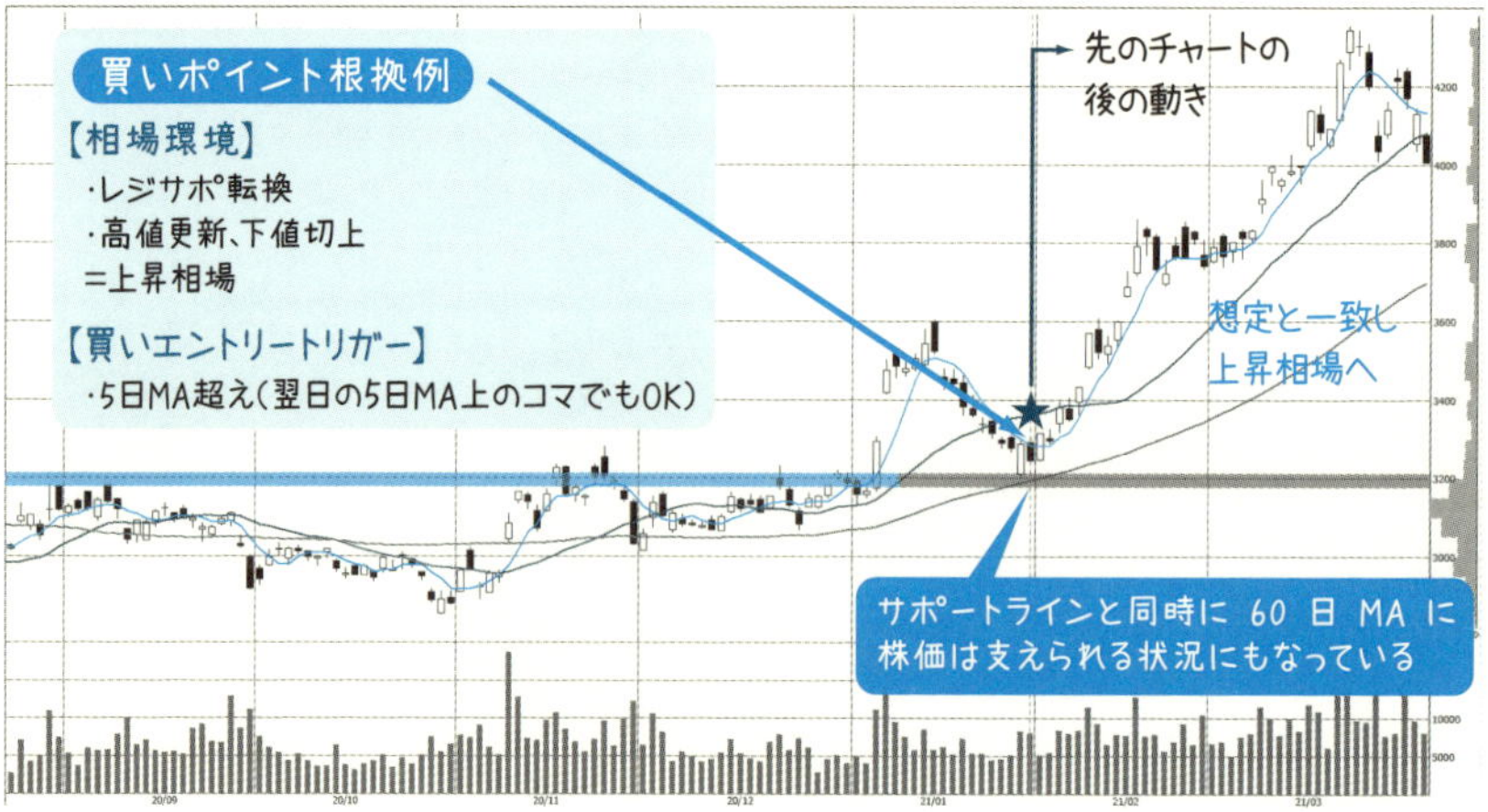

8316三井住友　日足チャート／2020年9月～2021年3月

4 上位足でチャートの先を読む

前例でボックス相場が続いた状況から上昇相場へ放たれていく初動の瞬間がチャート分析上の勝負所となっています。

つまり**ボックス相場を見つけて今後トレンドが発生しそうな銘柄をリスト化**しておき、初動のタイミングで勝負できると効率が良いのです。

その状況を見つける方法があります。**月足チャートからアプローチする方法**です。

下のチャートはトヨタ自動車の月足チャートです。

チャート右側のローソク足が上昇から横ばい（ボックス）になった部分に水平線を引きました。

直前の動きから月足チャートの流れを確認すると、株価が下落してきて、60か月MAがクッションとなる形でボックス相場となった後、株価は上に抜けて上昇相場へ移行していきました。

● 下落→ボックス、ここで上昇を察知できるか？

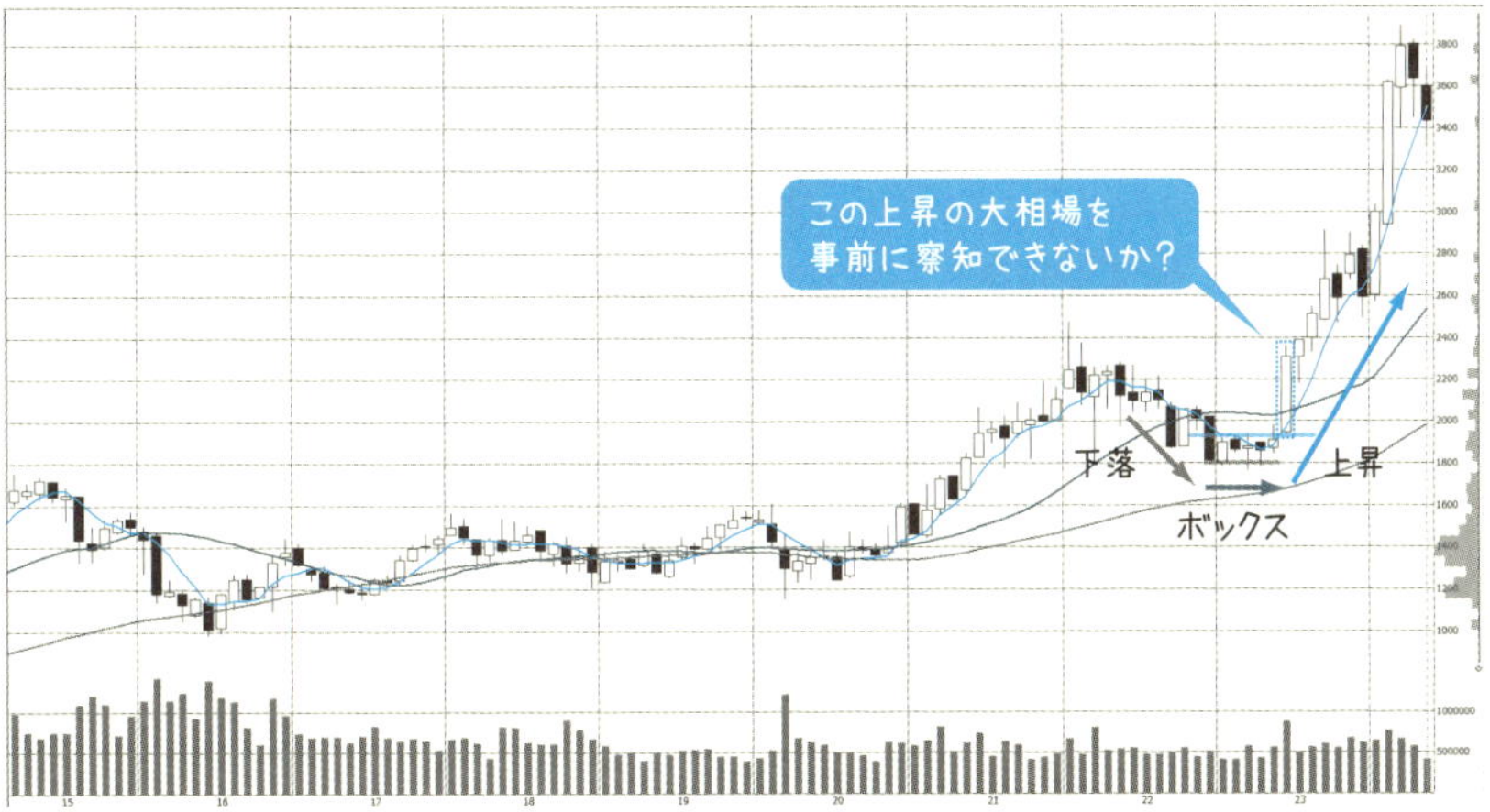

7203トヨタ自動車　月足チャート／2015年～2024年

月足でボックス相場を抜けた後には大相場が生まれる可能性が考えられますが、月足でのボックス形成位置がチャート分析から次のトレンド発生につながる位置だとより良いです。

月足でローソク足が数本横ばいということは**日足では数か月のボックス相場**になります。

この状態で狭い範囲でローソク足が上下に動きながら月足が下値を切り上げていたり、月足チャート上で上昇相場につながりやすい位置（20か月MA・60か月MAの上や、レジサポ転換の状態）で陰線陽線が綺麗に横に並んでいたりすると、その後株価は勢いよくボックスを抜けていく傾向があります。

飛び出す前の状況を見つけたらチャンスであり、日足に視点を戻して仕掛けるポイントを検討します。

この範囲の日足チャートを確認してみましょう（下図）。

日足を確認すると、これまで確認してきた移動平均線分析やライン分析と同様に上昇方向に飛び出してい

● 月足チャートから日足でボックスブレイクを想定する

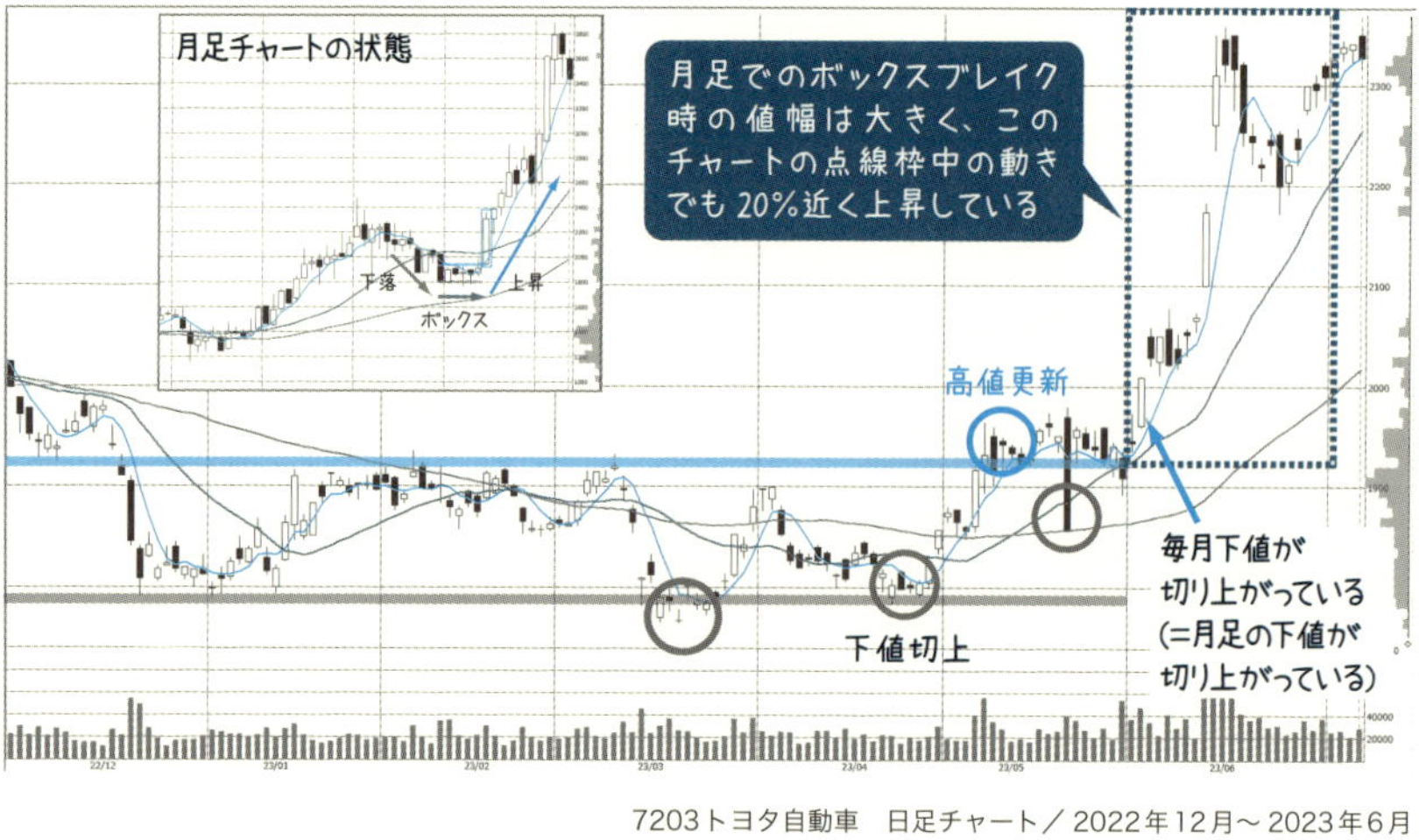

7203トヨタ自動車　日足チャート／2022年12月～2023年6月

きそうな特徴が出ています。

上昇相場へ移行する直前の**高値更新や下値の切上、20日MAと60日MAの向きが上向き**であることから、上昇の想定が立ちます。

さらに、4時限目02「今の相場環境を捉え、適切な買いタイミングを掴む」でも解説をした買いで狙うべきパターンにも合致しています（129ページ）。

このように**上位足（月足）での方向感と下位足（日足）での方向感が一致したタイミング**を狙っていくと、**株価のトレンドに沿った売買を実戦しやすくなるため大相場を捉えることができます**（↑のポイント）。

03 銘柄の監視リストはこうして登録！

1 私のおすすめの銘柄管理方法

管理方法は各個人がやりやすい方法で問題ありませんが、私のおすすめの方法もご紹介しておきます。

私の場合は、銘柄の管理には、ＰＣでは楽天証券のトレードツールである**MARKETSPEED II**を利用し、スマホではＳＢＩ証券の**SBI証券株**を主に利用しています（１１９ページ参照）。

それぞれ大手証券が提供しているツールということでレスポンスや機能が充実しています。

証券会社が提供するツールでは、監視リストは「ウォッチリスト」

私のおすすめの銘柄管理の方法を紹介しましょう！
証券会社が提供するトレードツールには、銘柄を登録する機能が必ずあります。

「お気に入り」「登録銘柄」といった名称になりますが、ここからすぐに発注画面に移行して注文できるところが便利です。

2 人気のトレードツール

Ｗｅｂブラウザで使えるトレードツールとしては**機能が豊富なTradingView**もトレーダーに人気です。

無料のBasic版では監視できる1つのウォッチリストで30銘柄まで登録できます。

Essential版以上の有料版では、複数のウォッチリストに１０００までの銘柄を登録することができます。

ツールに対しての出費は控えたいという方は各証券会社の提供の無料ツールで管理して全く問題ありませんが、私自身も監視リスト作成の際には**有料ツールであるパンローリング社の**

● MARKETSPEED IIの登録銘柄編集画面

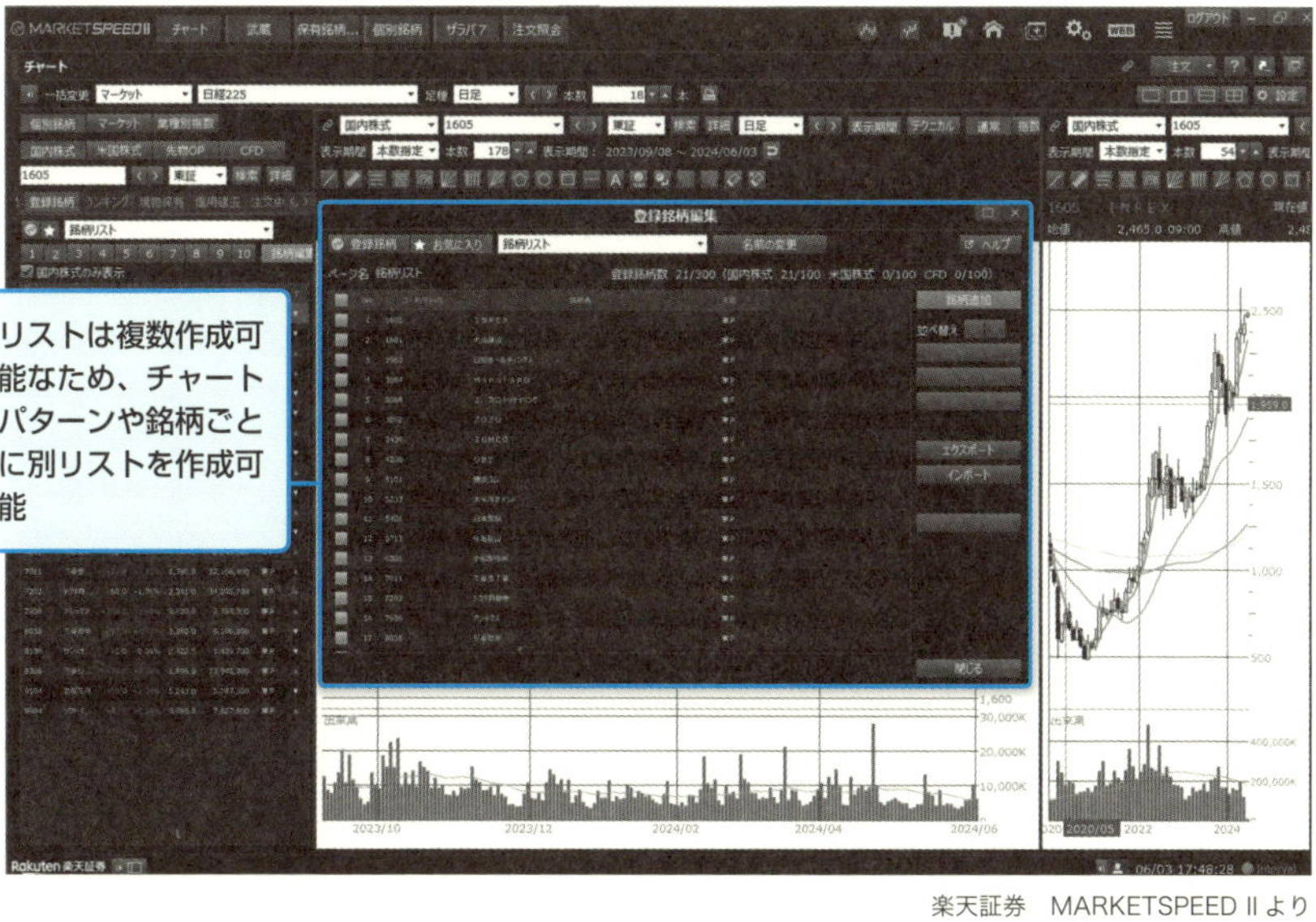
リストは複数作成可能なため、チャートパターンや銘柄ごとに別リストを作成可能
登録銘柄編集

楽天証券　MARKETSPEED IIより

チャートギャラリーを利用しています。

本書のチャート画像にも利用させていただいていますが、過去チャートの検証や監視銘柄を検索するのに非常に便利です。

監視リストの作成は最初は時間がかかるかもしれませんが、慣れれば全体で数百のトレード対象銘柄があっても1～2時間で整理を終わらせることができます。

実際に運用する監視リストとしては**20銘柄以内に絞り込んでおく**ことがおすすめです。

多すぎる監視銘柄はノイズになってしまい、事前に立てたトレード中の銘柄の戦略を忘れてしまいます。

監視リストを作成しておけば、後は毎日想定した状況になっているかの確認作業が中心なので、数分程度の作業で済みます。

ウォッチリスト追加・登録画面

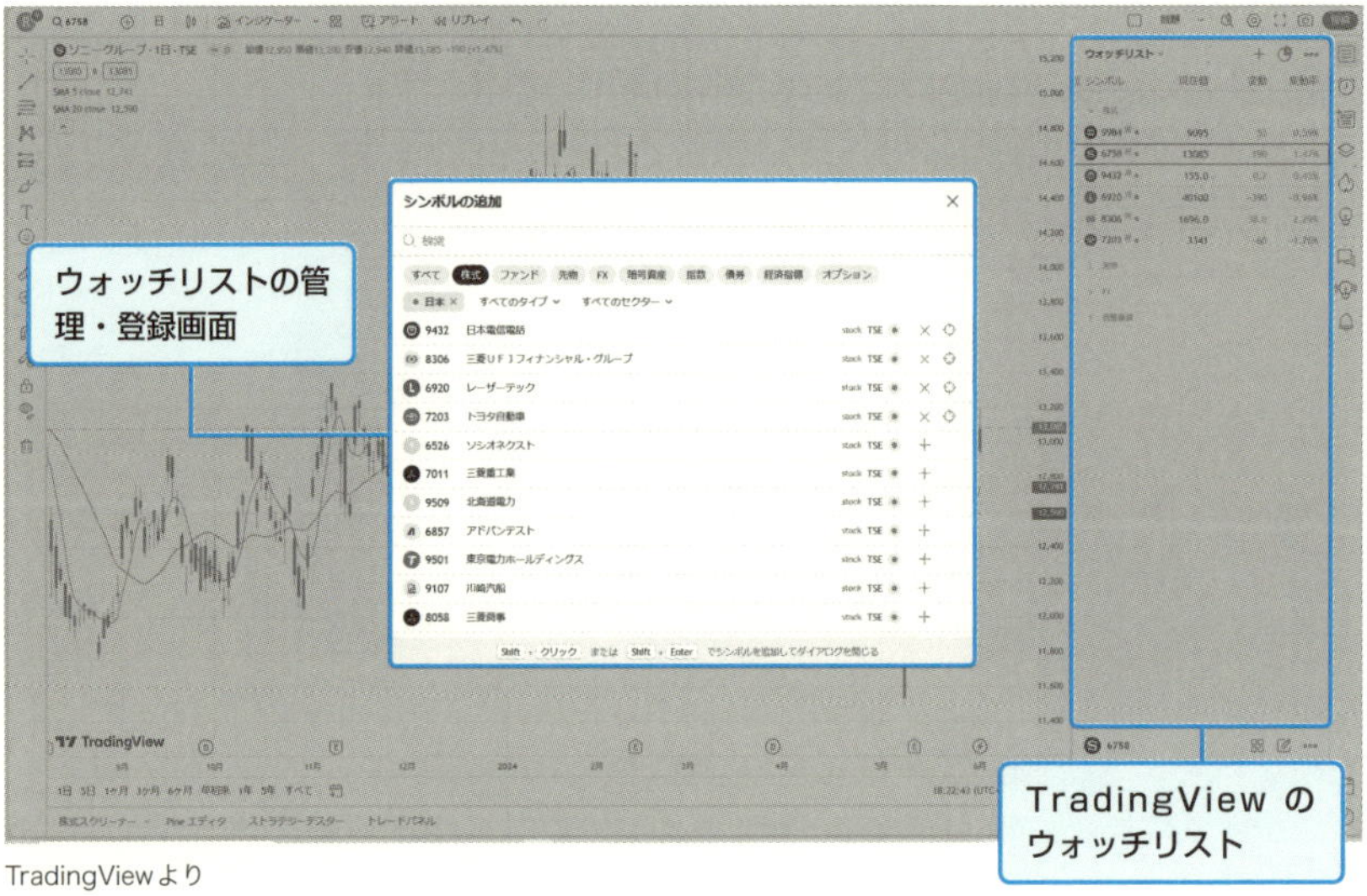

TradingViewより

04 テーマやチャートパターンから銘柄選定する方法

スイングトレードに適した銘柄選定の方法やタイミングの探り方は、そのほかにもいくつかあるので紹介していきます。

1 大きな値動きが発生するテーマ株

テーマ株とはその時の世の中や株式市場の中で**話題になっている業界の銘柄**のことです。

例えば最近（2024年6月1日現在）ではAI関連の技術革新に伴い、データセンターや半導体関連（エヌビディア等）、電力の分野の銘柄が非常に注目されています。

過去の例も挙げると、例えば2020年のコロナショック以降は、巣ごもり需要により宅配サービスやテレワークに関連する銘柄が注

スイングトレードに適した銘柄選定には、テーマ株から選ぶ方法、チャートパターンから選ぶ方法、スクリーニングなどの方法があります。

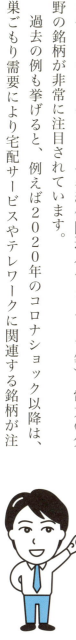

目を集めました。

AI（人工知能）のような世の中を大きく変化させる技術が普及するタイミングでは、半導体といったその分野に関連するテーマ株に多くの資金が集まり、**短期間でトレンドが形成**されることがあります。

テーマの継続性や持続性が明確な市場で、有望な会社の株を狙って押し目を拾っていくのは、短期的な値動きを利益に変えていくスイングトレードでは有効な手段です。

ただし、そうした銘柄の注意点は、一時的に売買が集中して値動きが上下に激しくなることも多く、一過性の上昇とともに急激な下落も伴うので、**リスク管理には注意をしてください**。

特に流動性の低さや値動きの軽さには十分注意して、保有する株数は必ず有事の際にも致命傷にならない程度にコントロールするようにしてください。

各証券会社のアプリには、**テーマごとの銘柄検索ができる機能**があるので、試してみましょう。

● MARKET SPEED II の投資ナビ・テーマ別銘柄検索画面

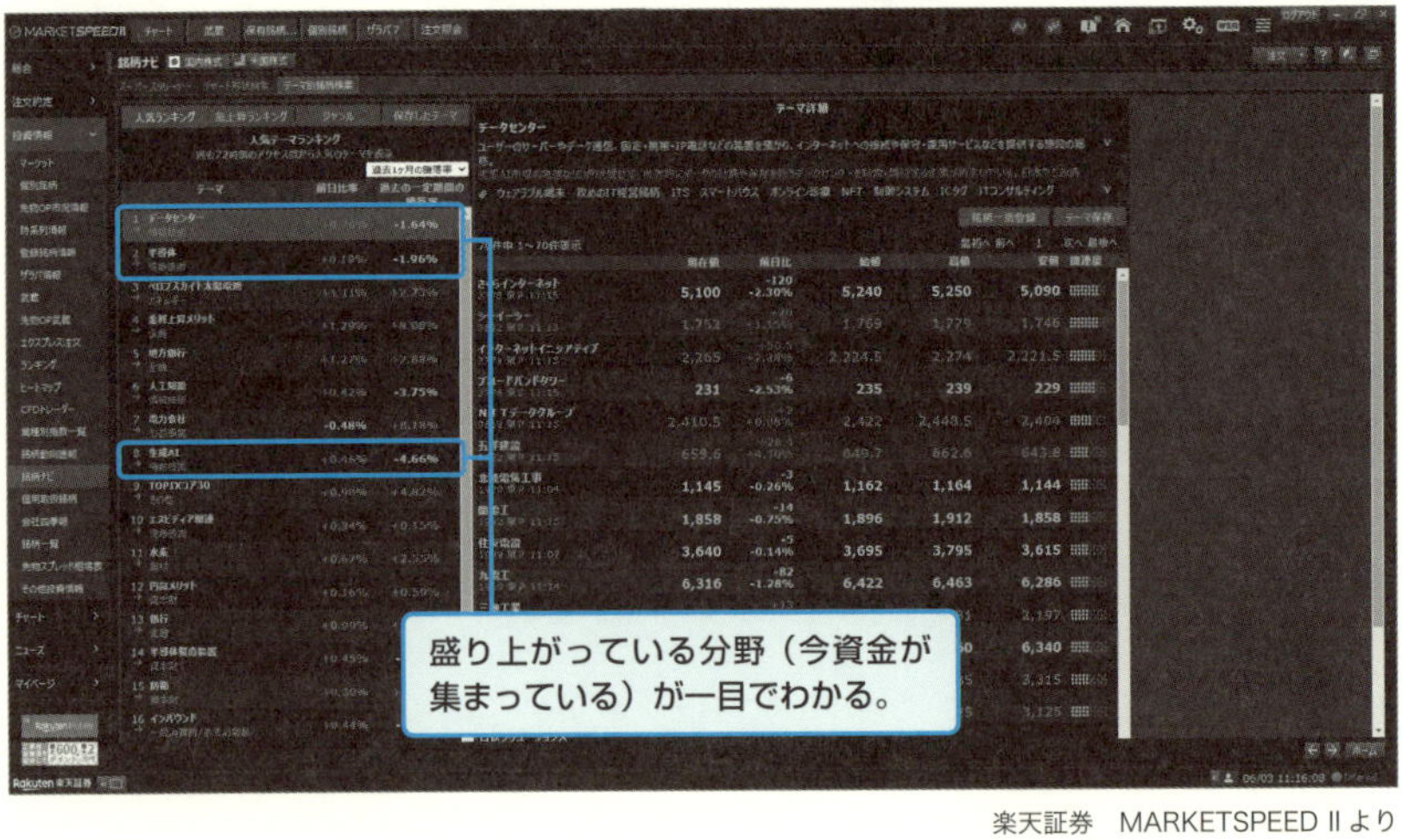
盛り上がっている分野（今資金が集まっている）が一目でわかる。

楽天証券　MARKETSPEED II より

下のチャートは３７７８さくらインターネットの日足チャートです。

さくらインターネットはデータセンター運営やクラウド事業を中心にサービス提供をしている企業で、２０２３年10月から２０２４年の３月にかけて多くの話題や資金を巻き込んで**株価は暴騰し約10倍になりました。**

しかし、最高値を付けた２０２４年３月からは**約２か月の短い期間で60％も下落**しています。

テーマ株は短期間での株価上昇が見込める分、ボラティリティが大きくなると必然的に急落のリスクも抱えることになります。

値上り幅の視点で見た時には大きな値動きは魅力ですが、一方で**高値掴みには十分な注意が必要**です。

2 チャートパターンから選定する

今トレードタイミングが近づいている銘柄を選定す

● 約10倍になった後60%下落したさくらインターネット

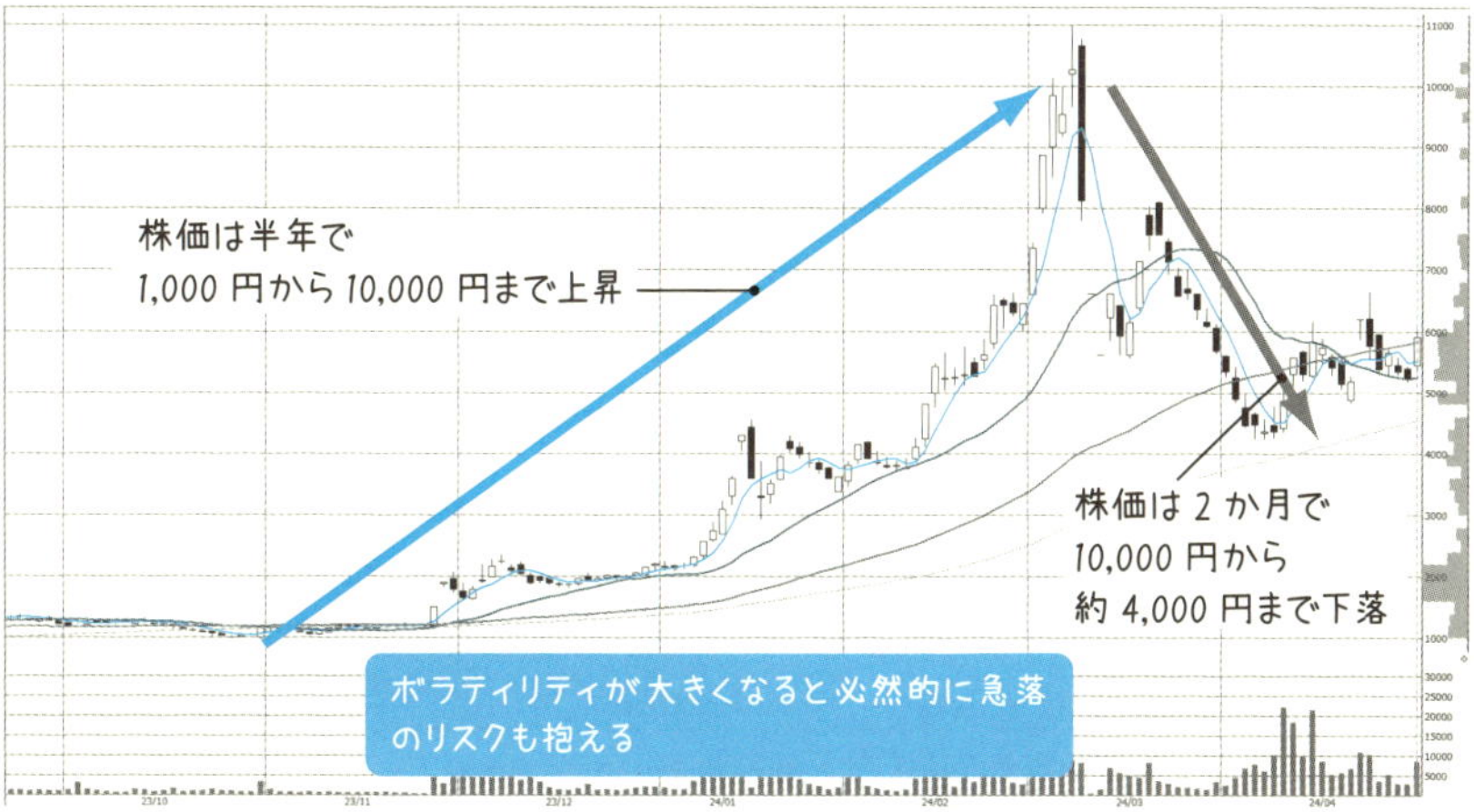
株価は半年で
1,000円から10,000円まで上昇
株価は2か月で
10,000円から
約4,000円まで下落
ボラティリティが大きくなると必然的に急落のリスクも抱える

3778さくらインターネット　日足チャート／2023年10月～2024年4月

るために、**チャートパターンから銘柄を選ぶ**方法もあります。

移動平均線分析やライン分析などのトレンド分析と同じく、チャートパターン（チャートの形）から読み取る方法です。

チャートパターンは投資家心理によって形成されます。株価の動きは、特定の状況下では多くの投資家やトレーダーが同じように考えて同じような売買行動をとるからこそ、どの時間帯やいつの年代でも類似したパターンが繰り返されます。

よくあるチャートパターンは1時限目（56ページ）で解説しています。

チャートパターンの完了で仕掛ける

チャートパターンの形成段階から監視銘柄リストに入れておき、パターンが形成されそうになったら試しで仕掛けてみる、もしくは**パターンの形成が完了したら仕掛ける**という風に活用するのが合理的です。

● **チャートパターンを見つけた時の心理①**

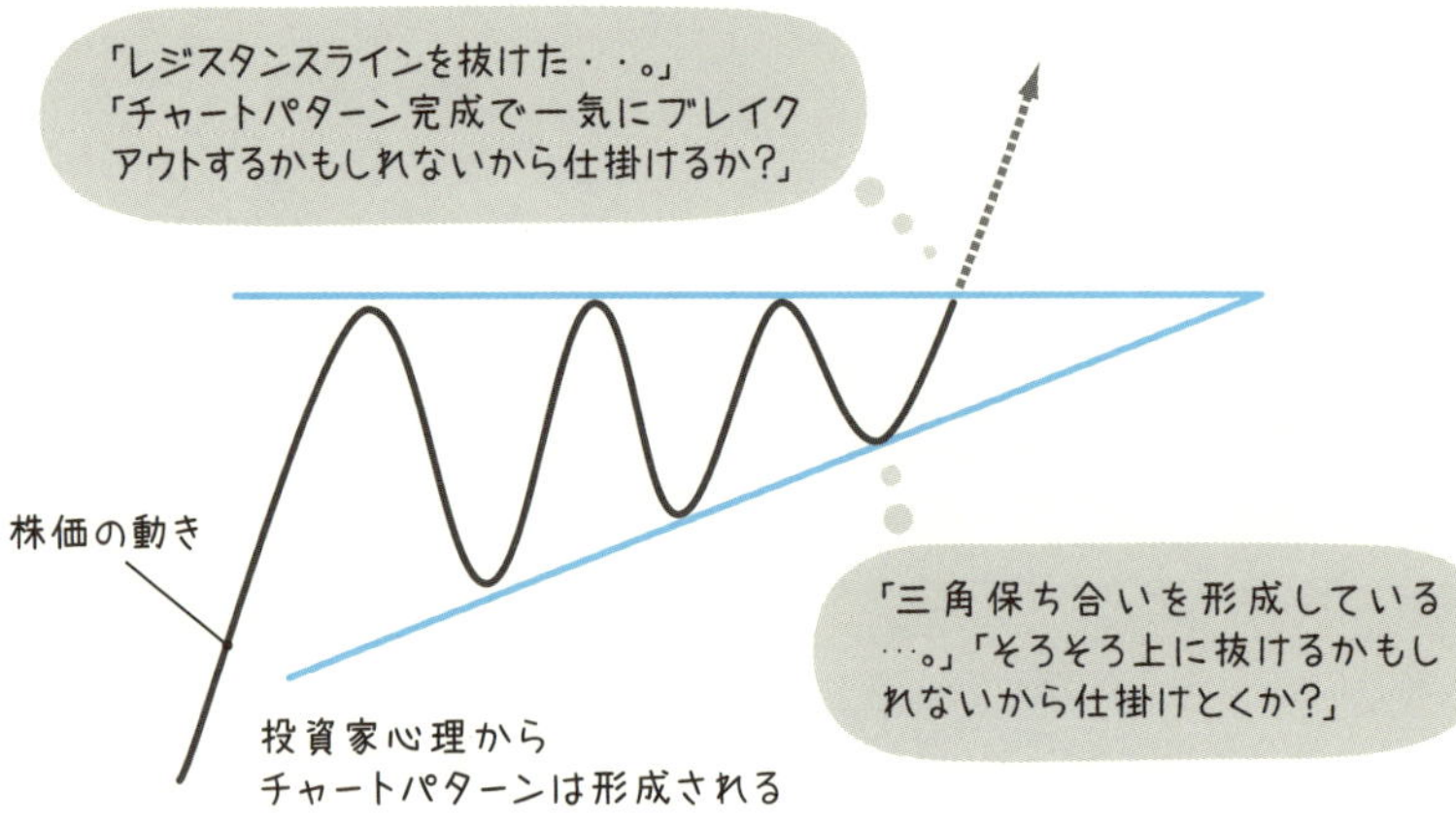
「レジスタンスラインを抜けた・・。」
「チャートパターン完成で一気にブレイクアウトするかもしれないから仕掛けるか?」
株価の動き
「三角保ち合いを形成している…。」「そろそろ上に抜けるかもしれないから仕掛けとくか?」
投資家心理から
チャートパターンは形成される

実戦時には相場の環境認識にもこだわってください。

チャートパターンは日足数本で形成されるような小さな動きの中でも出現します。

短い時間軸や小さな値動きばかりに注目してしまうと、チャートパターンの信頼性は低くなり、同時にポジポジ病を誘発してしまいます。

現在の**環境認識ができた上で、相場のトレンド変化の潮目など、重要な局面で形成されるチャートパターンが意味を持ちます。**

相場環境的に大きなトレンドを形成しそうな状態、あるいは転換点になりそうな位置だから、そこで形成されるチャートパターンをチャンスと捉えます。

前段の動きが整っているから、後のチャートパターンも再現性が高く、重要な意味を持つのです。

チャートパターンは出現する相場環境が超重要

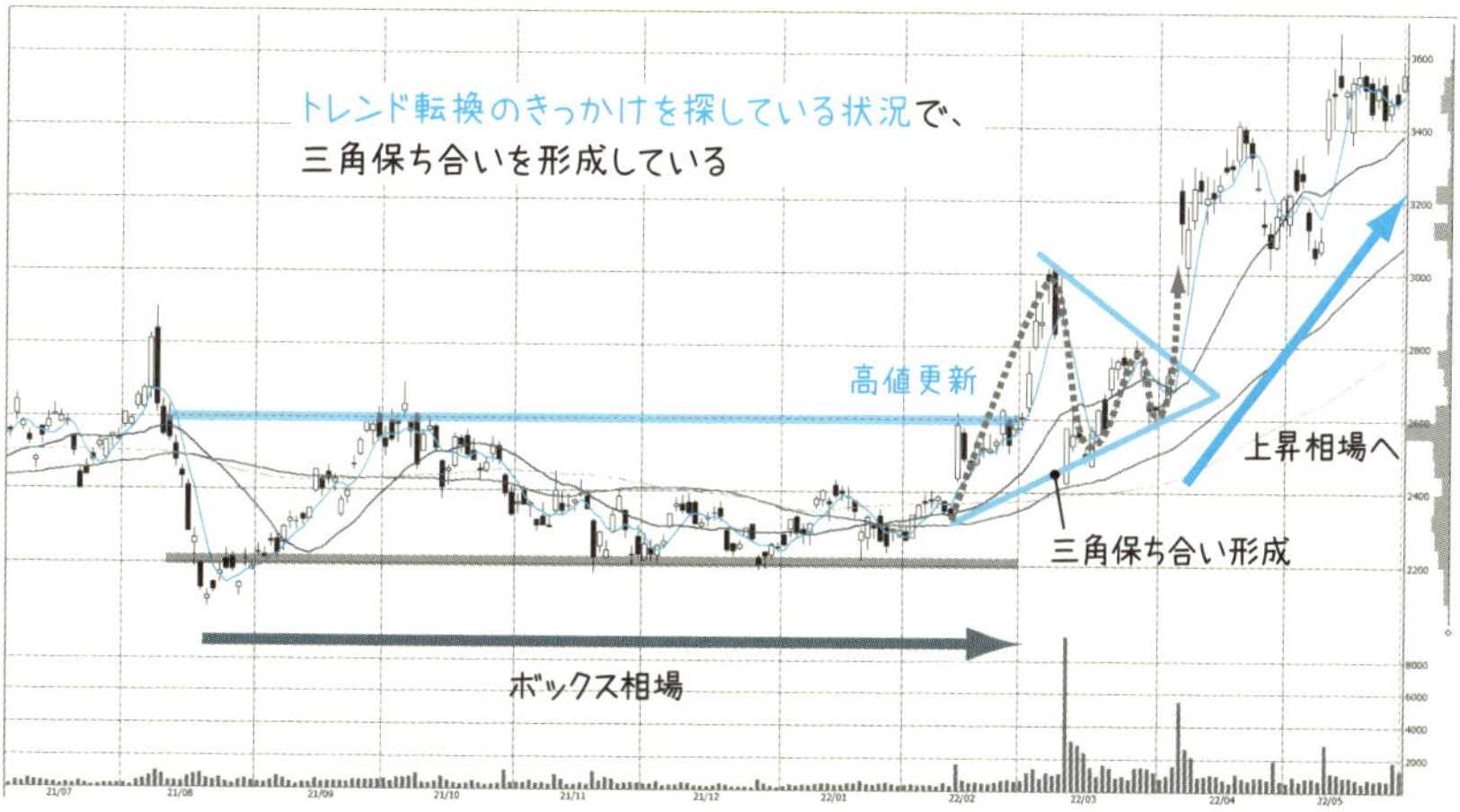

ボックス相場から高値更新が起きて、上昇相場へ入るきっかけを探している相場環境で三角保ち合いを形成している。=パターンが形成されれば、チャートパターンを認識した投資家・トレーダーの買いが入り、上昇相場入りのきっかけになる可能性が高い。

得意なパターンからスクリーニングする

銘柄検索時は各証券会社が提供している**スクリーニング機能**を利用することもできます。

例えば、楽天証券のMARKETSPEED IIの銘柄ナビ・チャート形状検索画面では、日足チャートの形状を複数パターンに分類して、各カテゴリーごとにまとめてくれています。

チャート形状ごとにスクリーニングできるので、自分が狙いたいチャートパターンの銘柄を探す時に利用できます。

また、スクリーニングツールではチャートパターンの状況検索と併せて、市場や出来高など各検索条件の詳細を設定できます。（画像の場合は左側で検索条件の設定が可能）

スクリーニング作業中に見つけた銘柄はメモなどに残しておき、監視銘柄リストとして整理することに使えます。

● 楽天証券のMARKETSPEED IIの銘柄ナビ・チャート形状検索

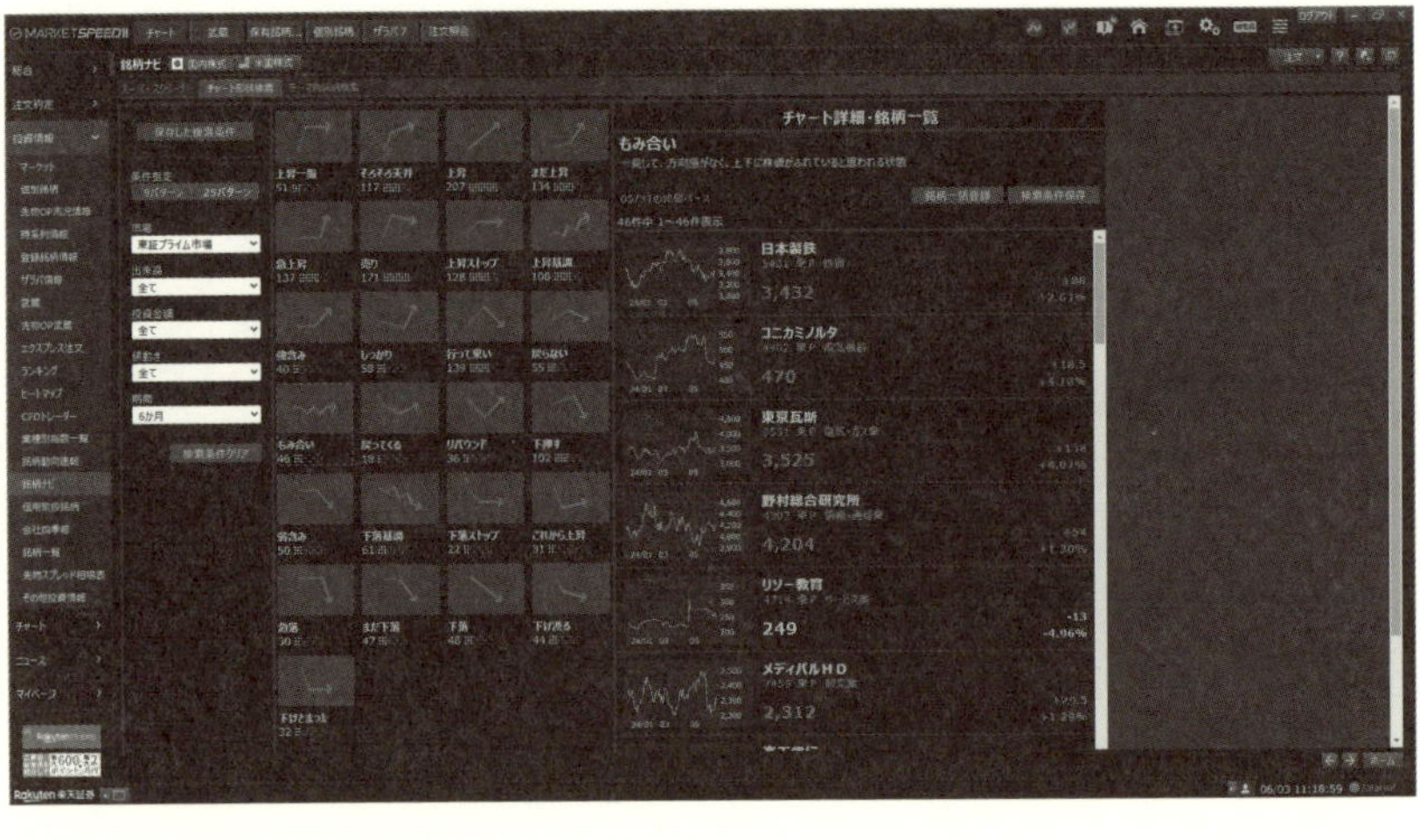

7時限目

信用取引と空売りに挑戦しよう

株価下落の局面でも利益を出すことができる空売りと、多くの資金で取引が可能になる信用取引についても学んでおきましょう！

01 信用取引の仕組みを理解しよう

1 信用取引とは？

株の世界では、自分のトレード資金よりも多くの資金で株を買う方法があります。この方法を**信用取引**といいます。

信用取引を始める際には、取引をする証券会社で**信用取引口座を開設**する必要があります。口座開設については各証券会社のサイトにその条件が提示されています。

信用取引の仕組みを理解していることや現物取引の経験があることを前提に、一定の金融資産の保有条件などがあり、**最低委託保証金**（信用取引を行う際の担保として差し入れる現金または株式）が30万円以上必要になります。

信用取引の特徴は、**レバレッジ**や**回転売買**が可能なことと、**信用売り（空売り）**などがあります。

レバレッジをかけて資金効率を高める

信用取引では**お金を借りて株を買う**ことができます。

例えば、現物取引の場合は証券会社の口座に１００万円預けていたとすると１００万円の範囲内での取引しかできませんが、信用取引では口座に預けた**１００万円を「保証金」とし最大３・３倍の３３０万分の株を買う**ことができます。

これを**レバレッジ**といいます。必ずしも保証金の３・３倍のレバレッジをかけて取引する必要はありません。

それなら信用取引ではなく、現物取引でいいのではないかとも考えられますが、信用取引には現物取引と異なるメリットがあります。

同じ資金で何度も売買できる回転売買

それが**同じ資金を利用して何度も売買を繰り返すことができる回転売買**です。

現物取引では同じ資金を利用して同じ銘柄を１日に何度

● 現物取引と信用取引

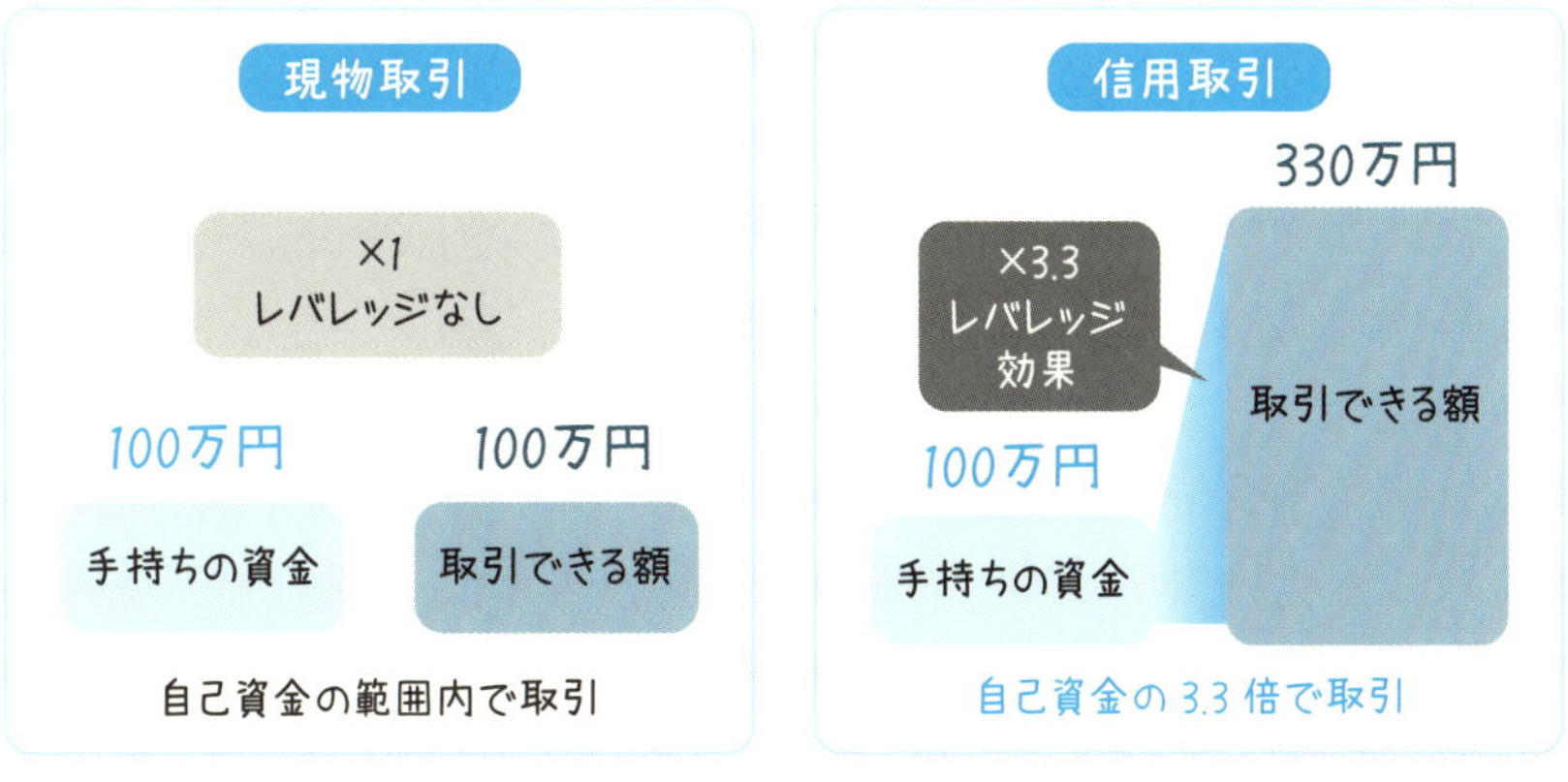

も取引はできません。

例えば、ある銘柄を100万円で購入し、株価が5%上昇した105万円で決済しました。現物取引では、決済した資金で他の銘柄は購入できますが、同じ銘柄の場合は、再度同じ日に購入することはできません。

現物取引の場合、先に利用した資金とは別で105万円の資金が必要になりますが、信用取引では、同じ銘柄でも他の異なる銘柄でも、**同じ保証金を利用し1日に何度でも回転売買が可能**です。

レバレッジや回転売買を利用するタイミングはチャンスの場面でより多くの利益を狙う時ですが、投資の性質上損失を被る可能性も常に残ります。

信用取引での**リスク管理については、現物取引以上に注意が必要**です。

空売り（信用売り）ができる

現物取引では売りというと「保有している株を売ること」ですが、信用取引では**保有していない株を先に売る空売り（信用売り）ができます**。

空売りは**証券会社から株を借りて先に売り、その後に買い戻してから証券会社に返す**ことのできる制度です。株価が下がると予測した時に空売りを利用すると利益を出すことができます。

売った株は必ず証券会社に返す必要がありますが、株価が下落した地点で空売りを決済（買い戻す）ことができれば利益になります。

❶株を先に売る（4000円で株を証券会社から借りて売る）＝空売り
❷株を後で買う（3400円で株を買って、証券会社に返す）＝決済
❸差額分の600円が利益として自分の手元に残る。

例ではわかりやすくするために、取引手数料を省いています。

2 信用取引の種類

信用取引には、制度信用取引と一般信用取引の2種類があります。

制度信用取引は証券取引所が定めた基準を満たした銘柄が取引対象となり、返済期限などが取引所の規則により決まっています。

もう1つの**一般信用取引**では証券会社と投資家の判断

● 空売りのイメージ

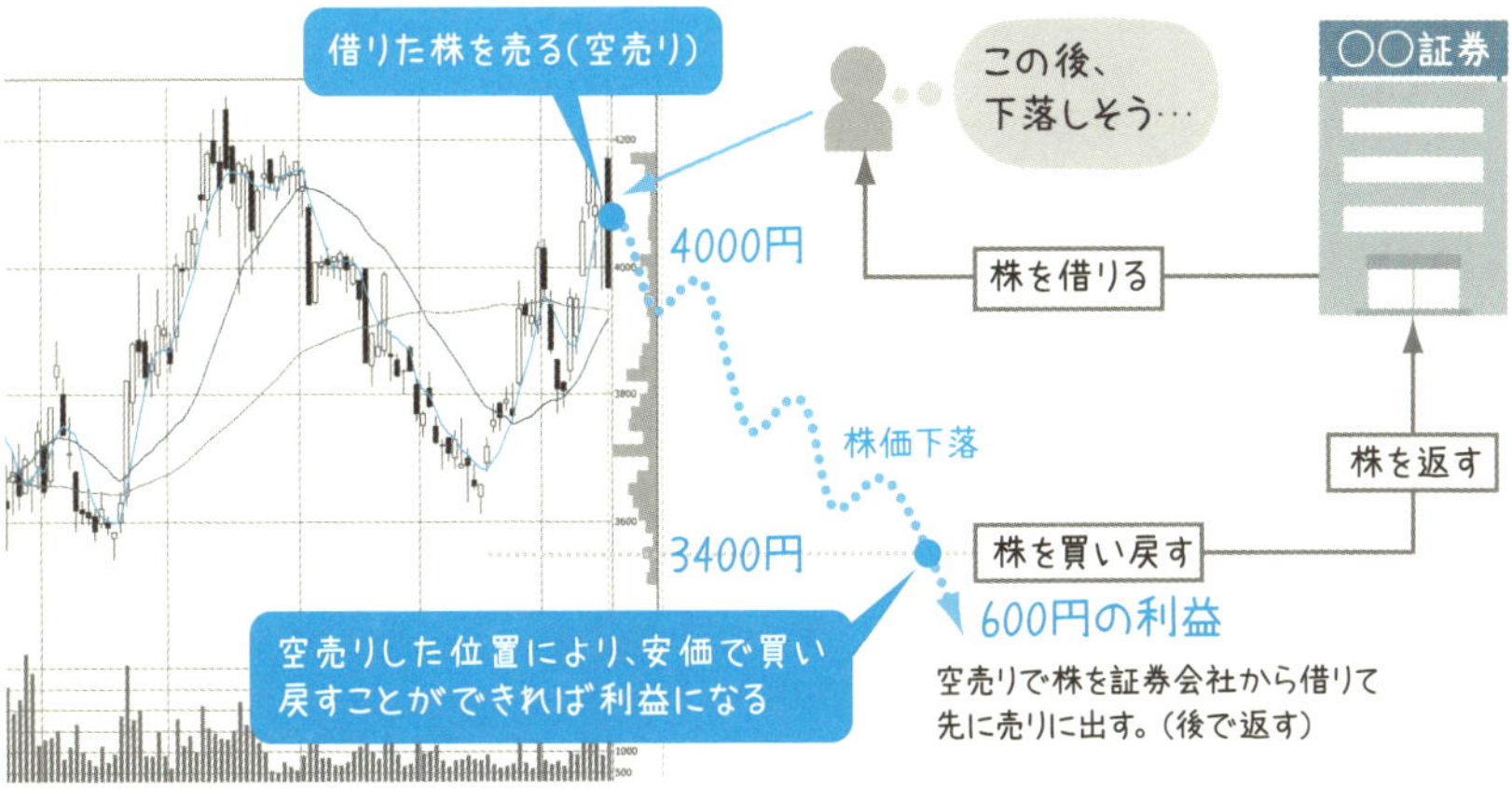
借りた株を売る（空売り）
この後、
下落しそう…
○○証券
株を借りる
4000円
株価下落
株を返す
3400円
株を買い戻す
600円の利益
空売りした位置により、安価で買い戻すことができれば利益になる
空売りで株を証券会社から借りて先に売りに出す。（後で返す）

で銘柄や返済期日が決められます。

信用取引では、返済期日が制度信用取引では6か月、一般信用取引なら無期限（原則3年程度）と定められています。

スイングトレードの場合、半年以上同じポジションを抱えることはありませんが、**返済期日を迎えると含み損を抱えていても決済をしなければならない**ことには注意しておきましょう。

また、**信用取引で買いや空売りのポジションは玉《ぎょく》**といい、信用取引で買った株を**買い建玉《たてぎょく》**、株を借りて売った株（空売りした株）を**売り建玉《たてぎょく》**といいます。

3 信用取引のリスクとコスト

信用取引はうまく活用できれば大きな武器になりますが、一歩間違えると大きなリスクも伴います。

保証金を担保として3倍のレバレッジ取引を行った場合、予想通りに株価が動けば利益は元手の3倍得ること

● 制度信用取引と一般信用取引

	制度信用取引	一般信用取引
取引対象銘柄	取引所が選定する（信用銘柄、貸借銘柄）	証券会社が選定する（原則、全上場銘柄）
取引ルール決定	取引所が決定	証券会社が決定
返済期限	最長6か月	特になし（1日～無期限）
売り建て	貸借銘柄で可能	一部の証券会社で可能
逆日歩の発生	発生する場合あり	対象外
貸借取引	できる	できない

ができます。一方、株価が逆行した場合には損失幅も3倍になります。

損失が大きくなると保証金が不足する場合がありますが、その時は**強制的に決済**を行うか、**追加保証金（追証《おいしょう》）を証券口座に入金**する必要が出てしまいます。

空売りのリスク

購入した現物株は会社が倒産しなければ無価値になることはありません。現物買いのリスクはある意味限定的とも言えます。

一方、株価の上値は理論上は制限がないので、安易に空売りし株価が上昇を続けるという大怪我に至ることも考えられます。

また、**信用買いでは借りたお金の金利**、**信用売り（空売り）の時は借りた株の貸株料**を払わなければいけません。

権利確定日（各企業が定める決算期末日）を跨いで空売りしていると、**配当金に相当する分の支払い**も生じます。

このように信用取引ではレバレッジや回転売買も含めて資金効率の良さがありますが、リスクも理解したうえで行ってください。

● 信用取引で損失を出すと追証が発生することも

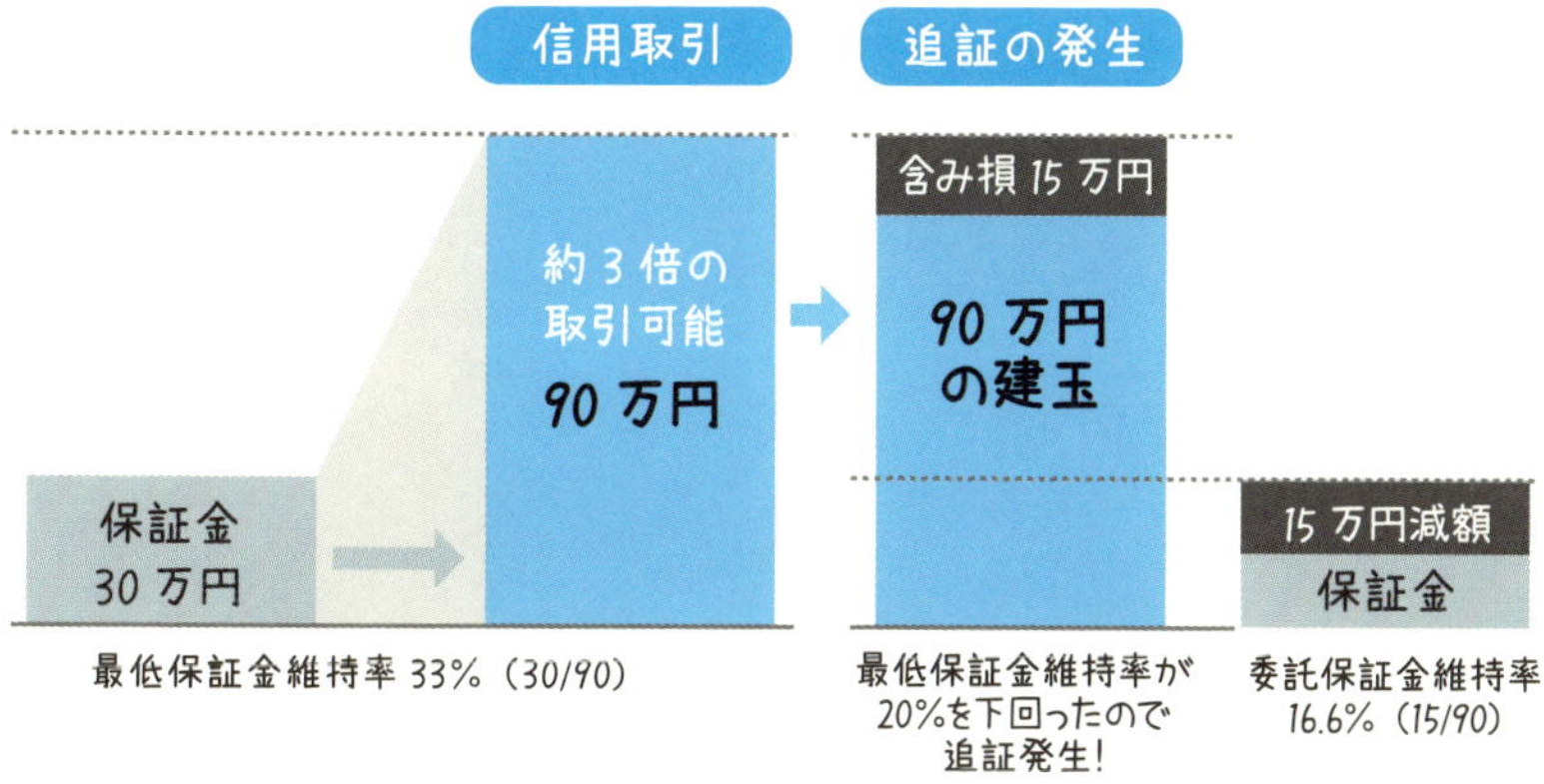

02 空売りを使えば下落相場で利益が出せる！

信用取引の空売りを使いこなせれば、株価が下落する局面で利益を出すことができます。

株価には上昇が優位なタイミングと同じように、下落が優位なタイミングもあります。スイングトレードでは、空売りをうまく活用することで利益を得る機会を増やすことができます。

1 下落相場で利益を上げよう（空売り）

チャート分析の観点から下落が起きやすいタイミングを探ってみましょう。2時限目で学んだ移動平均線分析からも下落に優位性のある期間を見つけることができます。

次ページ上チャートの20日MAを軸に観察すると、株価が20日MAの上にある時は上昇トレンドが発生し（20日MAが上向き）、反対に株価が20日MAの下にある時は下落トレンドが発生し（20日MAが下向き）しています。

多くの投資家やトレーダーは買い戦略が中心なので、下落相場でも買い向かうことが多くなり

株価は上昇しやすい期間もあれば、下落しやすい期間もある

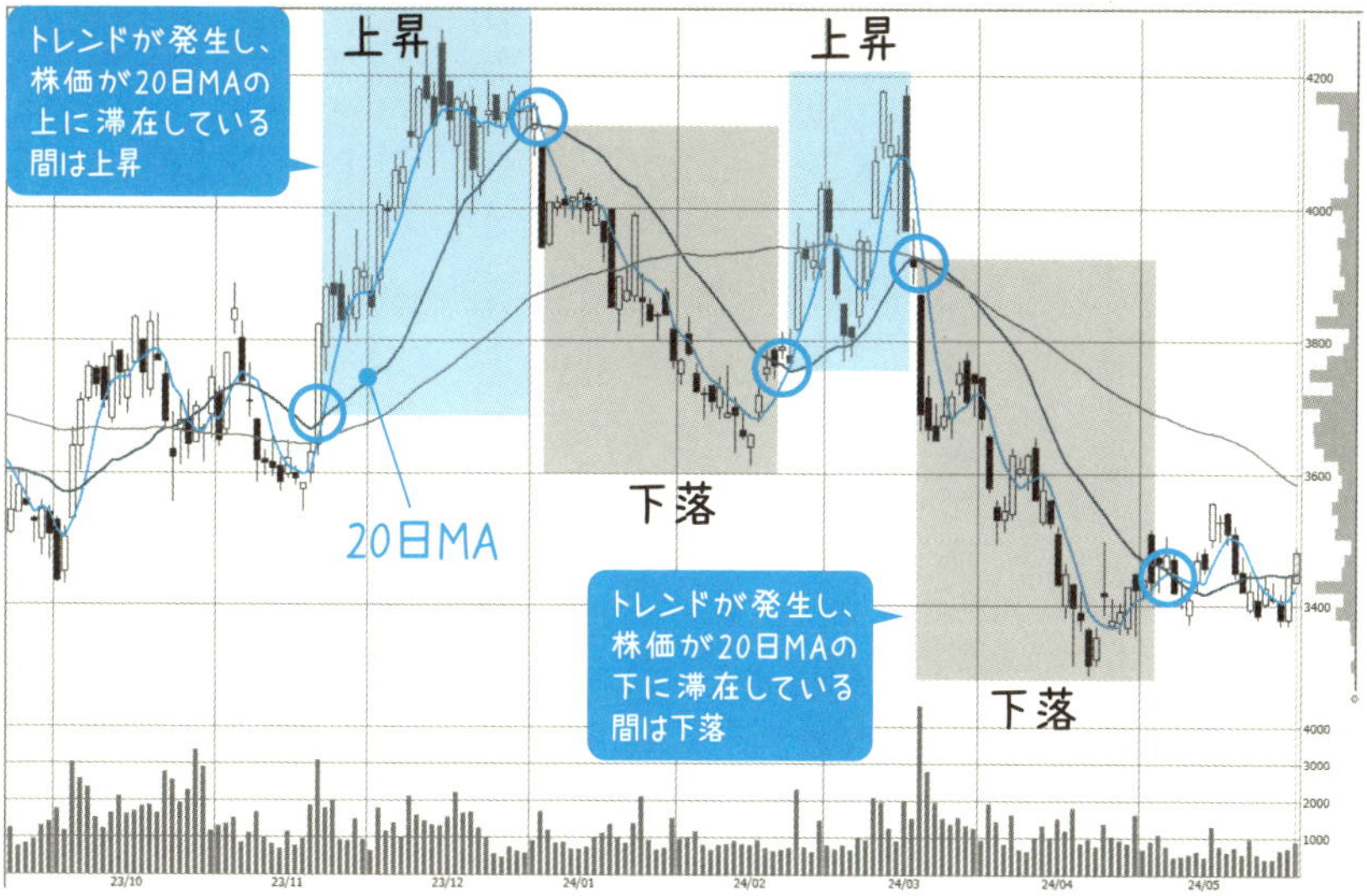

3038神戸物産　日足チャート／2023年10月～2024年5月

上昇相場では買いが有利、下落相場では？

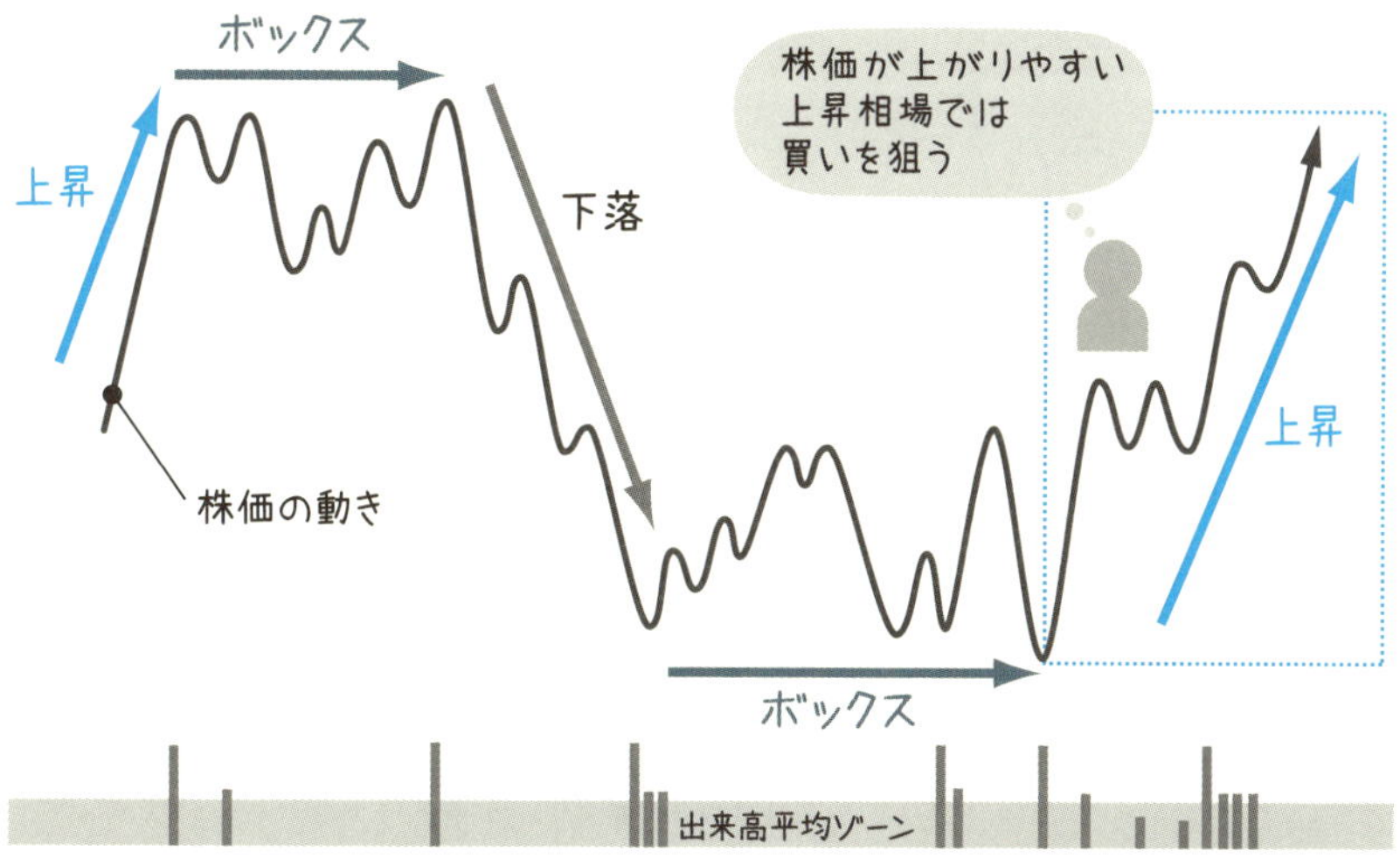

ます。しかし、**下落相場で買い向かうのは得策ではありません。**トレンドに従って**下落相場では空売りで攻める方が有利**です。

ここで、4時限目に学んだ株価の基本サイクルを元に下落相場の発生タイミングをイメージしておきましょう。

株価の大きな流れは上昇・ボックス・下落の3つのトレンドから形成されますが、上昇期間は買いで狙うことが基本でした。

空売りでは株価が下がるタイミングを狙いたいわけですから、下落相場を狙いたいです。

下落相場が発生するタイミングは上昇相場の後、またはボックス相場の後です。

下落相場入りの見極めポイントは、上昇トレンドの転換点やボックス相場から株価が下に抜け始める**下落の初動（相場環境の変わり目）を捉える**ことです。

● **下落相場とわかれば空売りで狙いたい！**

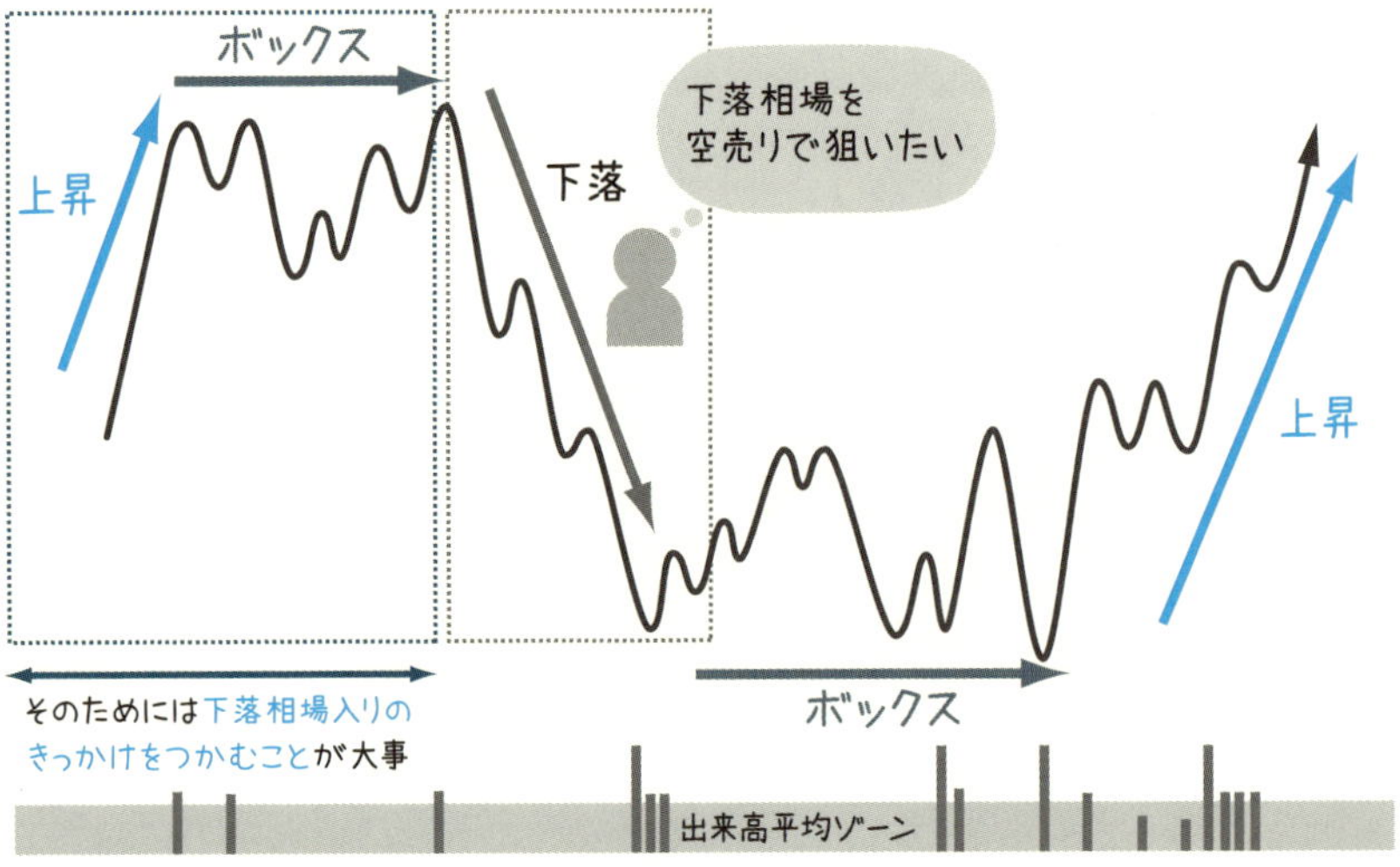

2 相場の基本サイクルの裏側にある大衆心理を読む

相場の基本サイクルに沿って、**下落相場が発生しやすい理由**を理解しておきましょう。

相場の世界では、地政学的なリスクに巻き込まれることや、突発的な悪材料の発覚による急落などを避けることはできません。しかし、**株価が下落相場入りしやすい状況には特徴があるため、株価チャートにもその予兆は現れます**。

チャートには様々な投資家・トレーダー達の大衆心理が反映されていますから、投資家やトレーダーの心理面からも**下落相場入りしやすい時の特徴**を理解しておきましょう。

上昇相場から下落相場入りするまでの投資家心理の変化

下落相場入りのタイミングは、上昇相場を経てから発生します。

その理由を投資家の心理面から解説します。

一定の上昇トレンドが発生すると、底値付近で仕込んでいた中長期目的の投資家やトレンドの押し目買いを狙った短期トレーダーはほぼ全員が**含み益を抱えた状態**になります。

その直近の相場参加者はほぼ全員が含み益をもつ状態なので、楽観して相場を見つつ、**利確のタイミング（売りのタイミング）を探している状態**とも言えます。

株価の上昇トレンドは永遠には続きませんから、途中で上昇トレンドからの急落が起こります。

急落は、ファンダメンタルズでは地政学的リスクや今後の経済情勢を占う金融政策の動向などが起点になり、テクニカル的には日柄分析（日柄3カ月や6ヶ月など）や高値・安値の切下などが起点となります。

上昇トレンドの崩れにつながる最初の下落は、チャート上で目立った大陰線が発生したり、大きなヒゲのローソク足が発生したり、直近の株価の安値を割って大きく下げるようになります（次ページ図の①）。

上昇トレンドが崩れ始めた時、**チャートの裏側では投資家心理にも変化**が起きています。

含み益を持っていた投資家は利益確定に動いたり、含み益が減ってしまったことによる悔しさを感じています。

利益確定に動いた投資家は、株価が大きく下がってからさらに買い直すことを検討したり、新たな参加者たちも**上昇トレンドが継続する可能性を考えて、押し目買いを狙って参入してきます**。

そのため上昇トレンドが崩れる**最初の目立った下落は買われやすく、下げ止まって、再び株価は反発に向かう傾向があります**。

上昇トレンドが崩れ始めた後に、押し目買いが成功し、高値の奪還を目指すも前回の高値を明確に抜けずに（もしくは届かずに）再度株価が下落することで、**上昇トレンドの継続に不信感を抱く投資家や含み損を抱えるトレーダーが増え始めます**。

当初より株を保有していた投資家やトレーダーたちは、最初のトレンドが崩れた時に大きめの下落を見ており、**株価の下落には敏感になっています**。

どんな投資家やトレーダーも損は抱えたくないので、**株価が下落した際の適切な損切ライン（保有株の利確ライン）を考え始める**ようになります。

この時点では、株価は再度上昇トレンドに回帰するという期待感も完全には消えません。

このラインでもまだ株価が上昇することを想定し買い増しやナンピン買いを入れる投資家やトレーダーもいます。

このように**買い手がどんどん増えて参加者全体のポジションが膨らんだ状態**から、株価がさらに急落したり、参加者全体が注目していた安値ライン（利確・損切ライン）を割れてしまった時に**多数投資家の考えが買い目線から売り目線に一気に傾きます**。

ボックス相場から下落相場へ

そのポイントは、チャート上の天井圏での

● 上昇トレンドからボックス相場へ

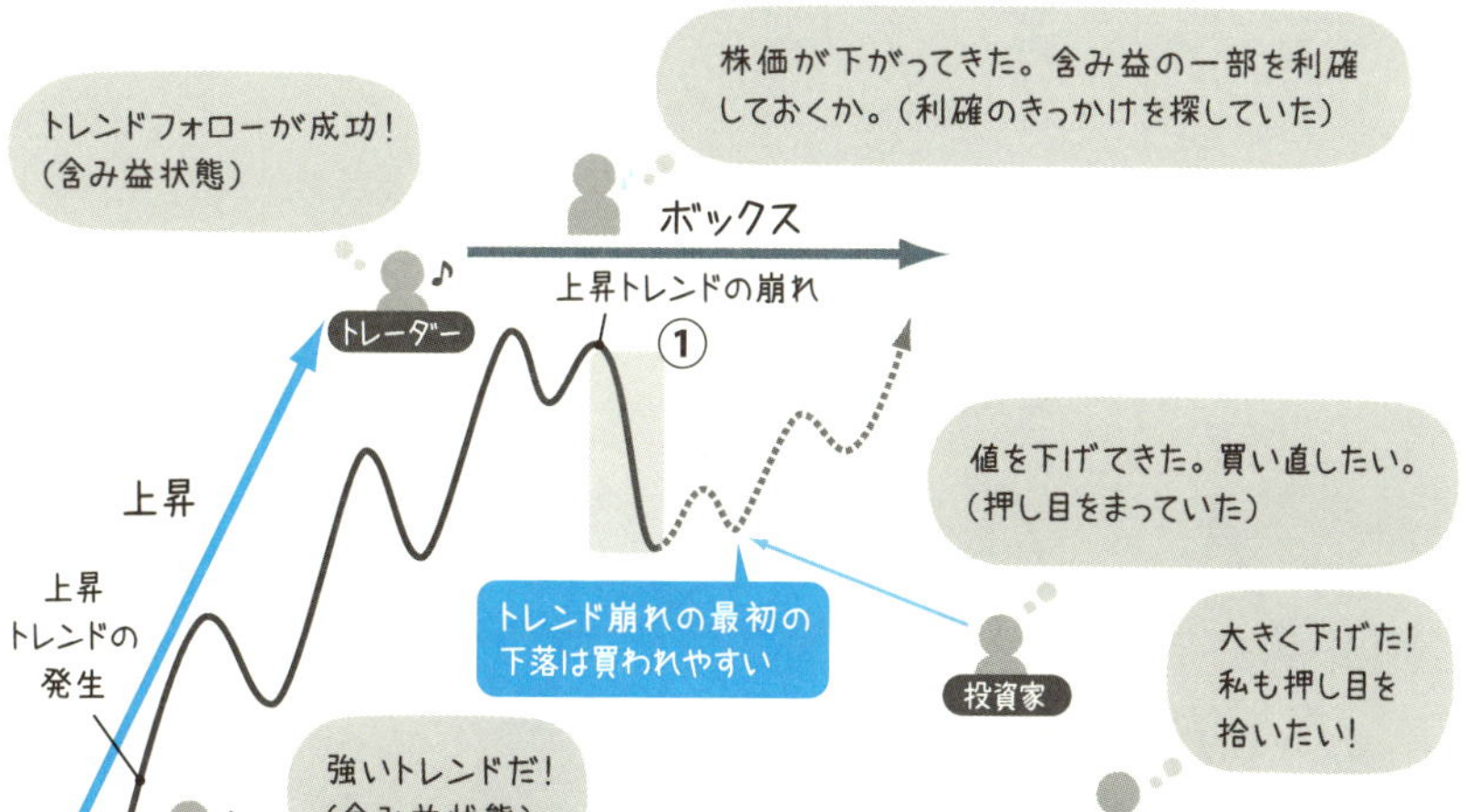

株価に一定のトレンドが発生すると人気化し、注目が増える。押し目買いを狙う投資家・トレーダーが増える。様々な投資家の思惑を持った売買が交錯するため株価のボラティリティは大きくなる。

ボックスの下限ラインが多くなります。

ここに長期・中期・短期のトレーダーが目先の利確・損切ポイントに置くことが増えるため、株価が割り込んでしまった時に一気に株が売りに出されて下落相場へのトレンド転換が起こりやすくなります。

下落相場への移行する際の投資家心理

多数の投資家・トレーダーが参加し、この後上昇するという想定が外れて上昇しなかった場合、裏をかかれた大勢の投資家・トレーダーが**一斉に買いポジションを解消し、株を売りに出します**。

つまり、**大勢の参加者が裏をかかれたタイミング**で一気に決済売りを巻き込むため、株価が大きく下がり**下落相場への初動が生まれる**のです。

さらに株価が大きく下に動くことにより、これ以上含み損に耐えられないと考える投資家や、株価が戻るのに時間がかかると考えた**トレーダーの投げ売りも発生すると、さらに下落へ向かいます**。

● **ボックス相場から下落相場へ**

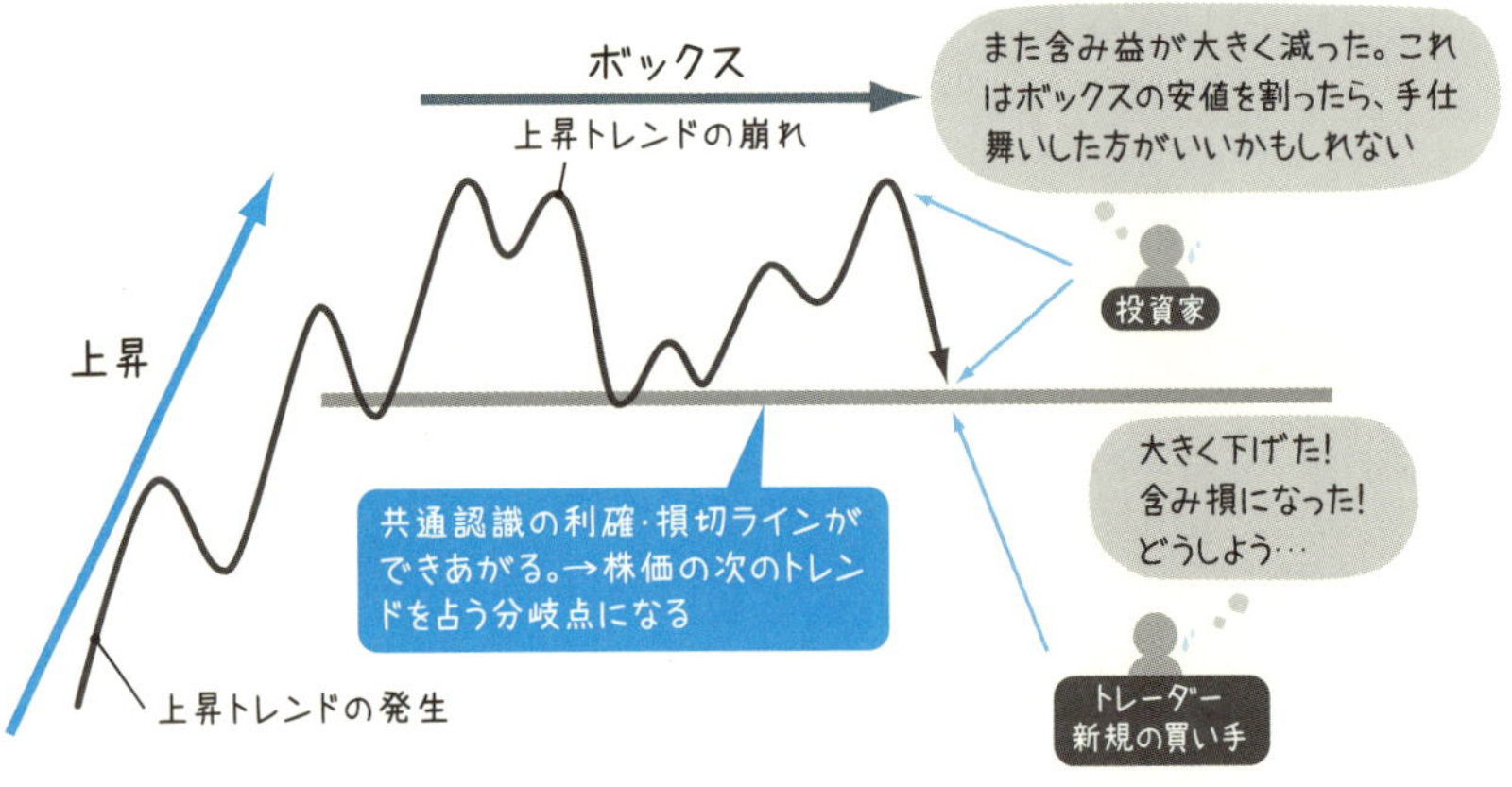

これが株価は上昇の速度はゆっくりなのに対して**下落は速い**と言われる理由です。

3 下落相場入りするチャートを確認しておこう

次ページのチャートは人気チェーン店のスシローを運営しているFOOD & LIFE COMPANIESの日足チャートです。

チャート上のトレンドの流れを見ると、左端から60日MAと20日MAが上向きの状態を維持し、株価は高値と安値がともに切り上がる**上昇トレンドが発生**しています。

その後、2023年3月時点で高値が伸び悩んでボックス相場に入り、下落相場へとつながっています。

チャート上の**下落相場入りの見極めのポイント**はどこになるでしょうか。

● 下落相場へ

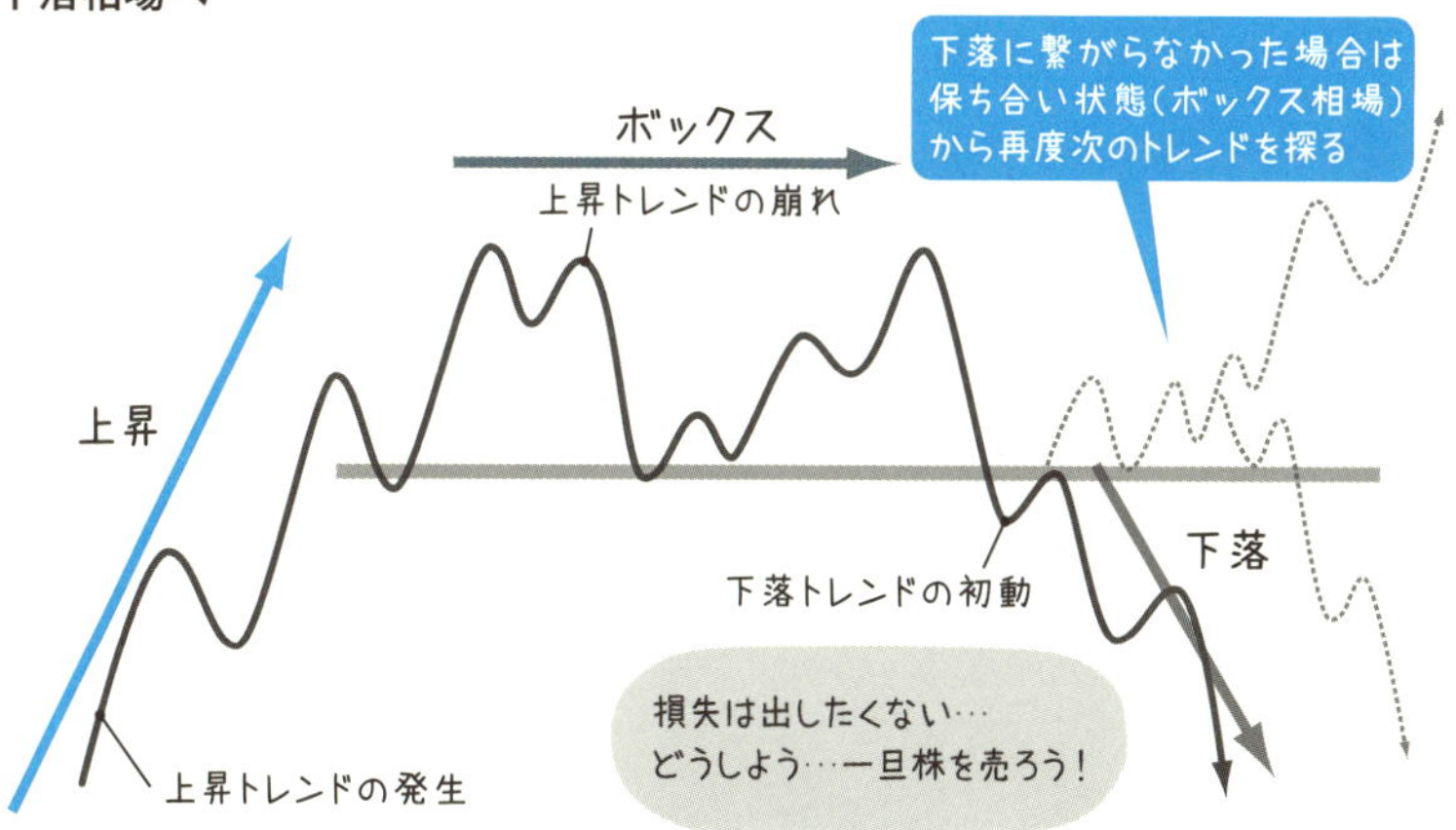

ボックス
下落に繋がらなかった場合は
保ち合い状態（ボックス相場）
から再度次のトレンドを探る
上昇トレンドの崩れ
上昇
下落
下落トレンドの初動
損失は出したくない…
どうしよう…一旦株を売ろう！
上昇トレンドの発生
投資家
トレーダー
新規の買い手

一定のトレンド発生を見つけたら、全員が注目している転換点を探る癖をつける。トレンドで儲けたトレーダー達がいつ決済（売り）をするか読みながら空売りを仕込む下落の初動になっているのは下図の◯の部分です。

次ページの図では、Point❶～Point❺を使って説明してみました。

Point❶では上昇期間中に続いてきた明確な高値更新が止まり、**上昇が止まって**います。

その後、株価はボックス相場の下値目途を探るように下落し始めました。

Point❷の地点を皮切りに**株価の反発**が始まっているので、ボックス相場の下限が固まったと想定できます。

しかし、Point❸ではPoint❶の時点でつけた高値を更新できずに**再度下落**してしまいました。

この時点でボックス相場であることの確信を深めていきます。

今は**ボックス相場**であることが判断できれば、**次の注目点は後のトレンドが下落につながるのか、はたまた再度上昇へ向かうのか**です。

その判断の手がかりがPoint❹の地点です。

● 下落相場入りするチャート

3563FOOD & LIFE COMPANIES　日足チャート／2022年12月～2023年7月

ここでボックス相場が継続しているなら再度株価は反発して再びボックスの上限（Point③付近まで）に向かうはずですが、下落しました。

本来ボックス相場が継続するならば、株価は上限ラインまで推移していくはずです。

その動きにならずに下落しているということは**売り圧力が強い**（売りたい人が多い）と読むことができます。

勢いそのままにPoint⑤ではPoint②で付けた**ボックス下限のラインも割り込んでいます**。

下落相場に向かう流れに合わせるとすると、Point③～Point⑤の状況下は空売りを仕込んでいい勝負所と判断できます。

移動平均線から下落の兆候をつかむ

また、MA分析の観点でも下落の兆候が確認できます。

チャートの左側の上昇トレンドのMAは、下から

下落相場へ向かうローソク足の動き

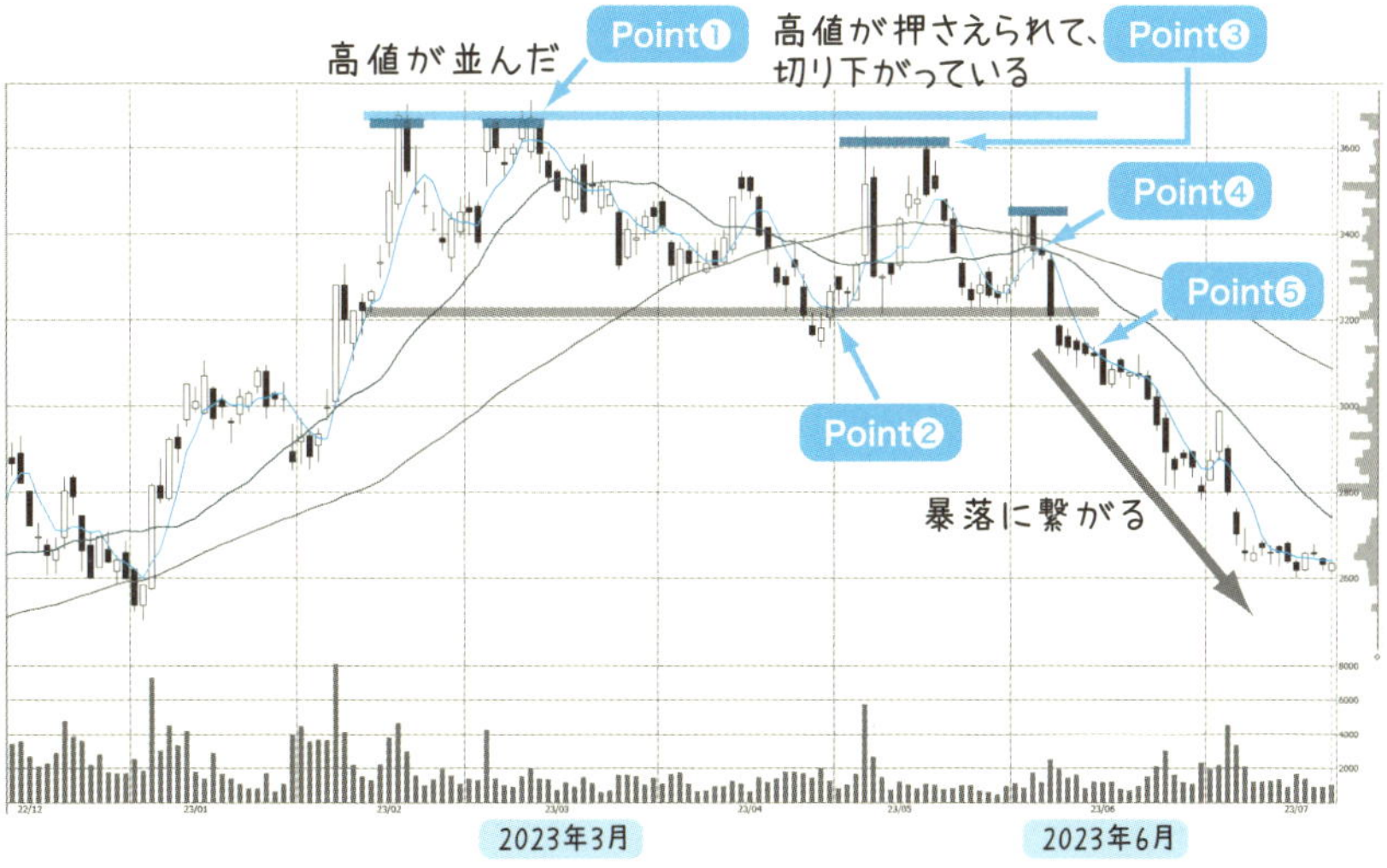

3563FOOD＆LIFE COMPANIES　日足チャート／2022年12月～2023年7月

長期・中期・短期と並んでパーフェクトオーダーを形成していました。それがボックス相場の中で売買が交錯し需給バランスに変化が起き、Point④の地点では上から長期・中期・短期の流れで下落のパーフェクトオーダーになっています。

トレンドを計る20日MAや60日MAの方向感を確認しても、長く上方向を示していた状態から徐々に横向き、下落を示す流れになっています。

移動平均線分析でも下落のトレンドを示唆してくれています。つまり需給環境的に下落に優位性のある状況に変わったと読み取ることができます。

このように**下落や暴落の値動きには特徴があり、予兆はチャートに反映されます。**チャート分析に加えて、前節で解説した投資家心理もイメージしながらトレードが実践できるようになると、下落の相場を察知できる**相場感が養われていきます。**

4 売りサインのトリガーについて

空売りのタイミングとして使えるトリガーについて解説しておきます。

初心者の方は**5日MAを採用するのがシンプル**ですので、まずはローソク足が5日MAの下に位置しているタイミングを意識するのが良いでしょう。

5日MAを陰線で割り込んだり、窓をあけて下落するようなパターンです。

特に先ほどのチャートのPoint③～Point⑤の相場環境下で5日MAの下に株価がある場合は空

売りを仕込んで良いでしょう。**この時の注意点は必ず相場の環境認識を意識してください。**

◯で示した3つのポイントは、上昇後のボックス相場の後半と下落相場の初動と考えられる、**下落に優位性のある相場環境**です。

空売り❶は上昇トレンド後にボックス相場に入ったことが確認できる状況で、ボックスの上限からボックスの下限に向かって反落している状況です。

空売り❷はボックス相場に入ってから株価の動きが煮詰まってきた状況です。

ボックス下限からの反発が上限まで戻らず弱くなり、MAも下落の方向感を示し始めています。

空売り❸は既にボックス相場の安値を割り込んだ位置で株価が定着し、下落相場に移り変わっている状況です。

空売り❶～❸は下落に優位性のある状況下でローソク足が5日MAの下に割り込んだ状況なので空売りを検討できます。

● **空売りのトリガーとして5日移動平均線を活用する**

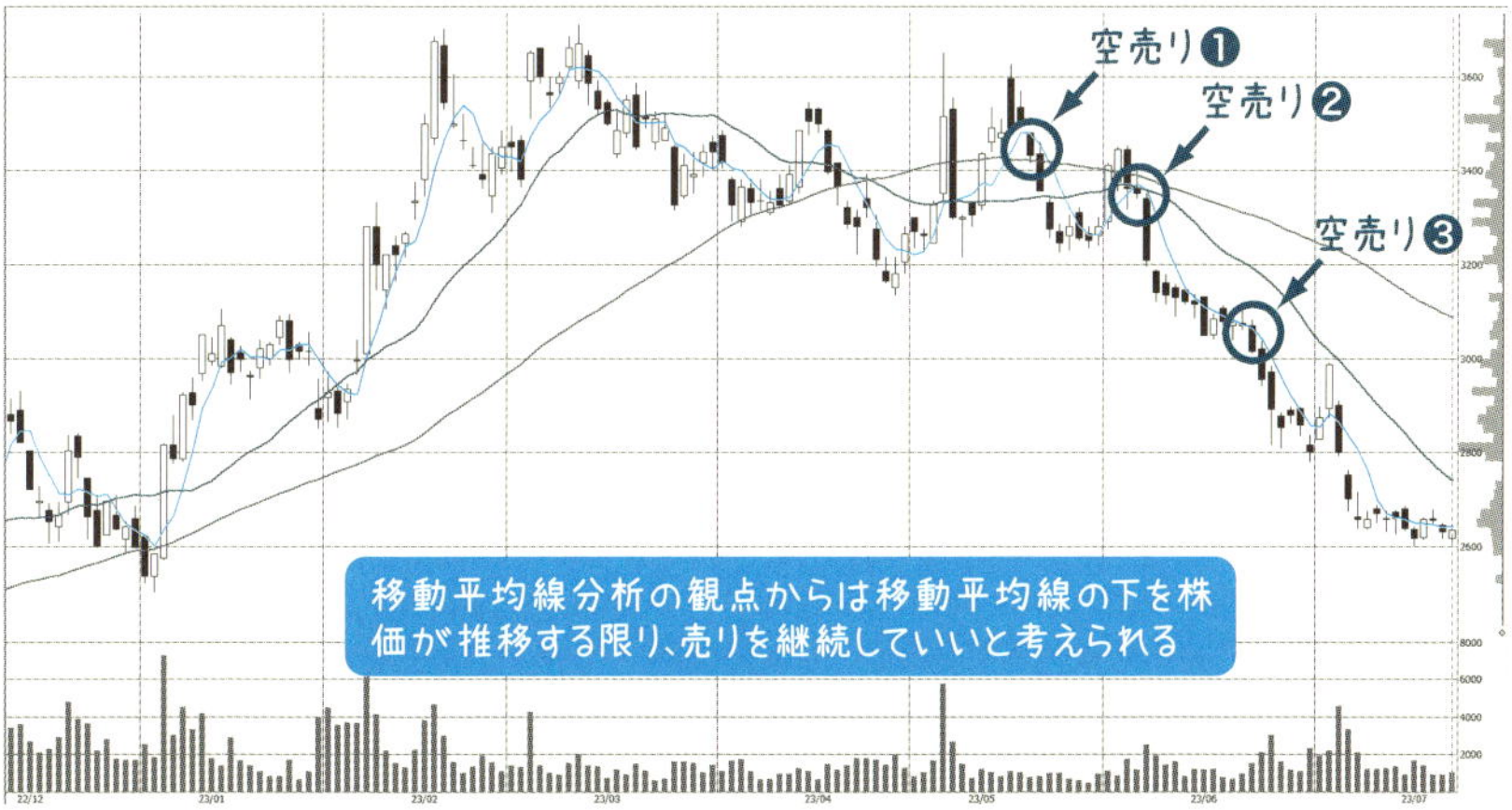

3563FOOD & LIFE COMPANIES　日足チャート／2022年12月～2023年7月

利益確定のタイミングは5時限目で学んだ買いの利益確定と基本的には同じ理屈で探り、**過去の安値に並んで株価が下げ止まったり、下落の日数をカウントしたり、5日MAを超えてくるタイミングを参考に**適切な利確位置を検討するのが良いでしょう。

単純に5日MAを割り込んだら売りという観点だけをトリガーにするとポジポジ病になり損切も増えるので、特に上昇トレンド中に逆張り気味に空売りを仕掛けるのは避けて下さい。

また、**空売りに慣れてくれば5限目の167ページで解説した、「④弱いローソク足パターン」を売りサインのトリガー**として使えます。

下落が優位な環境を前提に弱いローソク足が出たタイミングで空売りを仕込むという考え方が持てるようになれば、空売りが得意になるでしょう。

実際にお金を張る前に株価が下落相場につながっている事例を何度も見て練習を重ねて、下落相場を見極める目を養うことが大事です。

● 空売り後の決済検討

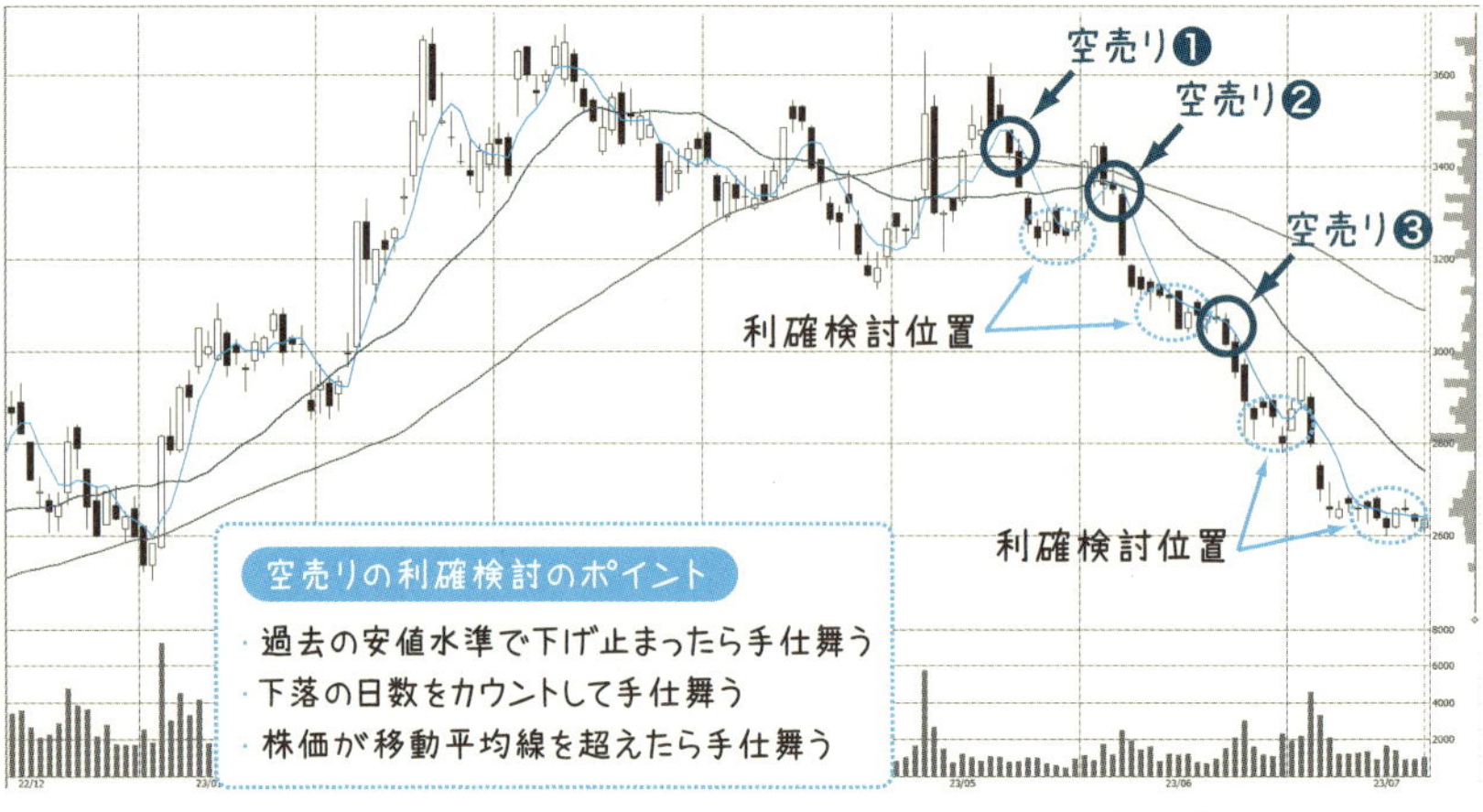

3563FOOD & LIFE COMPANIES　日足チャート／2022年12月～2023年7月

8時限目

リスク管理・メンタル管理・資金管理

トレードに失敗やリスクはつきものです。資金管理、リスク管理、メンタル管理を学べば大きな失敗を防ぐことができます。

01 リスク管理を徹底しよう

ここではトレーダーとして心得ておくべきリスク管理と、リスク管理の土台となるメンタル管理について学んでいきましょう。

1 トレード資金と生活資金は分けておく

トレードを始めたときに「大儲けするぞ！」と意気込んで、最初から**生活資金の大半を証券口座に入れてしまう人がいますが、絶対にやめて下さい。**

投資やトレードの世界に絶対はありません。熟練した人でも完璧な予想することはできません。リスク管理をきちんとしているから、損切の場面が続いても、最終的に利益を残すことができているのです。

トレードのリスク管理を学べていない初心者の段階で、大金を儲けてやろう！　などと考えるのは典型的な失敗を生むパターンです。

そういった意味でも投資やトレードを始める時は失敗しても困らないように、**必ず生活用の資金とは別の余剰資金で行う**ようにしてください。**失っても生活が困らない金額でトレードを始めるのがリスク管理の観点だけでなく、メンタル的にもおすすめ**です。

2 我流トレードは避ける

トレードで勝つ人と負ける人には、わかりやすい特徴があります。

勝つ人は学んだ情報を素直に受け取り、そしてその情報が本物なのか**データの裏付けを取るための検証**をします。

学んだ知識を理解できるまで反復し、**「本当に学んだ通りに自分が実践できているか？」を何度も確認しながら、勝つためのトレードルールを構築**していきます。

一方、負ける人は学んだ理論に対して最初から我流の考えを入れたり、トレード途中に気分でルールを破ってしまうことが多いです。ルールを破り続けていると、「何を狙ってトレードを実践し、どんな成果を得ることができたか」というトレーダーにとって大切な経験とデータを手に入れることができないので、上達はできません。

例えば、最初はライン分析や移動平均線分析などのテクニカル分析の基礎を理解し、その**型を守るように注意**しましょう。

型を守ることで本質から大きくずれることなく、自分にとって最適なルールを構築していくためのベースとなる相場観が養うことができます。

3 決算発表などの大きなイベント前はトレードを避ける

チャート分析やファンダメンタルズ分析からは株価が読みにくいタイミングがあります。そのタイミングの一つが**決算発表**です。

決算発表では今後の企業の先行きを左右し、決算発表を見た投資家・トレーダーが投資方針を変更するきっかけになるので、**株価のトレンドが変わりやすいタイミング**になります。

株価が大きく動くならば、その動きを利用して利益を狙いたくなりますが、事前に結果は読めません。

素晴らしい業績が発表されても「既に株価はその業績を織り込んでいる」と投資家が判断すれば利益確定売りが出て株価は下がりますし、赤字傾向や悪い業績発表がされても「悪材料出尽くし」と判断されれば株は上昇します。

株価の動きは全て需給で決まりますが、決算も含めた全ての事象に対して投資家がどう反応するかは結果が出るまで読むことはできません。

次ページのチャートは８１３６サンリオの日足チャートです。右側の◯の日（２０２４年５月14日）にサンリオは決算発表をしました。

この日の発表内容としては**過去最高益を更新する好業績の発表でしたが、株価は窓をあけて急落**しました。

このように決算発表後の動きは結果が出るまでわかりません。

スイングトレードでは決算発表や今後の経済情勢を占うイベントなどは持ち越しをせずに避けておきましょう。

サプライズが起こりやすい業種は避ける

また、突発的なサプライズが出やすい業種の株は当然、その後に株価が乱高下します。

例えば、製薬会社の株は、日を跨ぐスイングトレードでは少し注意が必要です。

新薬の開発に成功した、薬の利用が国から承認された等のポジティブな報道や、薬の開発・販売が中止になったというネガティブな報道がなされると、注文が一方向に殺到するケースがあるからです。

● 決算発表後には大きく動きやすい

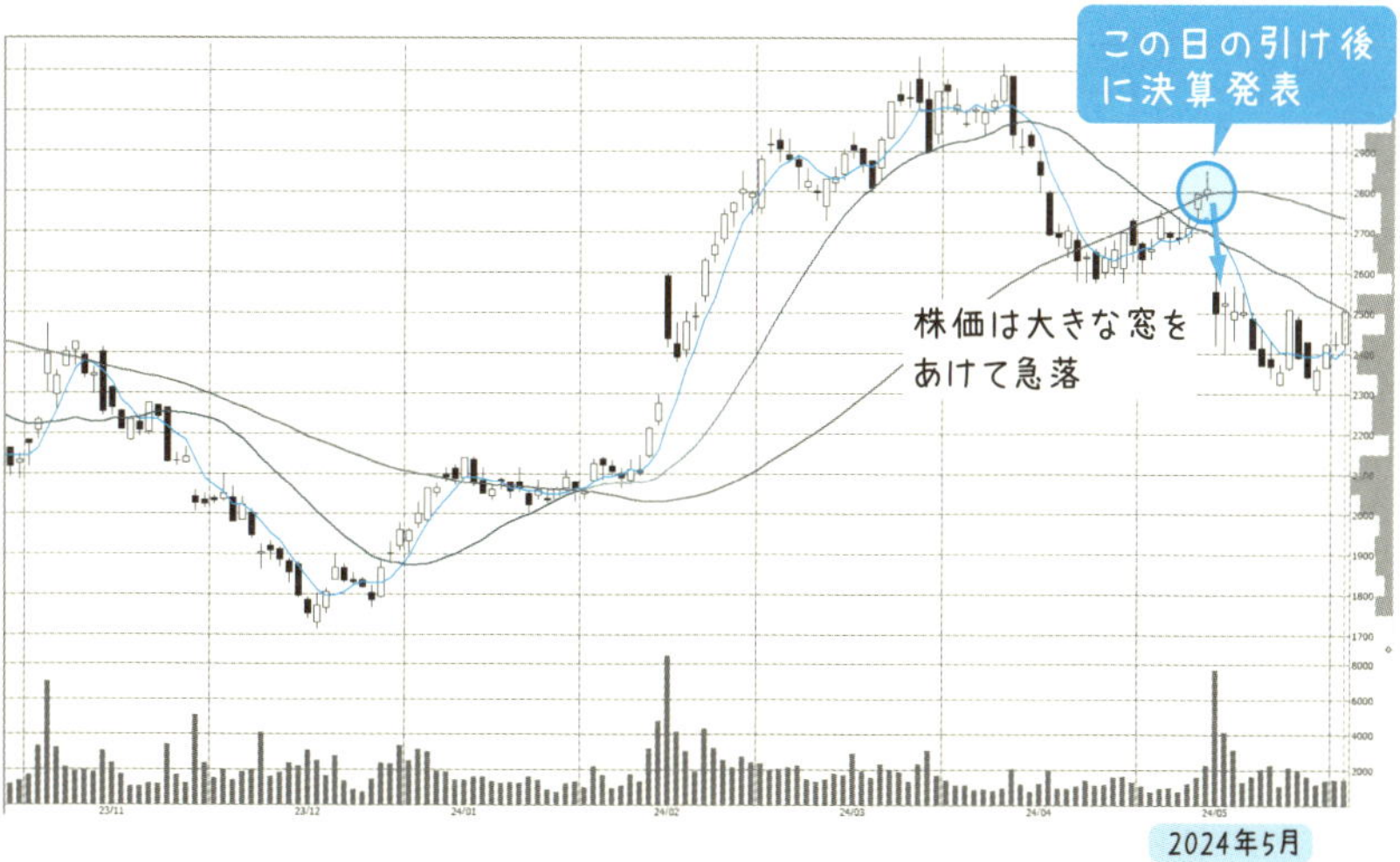

8136サンリオ　日足チャート／2023年11月～2024年6月

動きを見極めやすい状況や銘柄に絞ってトレードするのが、短期売買やスイングトレードでは重要です。

● ポジティブニュースとネガティブニュースのインパクトの大きい業種は注意

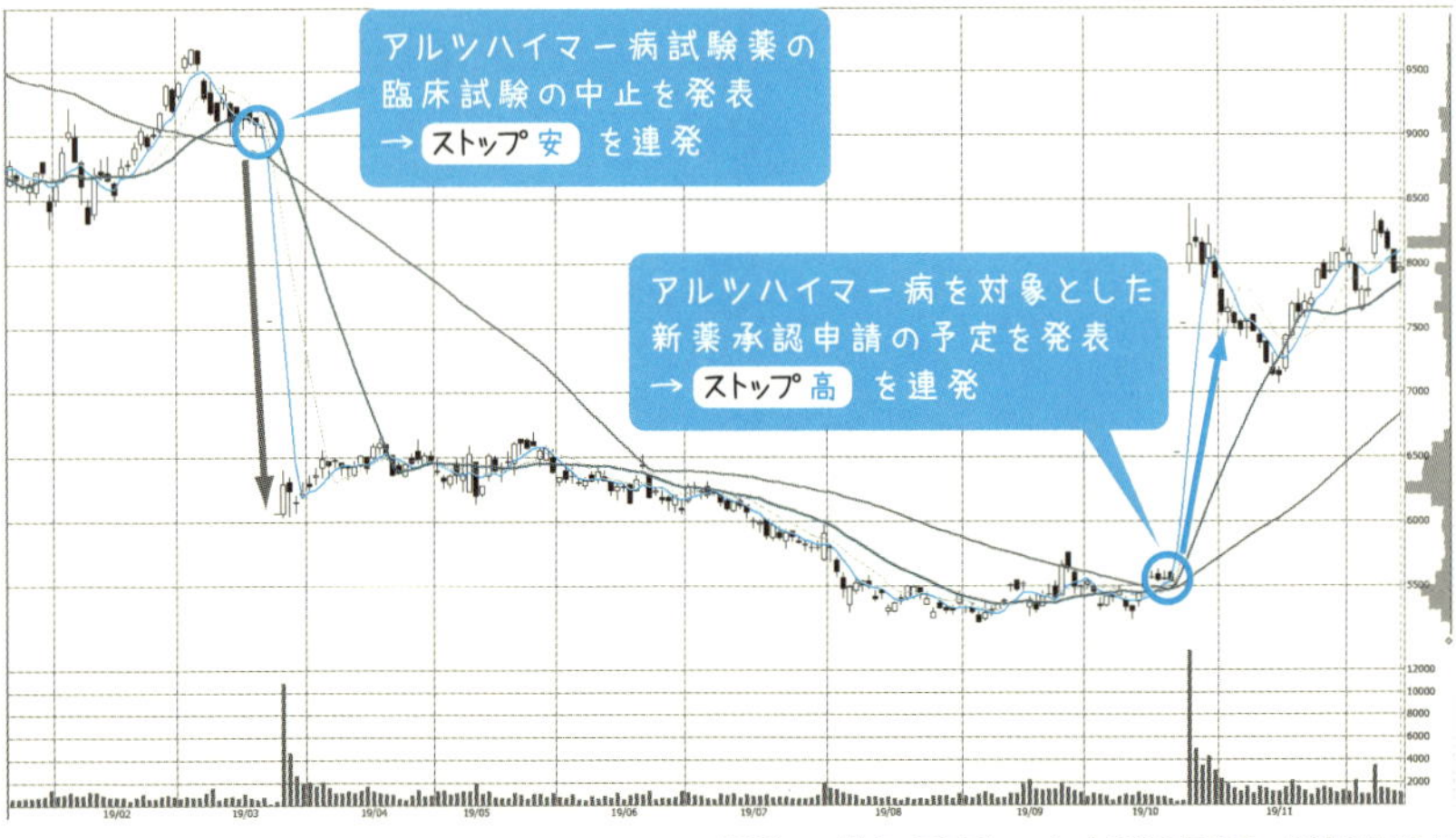

アルツハイマー病試験薬の
臨床試験の中止を発表
→ストップ安を連発
アルツハイマー病を対象とした
新薬承認申請の予定を発表
→ストップ高を連発

4523エーザイ　日足チャート／2019年3月～2019年11月

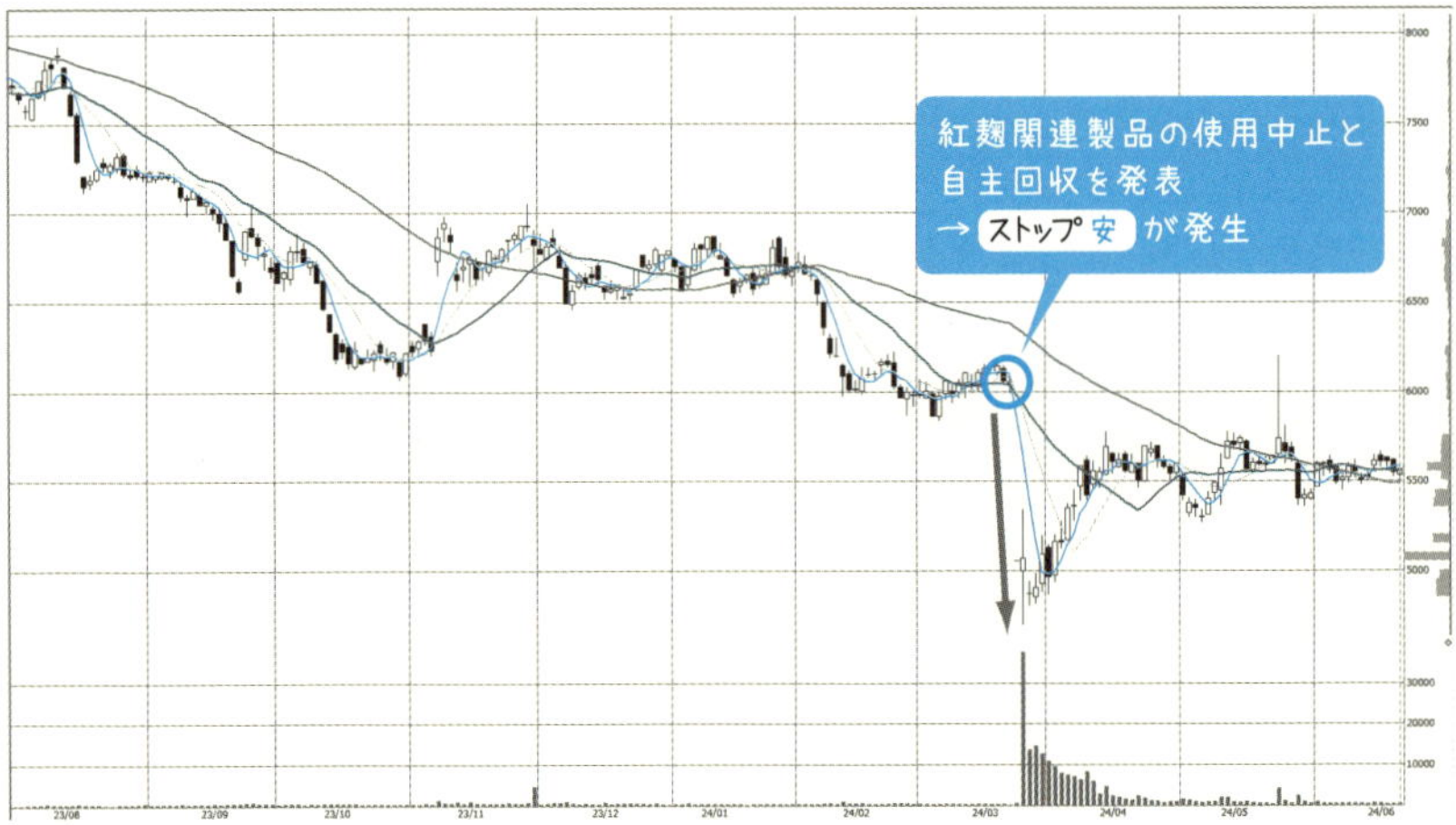

紅麹関連製品の使用中止と
自主回収を発表
→ストップ安が発生

496小林製薬　日足チャート／2023年8月～2024年5月

02 結果につながるメンタル管理のコツ

株式投資では、日々、利益と損失に向き合っているので、経験が浅い初心者は、損失からの恐怖や「もっと儲けたい」という欲望に支配され冷静さが保てなくなります。このような状態では合理的なトレード判断は難しくなります。

この節では、日々メンタルをコントロールするためのノウハウについて解説します。

1 過去の事例を知り、経験済のパターンを増やしておく

冷静な判断をするための安定したメンタルを身に着けるには、日々の相場の検証やトレードの経験値が必要です。

どれだけ机上の勉強で知識や法則を知っていても、実際のチャートを用いて練習しなければトレーダーのスキルは向上しません。

さらに**本番では一時的に資産が減る局面に遭遇したり、チャンスを逃してしまう日**もあります。

その時どれだけ**冷静に次のトレードチャンスを待てるかどうかはトレードの経験値**で差がつきます。

例えば、人は初体験のことは不慣れで緊張したりしますが、経験済だったり得意なことであれば落ち着いて対処することができます。

勝ち続けるトレーダーは**何度も検証を繰り返し経験値を増やし、自分のトレードルールを実行すれば、長期的なスパンで利益が積み重なることを理解**しています。

自身の手を動かした体験で得たデータに対する信頼が、先行き不確実な相場の中でも精確で安定したトレード判断を導いてくれます。

2 得意なゾーンで戦う（勝負所を持つ）

トレードは、自分自身の得意な勝負パターンを持つことがおすすめです。

得意な勝負所を作る時の**コツは、すべての場面で闇雲にトレードしようとしないこと**です。

得意な勝負パターンに合致する場面（勝負所）を探して繰り返し確認しましょう。

狙う場面を絞り、何度もその場面のチャートを見ていると、そのパターンの基本形が頭に焼き付いてきます。

基本形が理解できると、そこからズレた値動きが起こった時に「いつもと違っておかしいな」、「今回はこのパターンにならないいんじゃないか」と**経験に基づく勘**が働いてきます。

そうなれば相場の違和感に気付いたり、危機回避能力にも磨きがかかり、損失が出にくくなります。

株は脳のスポーツです。

経験が蓄積され、「ここまでの動きを考えれば、この先はこうなるな」と先のパターンをイメージできるようになります。

先がイメージできる状態で何度も反復練習すれば、的外れなトレードをすることは少なくなるでしょう。

何度も練習しチャートパターンを叩き込むことで、実際の相場を見た時に、「次はこのローソク足が出そうだ」「この動きが出たら少し買ってみよう」と得意なパターンでトレードする力が身に付きます。

トレード日誌を取る

トレードスキルを磨くために**実際にトレードをした後は振り返りを行いましょう**。

継続的に勝っていくためには目先の結果だけでなく、トレードルールの質を改善していくべきです。

トレードは利確だから成功、損切だから失敗ではありません。

自分がエントリーした理由の確認や、チャート分析は正しかったか、利確・損切の位置は正しかったか、次に同じ場面を見たらどうトレードするか、などトレードのルールを振り返り精度を高めていくために改善すべきです。

トレードを振り返らない人と、日誌を取り反省する人では、長期的に相当な実力差がつきます。

大事なことは**トレード時の感情もメモ**しておくことです。

自分がどんな感情を抱えてトレードしたかは値動きの渦中にいると気付きません。その日の感情に流され安易に売買に走った…ということも日誌を振り返ると発見できます。

その感情を生み出した原因を記した日誌を読み振り返ることで、感情に流された状況などを思い出し、その後のトレードに活かすことができます。

日誌はＰＣでまとめても良いですが、個人的には手書きがおすすめです。

人の脳は**書くことで脳の前頭前野が活性化する**と言われています。

前頭前野は考える、記憶する、感情のコントロールなどの働きを担う分野です。手を動かして記録を残すことは、トレード課題の発見やメンタルコントロールにより良い影響を与えてくれるでしょう。

3 監視する銘柄や見る情報は絞ること

４０００社以上が上場している日本の株式市場の中から銘柄を選ぶのは至難の業です。

本書で推奨するように、日経２２５やＪＰＸ４００を対象に絞り込んでも４００銘柄以上はあります。

スイングトレードで利益を上げるには値動きがしっかりした銘柄でトレードが実行できるかが大事です。数多くの銘柄のなかから値動きのしっかりした銘柄を基準に選び監視していれば、毎月トレードで狙うには十分なボラティリティが必ず出現してきます。

このような前提で銘柄を絞ったうえで、自分の得意とする銘柄を持つことができると、常に銘柄探しに時間をとられることなく効率良くトレードをすることができるでしょう。

「②得意なゾーンで戦う（勝負所を持つ）」（２４２ページ）と同じくらい、**得意な銘柄を持つというのは勝っているトレーダーに共通しているテクニック**です（２４８ページ）。

自分が勝てる範囲、自分が勝てる見込みの高い銘柄でしつこく勝負して、他はいさぎよく削ってしまうのがポイントです。

初心者にとって銘柄を固定することは、銘柄選びに時間を割かれることなくチャート分析に集中でき、安定したメンタルでトレードを実践しやすくなります。

4 チャンスがない時は相場から離れる

トレードチャンスがない時は割り切って諦めて、相場の研究に時間を使いましょう。

初心者ほどチャンスでない環境の下でもトレードしたくなりがちです。

ベストなタイミングではないのに無理にエントリーの理由を探したり、悩みごとが増えてしまうと脳は「**決定疲れ**」を起こします。

チャンスでないと感じる時は次のチャンスに向けてトレードを休むべきです。

私もそれなりに相場経験を積んできましたが、それでもまだ「何となくトレードしたくなる時」がありま す。

しかし、勝つためにはしっかりとベストなタイミングを待ってトレードする必要があります。

焦らずとも株価は毎月動いていることを認識していれば、**「必ずチャンスは来るのだから待っていよう！」**という意識でリラックスして、次の勝負までメンタルを温存することができます。

待つという技術の大切さ

自分の得意なゾーンまで待って勝負を仕掛けることができれば、**一回のトレードの期待値も勝率も向上します。**

「チャンスを待つ」ということは理屈的には納得できても、実際に株価が動いている中でチャートを見てい

● 毎月チャンスはやってくる！

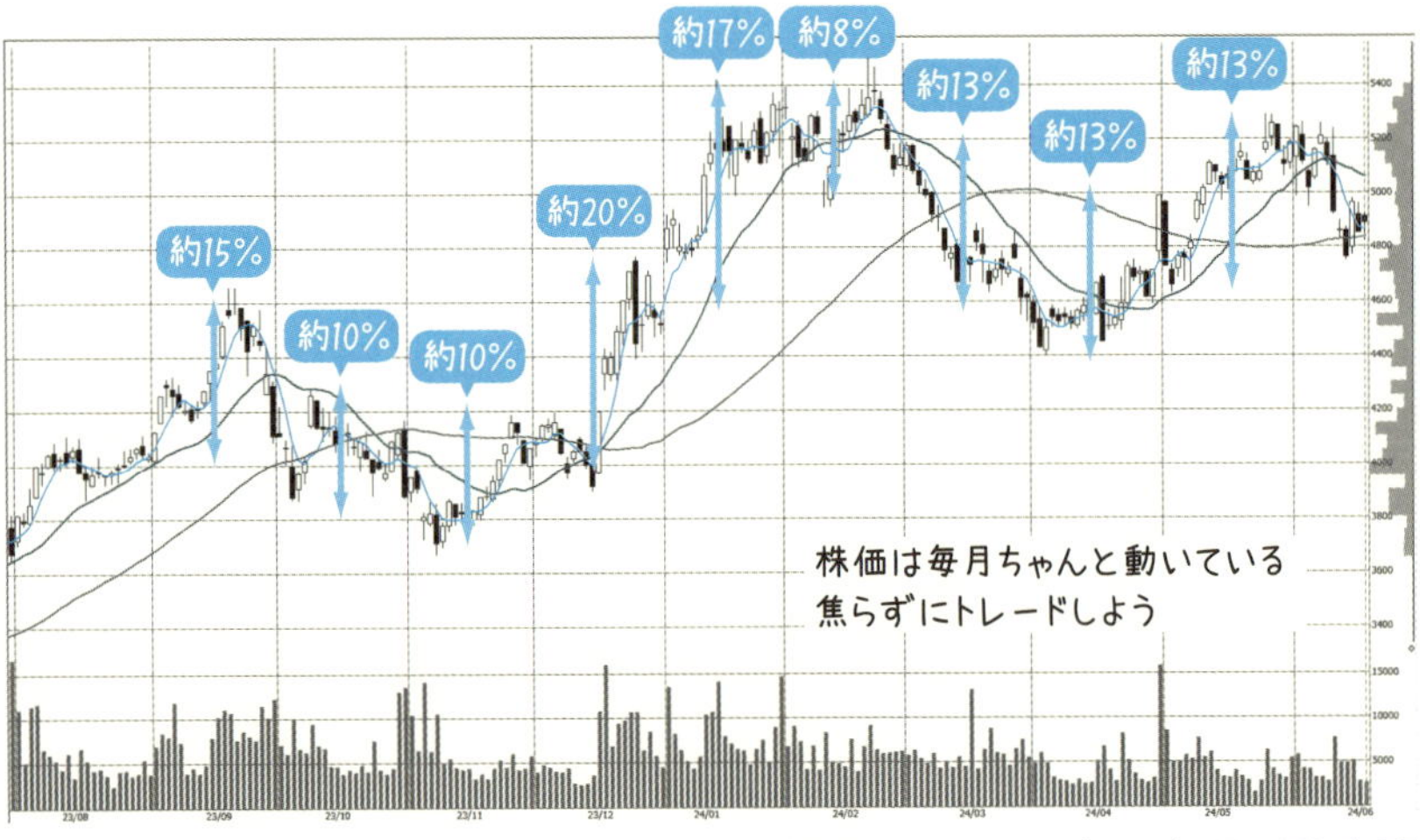

約15%
約10%
約10%
約20%
約17%
約8%
約13%
約13%
約13%
株価は毎月ちゃんと動いている
焦らずにトレードしよう

9104商船三井　日足チャート／2023年6月〜2024年6月

ると難しいです。

トレードの上級者ほど「**待つのも相場**」と心得ているのは、待たずに焦って売買した結果、高値掴みやすぐに含み損になってしまうような不利なトレードになり、後の対処に困ってきた経験があるからだと思います。

大多数の投資家・トレーダーの課題になっている「待つ技術」ですが、トレードの世界で勝つのはいつも少数派です。

だからこそ自分は**焦らずに、慌てずにチャンスを待つ**。

この意識が当たり前に持てると安定した精神状態でトレードができ、利益を積み重ねるスタイルが確立できます。

03 1銘柄トレードで資金管理を学ぼう！

初心者の方は、多くの銘柄をトレードしたほうが、チャンスは多いと考えるかもしれません。しかし、1つの銘柄を監視し続けてトレードすることには、**複数のメリットがあります**。

1 1銘柄で資金管理をしてリスクコントロールする

上級者は相場のリスクを理解しているので、一回のトレードに多額をつぎ込むことはしません。トレードでは、勝つときの利益を想定してからトレードに臨むことは大事ですが、**同時に負ける時のリスクコントロールも大事**です。

本当のリスクは、利確と損切の結果を想定できない状況でトレードしてしまうことです。

投資対象を1銘柄に固定した場合、銘柄分散によるリスク管理はできません。銘柄を絞り込んで投資する際には、**資金を分散させリスク管理を行いましょう**。

1回で全ての資金を入れてしまうと、株価が想定と逆行した時に粘るか・損切かの選択しかなくなります。

手持ちの資金を分散して投資し、リスクをコントロールすることができれば、**予想の当たり外れで勝ち負けが決まる領域のトレードから脱却することができます。**

2 銘柄を分散するのでなく、資金を分散する

1銘柄に投資対象を絞り込むと、エントリーには慎重になる必要があります。

例えば、下チャートは、ある銘柄がボックス相場で底練《そこね》りを続けているシーンです。

あなたならどこでポジションを取ろうと考えますか？

今の環境が**下落トレンド後のボックス相場**だと認識したとして、どのような戦略を描くと利益を上げやすいでしょうか。

ボックス相場の範囲にラインを入れました。

1つのパターンは、ボックスの継続を想定して、ボック

● 下落トレンドからボックス相場へ　どこでエントリー？

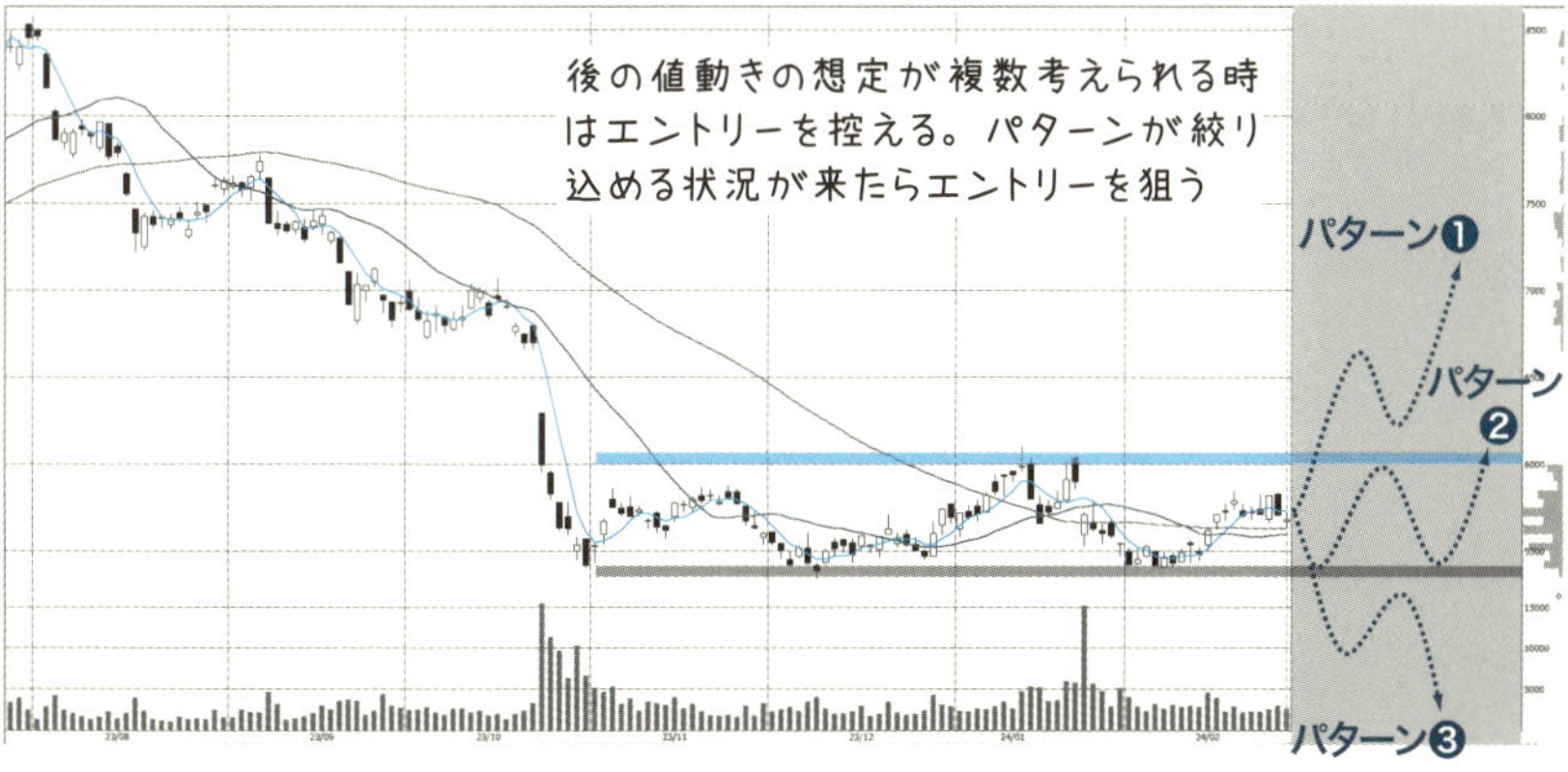

6594ニデック　日足チャート／2023年8月～2024年2月

ス下限のライン近辺まで引き付けてエントリーすることです（**パターン❷**）

さらに、ボックス相場を抜けると、新たなトレンドが生まれることです。（**パターン❶と❸**）

ボックスを抜ければ、次のトレンド相場へのきっかけが生まれますから、そのトレンド方向に沿って狙おうという考えもあります。

そして、今の相場環境が継続するのか、それとも新たなトレンドが生まれるのか、判断できる状況でポジションを仕込もうという考えが生まれます。

そうなると、今の状況ではポジションを取る選択肢は消え、**待つのが正解**になります。

投資対象を1銘柄にした場合、エントリーポジションが重要になります。

また、想定と逆行した時に早めの撤退も考え、損切ポイントをエントリーポイントから近くに置ける所で勝負しようという意識も働きます。

反対に、**多くの銘柄を監視してしまうと、丁寧なト**

● 逆行リスクを想定し、資金を分割して買いを入れる

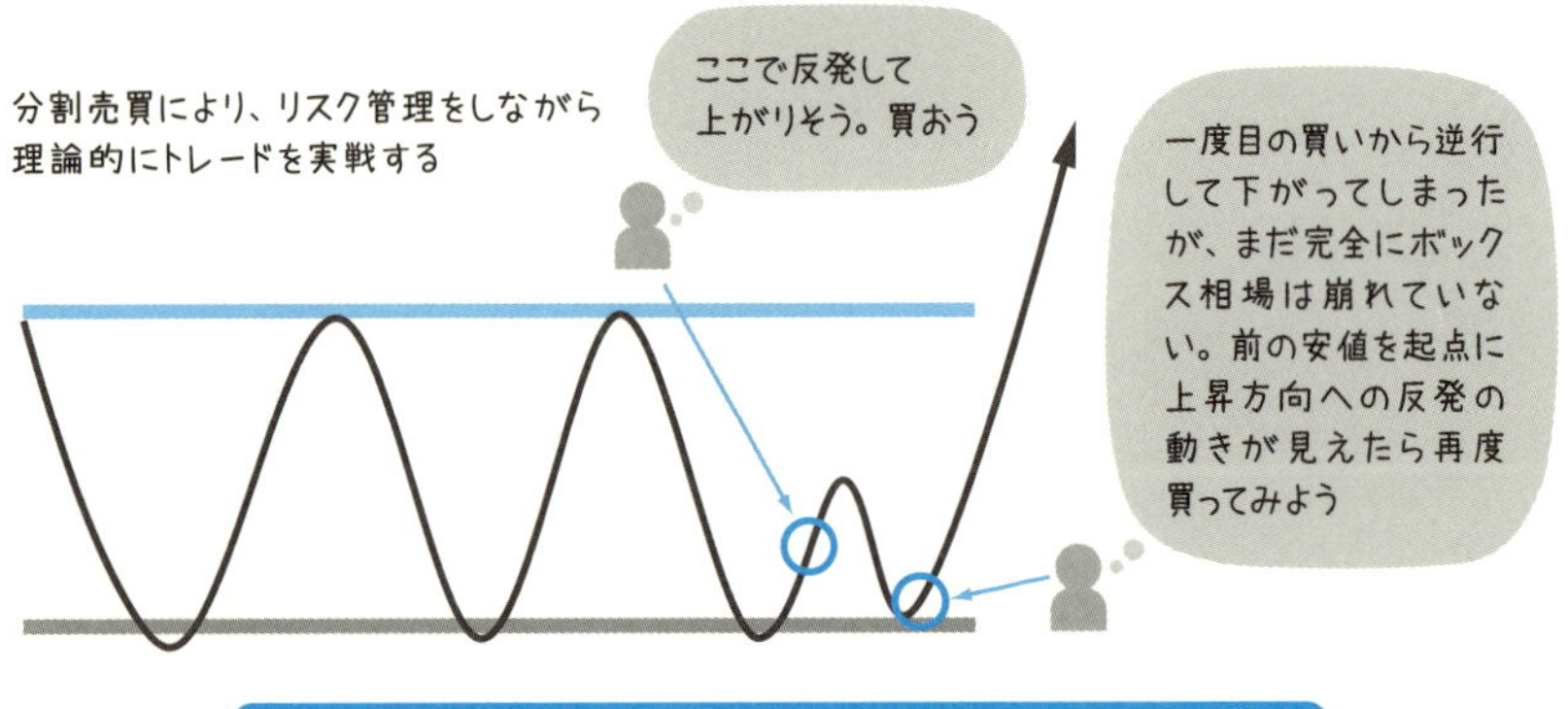

分割売買により、リスク管理をしながら
理論的にトレードを実戦する
ここで反発して
上がりそう。買おう
一度目の買いから逆行して下がってしまったが、まだ完全にボックス相場は崩れていない。前の安値を起点に上昇方向への反発の動きが見えたら再度買ってみよう

日々の細かな値動きは当てられるものではないことを理解すれば、
資金を分散しながら大きな流れに逆らわずに売買する発想が生まれる

レードができず、トレード戦略がうまく立てられなくなります。

それを防ぐために銘柄を分散せずに、1銘柄に対して資金を分散して入念なトレード戦略を練る癖をつけるのです。

リスクとは損切パターンだけでなく、**自分が何を狙っているかわからなくなることや戦略を忘れる**ことですから、1銘柄に集中してトレードすることはリスク管理の面でも有効です。

1銘柄に詳しくなる（銘柄のプロになる）

トレード経験を積むとわかってきますが、各銘柄には値動きの特徴があります。

- **この銘柄は〇〇の手法がばっちりハマっているな。**
- **日々の日経平均の動きにはあまり連動していないな。**

想定と一致したパターンでポジションを作る

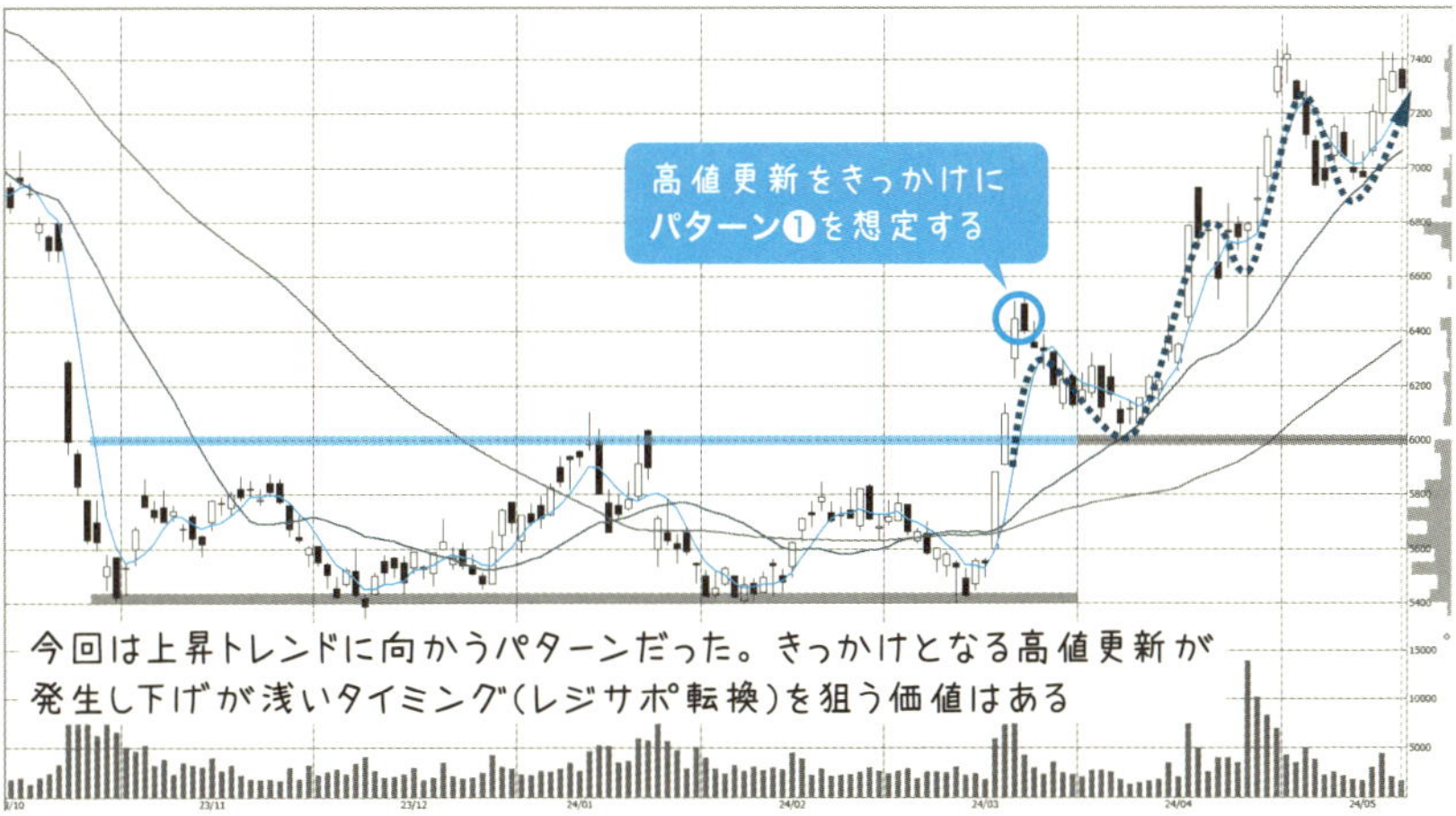
高値更新をきっかけに
パターン❶を想定する
今回は上昇トレンドに向かうパターンだった。きっかけとなる高値更新が
発生し下げが浅いタイミング（レジサポ転換）を狙う価値はある

6594ニデック　日足チャート／2023年10月～2024年5月

- あれ、この銘柄はいつも同じ周期で上昇・下落のトレンドを発生させているな。
- 毎年同じ時期に動意づいているぞ…！

自分が得意とする銘柄を持ち、1つの銘柄の値動きから集中的に利益を積み重ねていく方法はプロのトレーダーも採用している方法です。

初心者が意外と気付かない点は、利益を上げるためには銘柄を頻繁に変える必要はないということです。

資金管理をしながら損切以外の選択肢を残しつつ、相場が本当に動くタイミングを虎視眈々と狙います。

大丈夫です、**焦らなくても各銘柄はちゃんと月に1回は大きく動いてくれる**ことがわかっています。

得意な銘柄をもち、相場の雰囲気に流されないトレードを実行していけば、大量の銘柄を観察する必要はないということを頭の片隅に置いておいてください。

そんなトレードが実践できるようになると、情報に惑わされずに日々楽しく相場と向き合えるようになります。

あとがき

お疲れ様でした！　本書を読み終えた感想はいかがでしょうか？

先に私の本を書き終えた感想を述べると、「めっちゃ大変だった！」です！笑
普段からブログ記事は書いていたので、本の執筆も「できるだろう」と思っていましたが、いざ執筆が始まると書き方の勝手も違い、最初は全然ダメでした。

本書を読んだあなたも、トレードって「意外と簡単かも」と今は感じているかもしれません。

勝つためのトレードはシンプルである、ということが伝われば本書の役割は一つ果たせたのかなと思います。

しかし、実際にトレードを実践するとシンプルさの中に奥深さがあり、難しいなと感じる時が来るでしょう。

私自身も最初の数年は何度も手痛い失敗を経験しました。

本書ではそんな経験も踏まえ、文字数の許すかぎり失敗の対応策も書きましたが、振り返ると、もう少し事例を使ったり、会話ができれば上手く伝えられたなと感じる部分もあります。

まだまだ私も力不足だなと思いますが、あなた自身にとっても実体験からしか得られない感覚は間違いなくあります。

どんな知識も、それを使いこなす経験と実力を持たなければ、リアルな戦いの場では役に立ち

ません。

あなたが本書で知った知識も今はまだ一つの点の知識にすぎませんが、1年、2年と経験を積み重ねる過程で、点在した知識が結びつき、大きな知恵の塊に変わる瞬間が必ず来ます。

トレードは成果の安定までに時間がかかるものですが、短期の結果のみに目を向けるのではなく、長期目線で試行錯誤をしながら実力のあるトレーダーを目指してください。

これから勝ち続けるトレーダーを目指すあなたに、心に留めておいてほしい相場格言があります。

『まずは生き残れ、儲けるのはそれからだ』

私はこの格言を、次のように解釈しています。

「相場には自由とチャンスが溢れているけど、自由とチャンスを使いこなすには経験と実力が必要だ。だからまずはたくさん経験を積むんだ。失敗経験すらも、これから長く勝っていく実力をつけるための貴重な経験だ。」

おわりに

より深くトレードを学びたいと思ったあなたには、私が運営する「株トレブログ！」も参考になると思います。

トレードスキル向上に繋がるコツや私自身のトレード経験も赤裸々に綴っています。

トレードの学習中に課題を感じ、直接相談をしてみたいという時にはＳＮＳ（Ｘ）や公式ＬＩ

NEも運営していますので、気軽にご相談下さい（LINEは「@130oguok」とID検索すると見つかります）。

最後に、今回私が大好きな株のスイングトレードをテーマに執筆する機会を得られたのは、（株）ソーテック社の柳澤社長、並びに関係者皆様のおかげです。ありがとうございました。

もちろん出版に至るまでの間、応援していただいたブログ読者の皆様や、周りの皆様の支えのおかげでもあります。ありがとう。

それから、ここまで本を読んでくれたあなたへ。

この本をきっかけに、次はウェブやリアルの場で、トレーダーとして歩み始めたあなたとお会いできる日を楽しみにしています。一緒に、熱い想いを乗せて、楽しいトレード話で盛り上がりましょう。ではまた！

ロット

著者の運営するWebサイト

株トレブログ！

https://raylot.blog/

世界一《せかいいち》やさしい　スイングトレードの教科書《きょうかしょ》　1年生《ねんせい》

2024年 9 月 30 日　初版第 1 刷発行
2025年 6 月 30 日　初版第 4 刷発行

著　者　ロット
発行人　柳澤淳一
編集人　久保田賢二
発行所　株式会社　ソーテック社
〒102-0072 東京都千代田区飯田橋 4-9-5　スギタビル 4F
電話：注文専用　03-3262-5320
FAX：　　　　　03-3262-5326
印刷所　TOPPAN クロレ株式会社

ISBN978-4-8007-2132-7